シリーズ社会問題研究の最前線
II

Challenging new social exclusion

新たなる排除に
どう立ち向かうか

―― ソーシャル・インクルージョンの
可能性と課題

森田洋司 監修
森田洋司・矢島正見 編
進藤雄三・神原文子

学文社

執筆者一覧

＊森田　洋司	大阪樟蔭女子大学学長（第1章）	
岩田　正美	日本女子大学人間社会学部教授（第2章）	
佐々木嬉代三	立命館大学産業社会学部教授（第3章）	
宮本みち子	放送大学教養学部教授（第4章）	
本田　由紀	東京大学教育学部教授（第5章）	
島　　和博	大阪市立大学大学院創造都市研究科教授（第6章）	
＊神原　文子	神戸学院大学人文学部教授（第7章）	
＊矢島　正見	中央大学文学部教授（第8章）	
＊進藤　雄三	大阪市立大学大学院文学研究科教授（第9章）	
北野　誠一	関西地域支援研究機構（KRICS）代表／前東洋大学教授（第10章）	
田中　夏子	都留文科大学文学部教授（第11章）	
正木　恵子	大津保護観察所統括保護観察官（第12章）	
中子富貴子	大阪市立大学大学院創造都市研究科博士課程（第13章）	
山本　　努	県立広島大学経営情報学部教授（第14章）	

（執筆順，＊は監修・編者）

はしがき

　近年における社会問題は，経済のグローバリゼーションが進展するなか，新たな様相を呈している．これに呼応するかのように，問題に対する政策，そしてその政策を支える思考自体に，とくにヨーロッパを中心に新たな展開が見られるようになってきている．これまで，個別の問題，個別の処方が試みられてきた多様な「社会問題」——貧困，暴力，非行，障害者，病者，高齢者，青少年，地域格差など——を，「社会的排除」の現象形態ととらえ，こうした現象において「社会」へのアクセスと参加を妨げてきた障壁を，「社会的包摂」（＝ソーシャル・インクルージョン）という構想のもとに取り払おうとする動向がそれである．

　「社会問題」は，〈近代資本主義―産業社会〉の到来とともに誕生した．マルクス主義はその社会に対する最初の異議申し立てを，階級分裂に基づく「社会」の分断という観点から行った．しかし，19世紀から20世紀を通して現実世界に大きな変容をもたらしたこの思潮は，近代社会が同時に，他の領域においても分断をもたらしていた事実に対して鋭敏とはいえなかった．

　ジェンダー，人種，消費者，学生，患者——「異議申し立て」の1960年代において提起されたこうした集群からの問題提起は，東西冷戦構造の終焉，IT情報革命と連動した経済のグローバリゼーションの進展を経由した90年代以降において，新たな意味を与えられるにいたった．

　単純化を恐れずにいうならば，第二次世界大戦後，社会問題への対抗策として世界に向けて提示された福祉国家像が，80年代の先進諸国の財政の逼迫，自由主義経済化の進展，そして対抗力を失った90年代におけるグローバリゼーションの世界的拡大のなかで周辺化され，「私事化（privatization）」の動向とが相俟って「社会問題」は「個人化」され，新たな分断状況が生まれてきている．福祉や年金，保険などの社会保障にかかわる一連の社会問題に見るよう

に，公事のカバレッジが狭まり，そこから排除された人びとのリスクヘッジ（危険負担と回避）は否応なく私事へと移行せざるを得なくなり，リスクの個人化が拡大してきている．加えて，さらなる市場主義，二極化あるいは格差の進展，人びとの結びつきや社会的な信託による社会（関係）資本（social capital）の脆弱化など，新たな分断の様相が社会的排除の状況に色濃く反映してきている．

　この地点において問われているのは，この新たな社会的分断と排除に対して，私たちはどのような対抗への道筋を描くことができるのかである．

　ソーシャル・インクルージョンという考え方は，その対抗戦略として登場してきたといえる．私たちが，〈近代資本主義─産業・民主主義〉社会に変わる現実的オルターナティブを構想しえないとすれば，私たちは，社会構成における「市民権」（citizenship）への個人の普遍的包摂，そして「私事化」のなかで分断され「個人化」を強制された諸個人に対する社会資本の注入を通しての「社会」形成という道筋を描くほかないだろう．ソーシャル・インクルージョン概念には，近─現代社会に対するこうした包括的リフレクティビティと対抗戦略が息づいている．

　本書は，こうした問題意識に基づき，「社会的排除」の現代的位相に対し，ソーシャル・インクルージョンという観点から，現代日本の抱えている現実の諸問題に対するその可能性を探ろうとする試みである．

　全体は，ソーシャル・インクルージョン概念の紹介，整理，問題を包括的に扱う第Ⅰ部，社会的排除の多様な具体的位相をソーシャル・インクルージョンと関係付けて扱う第Ⅱ・Ⅲ部から構成されている．理論編の第Ⅰ部「『社会的排除／ソーシャル・インクルージョン』とは何か」では，日本ではまだ定着しているとはいいがたい「ソーシャル・インクルージョン」概念の提示を行うとともに，その可能性と課題を包括的に扱う．

　応用編が第Ⅱ・Ⅲ部ということになるが，このうち第Ⅱ部が，社会制度といういわば社会空間的領域の問題を扱うのに対し，第Ⅲ部は，地理的空間領域における問題，とくに「地域格差」「地域再生」に焦点を合わせている．また，

この第Ⅱ部では,「応用編Ⅰ:社会的排除の諸相」という表題が示すとおり,多様な社会的排除の現象化の諸相が論じられているのに対して,第Ⅲ部では,とくに「地域」に焦点を合わせて社会的排除の問題を取り上げ,同時にその問題に対する多様な「再生」の試みを検討している.

本書は,「ソーシャル・インクルージョン」概念を基にして,現代における社会的排除に理論的・実践的にどう立ち向かうのかをライトモチーフとしている.しかし,本書は同時に2006年から3年間にわたって日本社会病理学会でなされたシンポジウム(2006「見えざる貧困——ソーシャル・インクルージョンの観点から」,2007「社会変革と新たな排除——制度化のパラドクス」,2008「『見えざる貧困』と『新たなる排除』にどう立ち向かうか」)の一連の研究成果を集約し,新たな執筆陣をも迎えて,このライトモチーフをさらに展開させるという性格をもっている.その目的にどこまで到達できているか,読者の判断を仰ぎたいと願っている.

2009年9月

編者　森田　洋司
　　　矢島　正見
　　　進藤　雄三
　　　神原　文子

目次

はしがき　i

第Ⅰ部　理論編　「社会的排除／ソーシャル・インクルージョン」とは何か

第1章　ソーシャル・インクルージョン概念の可能性 …… 3

1. はじめに …………………………………………………………… 3
2. 社会的排除と社会的包摂をめぐるEUの状況 ………………… 5
3. 「私事化」の動向とリスクヘッジの個人化 …………………… 8
4. 社会的排除という考え方 ……………………………………… 12
5. ソーシャル・インクルージョンという考え方 ……………… 16

第2章　ソーシャル・エクスクルージョン／インクルージョンの有効性と課題 …… 21

1. はじめに ………………………………………………………… 21
2. 背景――「二極化社会」と福祉国家の失敗 ………………… 22
3. ソーシャル・エクスクルージョン／インクルージョン論の枠組み … 24
4. ソーシャル・エクスクルージョン概念の特徴
　　――貧困とはどう違うのか ………………………………… 27
5. SEの実証研究とその指標 …………………………………… 30
6. SE／SI論への批判 …………………………………………… 34
7. おわりに――日本へのインパクト ………………………… 36

目　次

第3章　「公共」から「交響」へ
　　　　　──生存の可能性に向けて……………………… 41

1　はじめに──問題意識 ……………………………………… 41
2　公共性をどうとらえるか …………………………………… 44
3　現代社会と公共性 …………………………………………… 48
4　公共から交響へ ……………………………………………… 53

第4章　若年層の貧困化と社会的排除 ……………………… 61

1　はじめに ……………………………………………………… 61
2　グローバル化のなかの若者の二極化 ……………………… 62
　　1）労働市場と家族の不安定化 …………………………… 62
　　2）リスクに直面する若者の増加 ………………………… 64
3　欧州連合（EU）における社会的排除への取り組み …… 64
　　1）成人期への移行に対する社会政策 …………………… 64
　　2）若年失業者に対する取り組み ………………………… 65
　　3）包括的支援サービスという手法 ……………………… 66
　　4）社会的排除としての失業・不就労 …………………… 68
　　5）不安定な移行途上にある若者の把握 ………………… 69
4　福祉国家政策　対　社会的包摂政策 ……………………… 70
　　1）若者にとってのリスク構造 …………………………… 70
　　2）若者の社会的排除と家族 ……………………………… 72
　　3）社会的包摂という戦略 ………………………………… 72
　　4）雇用を通した福祉 ……………………………………… 73
5　日本における若者自立支援施策のタイプ ………………… 75

v

第Ⅱ部　応用編Ⅰ　社会的排除の諸相

第5章　若年労働市場における二重の排除
　　　　　──〈現実〉と〈言説〉

1. 日本的な「排除型社会」 …………………………………………… 83
2. 若年労働市場における〈現実〉面での排除 …………………… 85
3. 若年労働市場における〈言説〉面での排除 …………………… 88
4. 二重の排除の背景 ………………………………………………… 91
5. 二重の排除を超えるために ……………………………………… 96

第6章　ホームレス「問題」の過去と現在
　　　　　──「包摂─排除」論をこえて ………………………… 103

1. はじめに排除があった …………………………………………… 103
2. 私たちの「幸福」のために…… ………………………………… 105
3. 「亡霊登場」 ………………………………………………………… 107
4. 寄せ場もまた「人の生きていく場所」であったのだが…… …… 109
5. 寄せ場が都市の全域に広がった ………………………………… 112
6. 排除の終わり？ …………………………………………………… 114
7. 「現実の砂漠へようこそ」 ……………………………………… 118

第7章　ひとり親家族と社会的排除 ………………………………… 123

1. はじめに …………………………………………………………… 123
2. わが国のひとり親家族の実態 …………………………………… 124
　　1）ひとり親家族の生活困窮化と福祉施策 …………………… 124

2）ひとり親家族の親と子どもの生活実態と支援策 ………………… 126
3　ひとり親家族の多くはなぜ貧困なのか？
　　　──とりわけ，母子家族に焦点をあてて ………………………… 127
　　　1）ひとり親家族の貧困要因を探る…………………………………… 127
　　　2）母子家族母親の職業移動………………………………………… 133
4　社会的排除問題としてひとり親家族をとらえるとは？ ……………… 135
　　　1）社会的排除とは？………………………………………………… 135
　　　2）社会的排除のモデル……………………………………………… 136
5　ひとり親家族の社会的包摂に向けて …………………………………… 140

第8章　同性愛と排除 ……………………………………………… 145

1　はじめに ……………………………………………………………… 145
2　セクシュアリティの重層性とセクシュアル・アイデンティティ …… 146
　　　1）性自認…………………………………………………………… 146
　　　2）性欲望…………………………………………………………… 147
　　　3）性指向と性嗜好………………………………………………… 148
　　　4）セクシュアリティの重層性とセクシュアル・アイデンティティ
　　　　　………………………………………………………………… 149
3　同性愛者への排除と同性愛者の対応 …………………………………… 151
　　　1）異常の自覚化と自己嫌悪……………………………………… 151
　　　2）隠す，篭る，打ち明ける ……………………………………… 153
　　　3）さまざまな誤解と排除………………………………………… 154
　　　4）同性愛コミュニティのなかでの排除と寛容性……………… 156
　　　5）パートナー関係………………………………………………… 158
4　まとめ …………………………………………………………………… 160
　　　1）まとめ…………………………………………………………… 160
　　　2）クイアから変態へ……………………………………………… 160

第9章　医療における排除
　　　　　——後期高齢者医療制度を事例として ……………… 163

1. 問題設定 …………………………………………………… 163
2. 社会的排除／包摂論と後期高齢者医療制度 ……………… 164
   1）医療における排除：健康格差論と社会資本概念 ……… 164
   2）医療制度における高齢者の位置：社会的入院という歴史的経緯
      ………………………………………………………… 165
   3）排除論と高齢者 ………………………………………… 166
3. 後期高齢者医療制度の概要 ………………………………… 167
   1）法的根拠と制度改革の骨子 …………………………… 167
   2）医療費適正化計画と病床削減 ………………………… 169
4. 社会的排除論からみた後期高齢者医療制度 ……………… 171
   1）独立保険という点について …………………………… 171
   2）受け皿対策なき病床削減 ……………………………… 173
   3）「適正化」論理の優先のケース ………………………… 174
5. 結語 ………………………………………………………… 175

第10章　障害児・者に対する社会的排除とソーシャル・
　　　　　インクルージョンをどうとらえるのか？ …………… 181

1. 問題提起 …………………………………………………… 181
2. 障害者への隔離・分断による社会的排除から，ソーシャル・
   インクルージョンへの展開をどうとらえるのか？ ……… 183
   1）セグリゲーション（分離）の段階からインテグレーション（統
      合）の段階へ ………………………………………… 183
   2）メインストリーミングからインクルージョンの段階へ ……… 184
   3）インクルーシブ教育とは ……………………………… 186
   4）インクルーシブ教育からソーシャル・インクルージョンへ …… 190

第Ⅲ部　応用編Ⅱ　地域の排除と再生

第11章　「社会的経済」の担い手による
「社会的排除との闘い」の展開と課題
　　　　──イタリアの社会的協同組合の歩みと岐路を
　　　　題材に ………………………………………………………… 197

1　はじめに ……………………………………………………………… 197
2　イタリアにおける排除の内実 …………………………………… 199
3　「排除」との闘いをめぐる政策的対応の特徴と課題 ………… 202
　　1）EUにおける「社会的排除との闘い」の課題 ……………… 202
　　2）イタリアにおける「排除との闘い」の特徴 ……………… 204
　　3）事例に見るイタリアの「社会的排除との闘い」の特徴 …… 205
4　小括──イタリアにおける社会的協同組合の機能と課題 …… 210

第12章　共に生きる地域社会をめざして
　　　　──地域を耕す更生保護の諸活動 ……………………… 215

1　よりよく生活する上で重要なネットワークから
　　零れ落ちてしまう人びとについて …………………………… 215
2　更生保護の概要 …………………………………………………… 218
3　「更生保護のあり方を考える有識者会議」と更生保護法の成立 …… 220
4　更生保護の新しい施策 …………………………………………… 221
5　社会内処遇としての更生保護 …………………………………… 225
6　「更生保護ケアマネージメント」への提言 …………………… 227
7　更生保護と福祉との連携
　　──社会福祉士・精神保健福祉士として思うこと ………… 230

第13章 バリアフリー・ツーリズムの
手法による地域再生 ……………………………… 237

1 はじめに ………………………………………………… 237
2 バリアフリー・ツーリズムの実践とソーシャル・キャピタルの形成
　………………………………………………………………… 241
　　1）バリアフリー・ツーリズムと地域社会の「生活の論理」……… 241
　　2）NPO法人伊勢志摩バリアフリーツアーセンターの活動 ……… 245
　　3）ソーシャル・キャピタルの形成 …………………………… 251
3 地域の相対化の論理 …………………………………… 253
　　1）マイナー・サブシステンスと地域の主体性 ………………… 253
　　2）おわりに——生活の論理の多元的重層性の解明に向けて ……… 255

第14章 山村集落の過疎化と山村環境保全の試み
——「棚田オーナー」制度を事例に，
社会的排除論との接点を探りつつ …………… 259

1 はじめに ………………………………………………… 259
2 「棚田オーナー」制度 ………………………………… 260
3 集落過疎化 ……………………………………………… 261
4 棚田オーナー制度を担う人びと(1)——「Mいしがき棚田会」農家 … 263
5 棚田オーナー制度を担う人びと(2)——棚田オーナー（都市住民）…… 265
6 「棚田オーナー」制度の意義と困難 ………………… 267
7 都市農山村交流への期待と現実 ……………………… 268
8 社会的排除（包摂）研究と農山村問題研究の交差をめぐって ……… 269
9 むすびにかえて ………………………………………… 271

索　引　277

第Ⅰ部
理論編

「社会的排除／ソーシャル・インクルージョン」とは何か

第1章　ソーシャル・インクルージョン概念の可能性

> **要　約**
>
> 　社会問題研究は，時代と社会と人びとの交差する現実の在りように対して，その可能性を常に問われている．本章では，新たな社会的分断として現れてきた社会的排除と，その対抗的戦略概念として登場したソーシャル・インクルージョンが，どのような現実の上に成り立ち，そこに生成される社会問題の深層に横たわる構造変動の基軸のひとつに，この新たな分断をもたらす「私事化」の動向を置き，これらの概念を整理し，そこに描かれる現実のベクトルの先に想定されうる社会の在りようを検討する．
>
> **キーワード**：私事化（privatization），社会的分断，全体化と個人化，自由主義経済社会，資源配分構造，リスクヘッジの個人化，周縁化の過程，ソーシャル・ボンド，シティズンシップ，主体化の契機，社会参画

1　はじめに

　近年，世界は，社会，経済，政治，文化の諸領域にわたるグローバリゼーションの流れに巻き込まれ，社会問題のなかには，従前の政策では限界が生じ，新たな視点からの対応が求められるものが現れてきた．

　ヨーロッパの国々では，1980年代以降，従来の福祉政策では対応できない「新たな貧困（new poverty）」といわれる問題群が注目を集め，引き続いて「新自由主義」や「市場主義経済」の下での構造改革や規制緩和がもたらす多様な問題群も現れるにおよび，これらを軌道修正する動きも登場した．

　日本社会でも，1990年代以降のバブル経済の崩壊や世界を巻き込むグローバリゼーションのなかで，さまざまな構造改革や規制緩和が実施され，国家財政の逼迫や格差の拡大と相俟って，社会問題は新たな様相を呈してきている．

しかし，社会問題が新たな様相を呈してきたといっても，これまでの社会に見られなかった問題が突如出現したわけではない．たとえば，近年，注目されている非正規雇用や派遣労働，ワーキングプア，ネット難民などの問題は，不安定・低賃金問題や貧困の問題としてすでに日本社会にないではなかった．しかし，構造改革と格差の拡大とともにその底辺に位置する人びとが大幅に増加するに及んで，社会問題として人びとの大きな関心を集めるところとなってきた．あるいは少子高齢化社会とそこに発生する諸問題や障がいの問題，移民問題なども，制度的な対応がなされはしたものの，今日的な情況のなかでさまざまな歪みが新たに発生してきている．

その背景や原因として，グローバライゼーション，社会の構造変動，政治・経済・社会にわたる政策とその思潮の変化，人びとの意識と行動の変化など，さまざまなものが指摘されてきており，実態の解明も進んできている．

こうした現代的とも呼びうる新たな社会問題に対して，ヨーロッパ，とりわけEU諸国では，今日的情況のなかで生起するさまざまな社会問題を認識する枠組みとして「ソーシャル・エクスクルージョン（社会的排除）」に着目し，「ソーシャル・インクルージョン（社会的包摂）」という政策理念の下で行政施策や社会的な対応に取り組もうとしてきている．その動きは，ヨーロッパ共同体の国々や州・地域行政体のレベルでの政策にも反映されている．日本でも，本書の「はしがき」で触れたように，近年，「新たな分断構造」の現われとしてのさまざまな格差や二極化の進行にともない社会的排除にかかわる諸問題が露わとなり，これらの政策理念への関心が高まり，研究者や専門家の関心も広がってきている．

また，ソーシャル・インクルージョンへの関心の高まりは，行政や研究者だけではない．民間レベルでも，さまざまな実践への試みとこれを担う主体の形成が図られてきている．近年，さまざまな国で，社会的企業，コミュニティ・ビジネス，社会的協同組合，ソーシャル・ファーム，NPO・NGOなどの担い手が形成され活動が進められてきている．また，イタリアのように，これらの社会的経済活動への融資を図る「人民倫理銀行"Banca Popolare Etica"」（森

田，2006：170-181）が銀行として認可され，活動を支援する国も現れている．

　これらの変化に呼応するかのように，研究の分野では，「社会的経済」，「社会資本あるいは社会関係資本（social capital）」，「新たな民」あるいは「新たな公」の形成と「シティズンシップ」の育成など，ソーシャル・インクルージョンの理念や実践過程と親和性の高い理論的枠組みやパースペクティブが注目を集めている．

　この動向を改めて俯瞰してみると，これらの試みが単に社会問題の新たな様相や矛盾に対応した試みに留まらず，これからの新たな社会のあり方とそこでの人びとの生活のあり方への問いかけさえもが浮かび上がってくる．

　それは，この理念の底流に，現在を直視しつつこれからの新たな社会とガバナンスのあり方，さらには，そこでの市民と市民，個人と社会との関係のあり方を指向する考え方と方向性が読み取れるからである．それだけに，学問的に見ても，そこに新たなパースペクティブや新たなパラダイムを見出す可能性があるといえる．

　それでは，社会的排除やソーシャル・インクルージョンという概念や理念が，なにゆえに現代的なのかを考えるために，まず，この理念を唱道してきたヨーロッパ，とりわけフランスとイギリスの諸事情とその社会的背景をいくつかの研究（岩田・西沢，2005；岩田，2006a；福原，2007；中村，2007）に依拠しつつ概観しておくこととする．

2　社会的排除と社会的包摂をめぐるEUの状況

　「社会的排除（social exclusion）」という言葉は，1970年代のフランスに登場してきたとされているが，この概念が，社会政策の課題としてフランス社会で明確に意識され用いられ始めたのは，脱工業化社会やグローバリゼーションの進展にともなって社会経済構造や労働市場が大きく変容し，「新たな貧困」と呼ばれる現象や格差の拡大，不平等が進むなかでフランス社会が新たな社会問題に直面したことが直接にはきっかけとなっているが，最も大きな問題は，こ

れらの噴出してくる新たな問題に対して従来の社会保障制度の枠組みや人びとの結びつきでは対応することができず，そこに排除される人びとが社会のさまざまな領域で生み出され，そこに新たな分断構造の進展が垣間見えたことによる．

それは，一方では，市場主義原理による経済の綻びと矛盾が露呈したことによる．もう一方では，国家財政の累積赤字や債務超過がこの問題の大きな背景となり，福祉国家の破綻に見られるように国家と国民との関係に揺らぎをもたらし，加えて移民問題が深刻化し，国家もこれまでのように国民に対して福祉や安寧など，人として市民としての諸権利を保障しえなくなり，そこに社会的な排除や周縁化という現象が生起してきたからである．

加えて，個人化の一形態である「私事化」の動向（丸山，1968；森田，1991：212-233）のなかで，これまでは，こうした問題が発生した場合に機能してきた市民相互の社会的連帯が希薄化し，社会的なつながりや社会的協同が欠如し，社会全体としての問題対応能力が脆弱なものとなってきたこと，さらには国民の間に広がる社会的格差や不平等の進展，さらには移民問題が，国民国家の存立基盤に関わる問題となり，社会的連帯の希薄化と国民統合の危機につながる問題としてとらえられたからである．そこに新たな政策を導入する必要性が生じ，これに応えるものとして，社会的排除に焦点を当てた政策が公論化することとなった．

イギリスにおいても，グローバリゼーションや経済不況にともなう社会経済構造の変容と格差・不平等の拡大，民族問題等は国家政策の重要な解決課題となってきたことはフランス社会と同様である．しかし，大高研道は，貧困政策において伝統のあるイギリスでは，深刻化する社会問題への福祉国家的政策の揺らぎと変化がより根源的なところに横たわっていたとし，その最大の特徴は，「補助金」を軸とした社会政策からの脱却であり，貧困政策の基本線であった分配正義や普遍主義的給付主義の見直しにあったとしている（大高，2006）．

その背景には，フランスやイギリスのみならず先進産業国の多くが共通に抱える国家財政の逼迫した状況が横たわっている．ブレア政権や社会学者のギデ

ンスらが唱道した「第三の道」は，イギリスの伝統であった福祉国家の大きな転換でもあった．その際に，政策を実施する担い手として，新たに国家でもなく市場でもない第三のセクターとしての市民やNPO，ボランティア，社会的企業，協同組合などが「新たな民」として位置づけられることになる．

　一方，こうした福祉国家の変貌のなかで，社会的に排除された人びとは，国家の保護の対象としての位置づけから脱却することを求められ，「新たな民」と「公」による支援の下で，社会を担い得る責任主体として「社会的な自立」を図り，社会参画を要請されることになる．そこに，これまでの「市民としてサービスを享受する権利の保障」を中心とした「市民権（シティズンシップ）」の考え方に加えて，新たに「社会参画する責任と義務」をもうひとつの柱としたシティズンシップを基盤とする「ソーシャル・インクルージョン」という考え方が，イギリスをはじめとするEU諸国の政策課題として登場することとなる．

　しかし，社会的排除や社会的包摂という考え方には多くの課題があることも指摘されている（樋口，2004；岩田・西澤，2006；中村，2007；大高，2006）．たとえば，現代の社会状況のなかで，「新たな民」が，「公」の安価な下請けでなく，本来的な協働関係を構築し，ときには「公」と拮抗しつつ社会を形成する主体として存在することができるのか，開かれた公共性の場でのさまざまな利害の衝突を超克して協働関係を形成するための実践過程をどのように具体的に展開することができるのか，社会的な自立への強調が労働市場への参画の困難な人びとに対して新たな排除を引き起こす傾向が強いが，社会的包摂論は，これをいかにして回避しようとするのか，社会参画の仕方や程度によってモラルハザードが生じることはないのか，「新たな民」が社会的経済の担い手として登場し社会的サービスを公的資金に依拠するとすれば，「新たな民」の間に再び市場主義原理による競争や利害の衝突が生じ，それが地域社会を崩壊させたり「新たな民」を分断する可能性をどのようにして回避するのかなど，さまざまな解決すべき課題が多くの論者によって指摘されてきた．

3　「私事化」の動向とリスクヘッジの個人化

　多くの社会的排除論やソーシャル・インクルージョン論が想定している社会的現実の背景には，以上に見てきたように，グローバリゼーションや福祉国家の揺らぎと各国の財政赤字の増大など，経済面，政治面での変動軸が想定されている．しかし，これらの変化と相俟って，いまひとつ注目すべき背景は，社会構造の深層に横たわる変動軸としての「私事化（privatization）」である．
　私たちの社会の制度や組織，人びとの生活と関心事は，大別して「公」と「私」，「官」と「民」に分けることができる．社会や時代によって両者の比重に違いがあり，両者の関係の在り方も異なる．「私事化」とは，この両者の比重が「公」から「私」へ，「官」から「民」へと高まる社会の傾向であり，両者の関係が「公」優先から「私」尊重へと移行する社会の傾向を指している．逆の流れを「公事化」と呼ぶ（森田，1991）．
　「私事化」が現象として社会のなかに具体的に現れてくるのは，① ひとつは，社会のガバナンスの局面である．規制緩和や民間活力を組み込んだ行政の制度設計や構造改革が図られ，私的セクターの経済的，社会的，政治的活動が活性化され，官主導民依存型の「タテのガバナンス」から官民協働型の「ヨコのガバナンス」へと変容していく流れが公共性の空間に現れる．
　経済学で"privatization"を「民営化」と訳すように，民営化は私事化のひとつの現象形態である．周知のように，日本では，公的セクターの管理・運営権限を私的セクターへと委譲する流れは，1970年代の国鉄や公社の民営化を端緒とし，近年の郵政民営化等に見られるように，今も進行している．
　福祉国家の揺らぎや解体，格差の拡大や二極化の進行などの今日の新たな社会問題の底流には，「新自由主義」や「市場主義経済」と呼ばれる経済自由主義の動向とともに，政策面での民営化や規制緩和，独立行政法人化等の私事化の動向が大きく横たわっている．
　もとより私事化は日本社会に固有の現象ではない．イギリスのように日本に

先行して民営化に着手し，既述のように民間活力を組み込み「第三の道」を標榜した国もある．また，アメリカでは，1980年代，レーガノミックスと称される経済自由主義と大幅な減税策による景気刺激策に基づく「小さな政府」への転換が図られようとした．結果的には巨額の財政赤字と累積債務の増加，福祉予算の大幅な削減などの歪みをもたらしたが，こうした政策転換も私事化の動向のひとつと見なすことができる．

②　もうひとつの私事化は，人びとの意識や行動面に現れる私事化である．社会が近代化していく過程で，人びとは生きる意味や価値を国家や社会から与えられたり，大きな時代の流れに呑み込まれて形成するのではなく，自らの選択によって掴み取ろうとする傾向が現れてくる．それは，人びとが共同体の軛から解放され，自由や個人の幸福の追求という価値観や行動が正当性をもつようになる社会意識の傾向や価値観の変化でもある．その結果，人びとの関心や指向は，公的な局面から自らを取り巻く日常世界や私生活，あるいはその中心に位置する「私」へと向かって集中することとなる．

しかし，私事化する意識傾向が，ただちに社会問題を引き起こすわけではない．むしろ集団や組織に呑み込まれ，ないがしろにされがちだった私生活や，その中核にある「私」を大切にし，自分の欲求に素直な生き方をし，自分らしさを味わいたいという価値やライフスタイルが登場し，その主張や要求が社会のなかで一定の正当性をもつようになったという意味では歓迎すべき事である．

また，「私」性を尊重し，個人の存在に重きを置く価値観が社会のなかで浸透していくにつれて，人びとは権利への意識も高まり，さまざまな領域での人権のあり方が問われていくことになる．言い換えれば，私事化とは，一人ひとりの人間が，それぞれに尊厳なる存在であるという考え方を基軸とするさまざまな価値観が社会のなかへと浸透していく動向でもある．

1980年代以降の権利をめぐる動向を見ても，児童の権利に関する条約の国連での採択と日本での批准，男女雇用機会均等法の整備充実，犯罪被害者の権利と救済に関する制度整備，ホームレスや障がい者等の自立支援法，虐待防止法，DV法，ストーカー法など，さまざまな権利の補償と人権侵害による被害

救済制度の制定と整備が進んできている．これらは，人権問題や差別問題への人びとの関心の高まりが，私事化という追い風を受けつつ，多様に社会問題化してきたイシューへの社会的な対応でもある．

このように，私事化の動向は，自由，解放，個人の幸福などの価値に正当性を与えただけでなく，社会や集団の力の影で押しつぶされ埋もれていたさまざまな個の尊厳にかかわる問題が社会問題化してきたことも，私事化の動向のポジティブな側面と見なすことができる．私事化の動向を，このようにとらえるとすれば，個の尊厳とその存在の社会的な有り様にかかわる「社会的排除」という考え方の登場も，また，私事化の動向と無関係ではない．

ところが，私事化にはポジティブな面だけでなくネガティブな側面も併せもち，歪みとなって社会問題化することがある．

人びとは，社会や集団への関わりを弱め，公共性の空間は形骸化する．自分を大切にするあまり，自己利害だけが突出する傾向も強まっている．私生活へと隠遁する傾向や他者への無関心を生み出す傾向も強まっている．私事化の動向のなかで，一見，確立したかに見えた「個」は，共同体内部で発生する問題事態にたいして成員相互間で制御する能力を低下させた結果，全体社会の制御機構からの介入に依拠せざるをえなくなる．私事化によってあたかも自立したかに見えた「個」は，再び「公事化」ないしは「全体化」の流れへと絡め取られていくという皮肉な結果をもたらしている．「私事化のパラドックス」である．

このように見てくると，私事化は，肯定的にも否定的にも評価される面を備えた動向である．しかし，この動向は今のところ退潮するきざしはない．現代の日本社会の動向を構成しているさまざまなベクトルを分析すると，むしろ私事化は現代社会の不可逆な動向でもある．

③ 私事化の動向は，上記の人びとの意識や行動への現れと相俟って，人と人，人と組織・集団・社会などの関係性の局面にも現れてくる．私事化は「個人化」の一形態（丸山，1968：372-373）といわれているように，社会や組織・集団に対して「個」の力が強くなる傾向である．

第1章　ソーシャル・インクルージョン概念の可能性

　この動向を共同体の側から見れば，これまでのように人びとを社会や集団へと引きつけられなくなった現象として現れてくる．これを個人の側から見れば，人びとがこれまでのように社会や集団に意味を求めようとしなくなり，地域社会や集団の凝集性も弱まり，個と個，個と組織や集団もしくは共同体相互の間に形成される「社会的なつながり（social bonds）」の脆弱化や切断が社会のさまざまな部分に現れてくる．

　現代社会では，とりわけ親族集団，地域社会の組織や集団，労働組合などの個人とその家族を取り巻く中間集団の解体が顕著である．丸山のいう「共同体からの呪縛からの解放」（丸山，1968：372-373）の結果ともいえる．そのために，個々の家族は親族集団から孤立する傾向が強まり，これまで村落共同体が果たしてきた生活や心身の安全保持機能は行政の諸機能へと吸収されつつ中間集団の機能は解体してきている．経済のグローバル化や市場経済の進展のなかで，労働市場の規制緩和による不安定就労やリストラが深刻化する状況にもかかわらず労働組合の組織率は低下してきている．一方，国家や地方自治体は「小さな政府」を標榜して民営化を押し進めた結果，福祉国家の解体といわれるように行政に依拠する生活防衛機能は脆弱なものとなりつつある．

　このように，私事化社会に生きる人びとは，これまで，国家や地方自治体や中間諸集団に依拠しつつ解決してきたさまざまな生活上の問題やそこから生じる被害や潜在的な危険に対して，ますます自分自身で被害とそのリスクに気づき，個々人の力で回避していかなければならなくなってきていることはベックの指摘する通りである（ベック，1998：263）．それは「リスクヘッジ（危険回避）の個人化」と呼びうる過程であり，人びとの緊密な結合を崩壊させ，バラバラな個人がさまざまな被害や危険を引き受けることによって問題を増幅させ深刻化させていく過程でもある．社会的排除は，積極的な他者や集団からの排除だけでなく，むしろ私事化がもたらす「社会的なつながり（ソーシャル・ボンド）」の分断状況の下で起きる社会的な孤立が問題を引き起こし，問題の様相を増幅し深刻化させていくことにも目を向けなければならない．

4　社会的排除という考え方

　それでは，どのような問題が社会的な排除の問題として研究者や政策過程のなかで焦点化されてきたのであろうか．この問題が注目された当初の段階では，障害者，高齢者，生活困窮者，犯罪・非行からの更生を図る人びと，麻薬常習者，ホームレスなど，主としてこれまでの福祉的援護を必要とする人びとを対象とした概念であった．その後，EU諸国をはじめとした国家間あるいは民族間の格差や不平等の問題にも広く援用されていく．たとえば，一国内の民族問題や貧富の差や地域間の格差の拡大，失業問題や就労の不安定さ，若者のニート問題，福祉国家が制度化してきた社会保障の綻びや教育制度からこぼれ落ちていく人びとや子どもたち，さらにはこれらの危機意識や不安感から起きる精神的な問題，あるいは社会的アイデンティティの喪失や欠如，社会や集団へのコミットメントの弱化，老後生活の不安定化の増大など，より広範な市民，より広範な地域を巻き込んだ問題へと焦点を広げ，社会的排除の問題という枠組みのなかでとらえつつ分析や施策の対象とするようになってきた．

　このように見てくると，社会的排除や包摂という概念や考え方は，岩田正美の表現を借りれば，「異なった社会問題や格差を読み解く共通言語」（岩田，2006）とも表現することができる．いいかえれば，社会的排除や社会的包摂という問題群は，社会・経済・政治・文化にわたる諸構造の変容とともに現代社会に表れてきているさまざまな問題を，改めて社会的排除という視点からとらえ直し，これらの社会問題を産み出す共通の構造的基盤とその生成力を浮かび上がらせ，排除される側の視点をも社会構成の主体として組み込みつつ社会のあるべき方向をめざして方向づけようとするところにこの概念の特徴がある．

　ところで，これまでの記述では，「社会的排除」や「ソーシャル・インクルージョン」を明確に定義づけないで進めてきた．それは，この概念とその内包が多義的であり，語用法として見てみても科学的概念として用いられることもあれば政策とその基盤を成す理念や考え方として用いられることもあるからで

ある.ここでは,こうした多様な論議を踏まえた上で,包括的に定義づけている岩田正美に準拠し,社会的排除を「それが行われることが普通であるとか望ましいと考えられるような諸活動への参加から排除されている個人や集団,あるいは地域の状態」としておく(岩田,2006b:3;岩田,2008:22).

　また,社会的排除の具体的な現れ方の様態もさまざまであり,字義通り何らかの力の行使が働き積極的に排除された状態ばかりではない.「無関心」「無視」という状況のなかで「社会的に放置」されたり,「社会的な孤立」「隔絶」も排除という現象の現れとして抑えておく必要がある.また,社会や集団へのコミットメントが欠如したり,社会的アイデンティティを形成できず自らが周縁化したりソーシャル・ボンドを断ち切っていく場合も「自己排除」として排除の概念に含めて考えることのできる現象である.

　なお,以下で述べる「社会的排除という考え方」と「ソーシャル・インクルージョンという考え方」についての特徴づけや概念のインプリケーションは,これまでの多くの研究者が指摘してきたものを参照しつつ筆者なりに整理したものである.記述の煩雑さを避けるため,多岐にわたる個々の研究とその詳細な論点についての引用や注釈はここでは避け,本章で扱う論点に関連するもののみを略述するに留める.なお,本章での概念の整理と特徴づけについては,あくまでも既存の諸研究についての筆者なりの問題意識に立ったものであり,本書の分担執筆者とその分担領域の内容までをも規定するものではない.それぞれの論者によって視点やとらえ方が異なることはいうまでもない.

　上記の定義では,排除概念を便宜上「状態」と表現している.しかし,岩田自身も,また中村健吾をはじめ多くの論者も,排除概念は,排除の状態を記述したりカテゴライズする類別概念のレベルに留まらず,排除を生成する社会経済構造上の原因や背景にまで説き及ぶ説明概念であり,特定の個人や集団が排除されていくダイナミックスを描き出す過程概念としての性格を前提仮説もしくは背後仮説としてもっており,そこにこそこの概念の有効性があることを指摘している(岩田,2006;中村,2007).

　また,社会的排除の概念が,論者によって多様な内包をもっているのは,排

除が何からの排除なのか，あるいは普通の望ましいと考えられる活動とは何かについても，さまざまな側面から多様なアプローチが展開されているからである．

　たとえば，人権という側面に焦点を当てたとしても，そこには基本権や平等権，自由権，社会権，あるいは基本的人権を守るための権利などの広がりがあり，さらには人格権，知る権利，被害者の権利，環境権など幸福追求権から認められるとされる新しい人権の領域が広がってきている．この場合，どの権利に着目し，どの状態が保障されなかったり侵害された場合に排除とするかは論者によって異なっている．

　また，国家や共同体に枠付けされた従来の「市民権」に着目すれば，制度化された諸権利やサービスの受益権が保障されていない状況と見ることができよう．また，福祉国家の揺らぎや解体を背景として新たに要請される「シティズンシップ」に着目すれば，社会参加権の剥奪や機会の欠如，あるいは共同性や公共性への社会的な責任や義務感の欠落，アイデンティティの喪失なども社会的排除の様態とみなすことができる．

　あるいは，社会的排除を地域社会や社会集団・組織，あるいは労働組合，NPOやボランティアグループなどの支援組織といった中間集団，あるいは対人関係などからの排除や社会的孤立も排除という形で押さえることができる．これらの現象を社会の状態として見てみれば，ソーシャル・ボンドが弛緩したり欠如した状態でもある．また，こうした社会的協同やネットワークなどのソーシャル・ボンドからの孤立や隔絶という形を取って現れる排除を「社会関係資本（social capital）」の脆弱生や欠如ととらえることもできる．あるいは，社会的偏見や差別の構造も社会的排除という問題の射程に入ってこよう．

　また，私たちの日常生活や社会活動は，さまざまな資源を基盤として成り立っている．たとえば，政治，経済，社会にわたるさまざまな制度と組織・集団，あるいは学習資源や近年では情報資源までもを含めた広い意味での文化資源，あるいは社会関係に係わる資源など，さまざまな資源を活用しながら生活し自己実現を図り，人生を送っている．社会的排除は諸資源へのアクセスの制約と

見ることができようし，これらの資源のなかで「権利化しうる」ものに限定すれば，上記のような人権領域からの社会的排除というカテゴリーが成立する．

　私たちの人間としてのさまざまな営みは，何らかの集団や組織，あるいは社会で社会的な役割に就き，そこに参画することによって果たされているものととらえれば，社会的排除は社会参画のあり方から派生する現象と見ることができる．

　これを経済的な活動に限定すれば，生産者ないしは労働者としての活動や消費者としての活動への参加からの排除という広がりが見えてこよう．政治過程や社会過程に焦点を当てれば，全体社会の政治・社会過程への参画からの排除が問題となる．

　このように考えると，「排除」という現象は，いずれの側面に焦点を当てたとしても，①そこには人間が存在し社会的に生活を営んでいくに当たって必要とする社会的・政治的・経済的・文化的資源の分布と分配構造が存在し，②社会内の個人や集団は，これらの諸資源の分配構造のなかで，それぞれの位置を占め，③その諸資源へのアクセスがそれぞれの位置によって制約されたり断たれるところに社会的な排除へのリスクが発生する．④言い換えれば，社会的排除は，政治・経済・社会・文化にわたる「多次元的」「複合的」な資源の分配構造の中心から周縁へと移行する「周縁化の過程」としてとらえることができようし（岩田，2008；Bhalla & Lapeyre，2004；樋口，2004），社会のなかに資源の分配構造へのアクセスをめぐって「社会的な分断構造」が生成されていく過程とも見ることができる．⑤したがって，社会的排除の分析は，人びとや集団，あるいは地域社会などを周縁へと押しやり，社会的排除を生成し，固定化していく政治的・経済的・社会的・文化的構造の存在とその動態的な社会過程を明らかにすることである．社会的排除論が動態的分析といわれたり，複眼的アプローチを可能にするといわれるゆえんである（Bhalla & Lapeyre，2004；中村，2007）．⑥排除の社会過程とその深層に横たわる構造は，社会によって，あるいは時代によって，さまざまな様相を呈し，その結果，現代の日本社会は，社会的排除の今日的様相と課題を呈することとなる．そのために「新

たなる排除」という表現が社会問題の新たな様相や新たな現象の現れに用いられることが多い．しかし，社会的排除の視点は，その基底に，グローバリゼーションや構造改革などの構造変動がかかわりながら，社会のさまざまな領域に社会的分断が生成され，その構造の裂け目のなかに個別の問題が社会的排除という形をとって現われ，社会問題化しているととらえるマクロな視点を備えている．したがって，個々人が直面する問題や課題は，社会の大きなストーリーのなかに位置づけられ，その対応も個人のレベルだけでなく，政治，経済，社会，文化の複合的な構造にまで及ぶ戦略的射程を備えることが求められる．

⑦なお，上記の「周縁化の過程」は，一面では，人びとが，社会制度や地域社会，組織・集団やネットワーク，あるいは他者との関係などの社会的なつながりを弱めたり，喪失したり，剥奪されていく過程であり，逸脱生成の社会過程へと転化する可能性がある．その意味で，社会的排除という考え方は，社会学における逸脱論に対して有効な視座を提供しうる概念装置ともなりうる．

5　ソーシャル・インクルージョンという考え方

現代社会における社会的排除をこのように新たな社会的分断構造の生成過程として考えると，ソーシャル・インクルージョンは，こうした社会過程への対抗的戦略概念として登場してきたものとして位置づけることができる．その意味では，ソーシャル・インクルージョンという考え方は，概念の成立の経緯のなかに記述・分析概念というよりは，むしろ実践的な性格を色濃く帯びた概念としての特質を負うことになる．

このように考えると，①ソーシャル・インクルージョンとは，周縁化され排除された人びとに対して，人としての権利を尊重するという基本的立場に立ち，動員可能なさまざまな資源を提供・開発し，ソーシャル・ボンドを回復させることによって周縁から中心へと移行させ，社会参画しうる自立した主体となることができるよう支援する社会的な方策とその基盤にある理念を意味する．

②この場合，「人としての権利を尊重するという基本的立場」と一口にいっ

ても，そのなかには「不可欠」「不可侵」な権利として社会的に位置づけられているものから，「望ましい」状態と考えられるものまでの広がりがある．後者については，権利の保障やインクルージョンによる政策の正当性をめぐって社会的に論争の余地が広がってくる領域である．

③ ソーシャル・インクルージョンは，上述の概念の成立の経緯に照らしても，あるいは前掲の社会的排除概念の岩田による定義に鑑みても，それは，望ましいと考えられる社会状態を実現するための価値形成概念であり，人と社会のあるべき状態をめざす概念でもある．それだけに，ソーシャル・インクルージョンという考え方は，社会的排除という考え方に比べて実践的な性格をより強く帯びることになる．

④ この場合，注意しておくべきことは，周縁化や排除を産み出し，これを固定化する構造的な背景をそのままにしてインクルージョンを進めることはできない．それは，周縁化や排除を産み出した構造のなかに再び引き戻すだけの作業に過ぎないからである．したがって，ソーシャル・インクルージョンという理念による政策や社会的方策には，田中夏子が指摘したように，全体社会や地域社会の排除への構造的な圧力を無化したり，相対化したり，あるいは対抗する論理を備え，背後にある構造を制御したり軌道修正するメカニズムや仕組みと拮抗の論理を備えることが必要である．その際，この論理が，排除を産み出す構造的な作用を否定することで成り立つのではなく，これを制御し，軌道修正しつつ，インクルージョンしていく社会総体の社会的，経済的，政治的，文化的諸側面をより成熟・発展させるものとして機能することが求められていることにも注意しておく必要がある（田中，2004）．

⑤ 社会的排除の問題に対してソーシャル・インクルージョンが目標とする政策や社会的方策の重点は，社会的に排除されている人びとや集団や地域が当該の社会でその構成員あるいは組成構造として生活し生産に携わり，社会活動をはじめとした社会を成していくさまざまな活動に主体的に関わり，「社会参画」していく主体としての権利を回復し，保障することを目標としている．スティーブンスらは，この「参画」の内容を曖昧なままにして，この概念を狭く

「労働市場への参画」や「諸権利へのアクセス，あるいは，これらのさまざまなサービスへのアクセス」に限定して用いられているところに新たな矛盾や排除を引き起こす芽があることを指摘している（Stevens et al., 2003）．日本におけるさまざまな「社会的自立」政策やソーシャル・インクルージョンについても，就労による自立に偏るなど，この傾向は否定できない．

⑥この新たな矛盾を回避するために，スティーブンスらは，社会参画の目的のなかでも，とくに「政治的・公共的領域」への参画を重視している．それは，排除された人びとの問題を解決する政治的・社会的決定過程に彼ら自身が当事者として参画しないまま決定が成されるとすれば，インクルージョン自体が排除の芽を潜在的に胚胎し，疎外と排除を再生産する場と化すからである（Stevens et al., 2003; 大高，2006）．

以上に見てきたように，ソーシャル・インクルージョンは，直接には社会的排除という視点に立って，そこに巻き込まれている人びとの状況を改善し社会問題の解決をめざそうとする考え方である．しかし，ソーシャル・インクルージョンは，それにとどまらず，問題の解決を通してさまざまな立場にある市民や団体・組織を社会の意志決定過程や統治過程へと参画させ，社会そのものを新たな公共性の構築に向けて開かれた場とすることをめざそうとする考え方でもある．それは，社会的排除を社会の構造とその深層の流れという社会全体の大きな物語のなかに位置づけ，個と社会の全体構造，あるいは組織や集団の在り方をも射程に入れて社会的な対応を考えようとするものであり，社会的排除過程を無化したり相対化したり，状況によっては対抗する社会過程を作り出す社会的な営みであり，そこにこそ，この概念の戦略的，実践的な意義が存在する．

既述のように，ソーシャル・インクルージョンという考え方は，もともと政策理念として成立してきた経緯をもち，その意味では，社会的排除やソーシャル・インクルージョンの概念は，既述のように，望ましい社会状態を指向する社会モデルを理論の前提仮説や背後仮説として想定している．とりわけ国民国家や福祉国家という従来の社会モデルが揺らいでいる現代だからこそ，社会的

排除やソーシャル・インクルージョンの概念が提示する社会モデルの内実とその意味を改めて問い直す作業が必要となる.

その際に大切なことは,これまで見てきたように,私事化の動向という社会の深層の流れには,個々人やそれぞれの組織,集団,あるいは地域社会の主体化と自立化への契機が含まれていることである.しかし,その流れのベクトルは,「個人化」ないしは「私事化」への一本道ではなく,常に「全体化」ないしは「公事化」の流れとが拮抗しながら,両方向のベクトルのダイナミックスのなかで展開されるものとして抑え,全体のベクトルとしては,人と社会が編み上げる公共性のより善き状態へと螺旋状に進行させていく社会の実践的な営みとしてとらえる視点が大切である.

ソーシャル・インクルージョンを,こうした全体社会の構造とその変動のベクトル上に位置づけ,社会的現実や排除を生み出す社会過程とその対抗的営みとしてのソーシャル・インクルージョンという社会過程とのダイナミックスとしてとらえることができれば,この概念は現象レベルでの社会問題の解決を超え,構造とその構成要素との間で繰り広げられる社会的現実の分析概念として有効性を発揮することができようし,さらには,政治・経済・社会・文化にわたる社会全体の構造の流れのなかで,構成諸単位が,いかにして主体化,自立化を図りつつ社会を構成する当事者として社会に参画しつつ当該の社会を社会として成り立たせていくかという道筋も見えてこよう.その意味で,ソーシャル・インクルージョンという考え方は,社会とその構成諸単位との在り方を問うという社会学の基本問題に関わる概念であり,社会的存在としての主体の論理の構築への実践的,戦略的概念ともなり得る可能性を秘めている.

(森田　洋司)

【文　献】

Beck, U., 1986, *Risikogesellschaft: Auf dem Weg in eine andere Moderne*, Frankfurt am Main, Suhrkamp. *Risk Society: Towards a New Modernity*, London: Sage, 1992.（東兼・伊藤美登里訳, 1998,『危険社会―新しい近代への道―』法政大学出版局)

Bhalla, A.S. & Lapeyre, F., 2004, *Poverty and Exclusion in a Global World*. 2nd ed., Palgrave Macmillan.（福原宏幸・中村健吾監訳，2005,『グローバル化と社会的排除』昭和堂).

樋口明彦，2004,「現代社会における社会的排除のメカニズム―積極的労働政策の内在的ジレンマをめぐって―」日本社会学会編『社会学評論』55：2-18

福原宏幸編著，2007,『社会的排除／包摂と社会政策』法律文化社

岩田正美，2006a,「ソーシャル・エクスクルージョン／インクルージョンの有効性と課題」日本社会病理学会編『現代の社会病理』21：5-16

岩田正美，2006b,「今，なぜ社会的排除なのか」『生活経済学研究』41：3-8

岩田正美，2007,『現代の貧困』筑摩書房

岩田正美，2008,『社会的排除―参加の欠如・不確かな帰属』有斐閣

岩田正美・西澤晃彦，2006,『貧困と社会的排除―福祉社会を蝕むもの』ミネルヴァ書房

厚生労働省，2000,『社会的な援護を要する人々に対する社会福祉の在り方に関する検討会』報告書

丸山真男，1968,「個人析出のパターン」M. B. ジャンセン編『日本における近代化の問題』岩波書店

森田洋司，1991,『「不登校」現象の社会学』学文社

森田洋司，2004,「序章 病める関係性の時代」『社会病理学講座第3巻 病める関係性』学文社：1-14

森田洋司，2006,「イタリアの社会的経済制度としての社会的協同組合（第10章：161-169)」「ソーシャル・ファイナンスとBANKA ETICA（第11章：170-181)」科学研究費補助金研究成果報告書『大阪地域における中小企業問題と地域再生に関する研究』（研究代表者・森田洋司）

中村健吾，2007,「社会理論からみた『排除』」福原宏幸編『社会的排除／包摂と社会政策』法律文化社：40-73

大高研道，2006,「政策的概念としての社会的排除をめぐる今日的課題―社会的排除の連鎖と分断―」日本社会教育学会年報編集委員会編『日本の社会教育―社会的排除と社会教育』50：47-59

Stevens, A. et al., 2003, "People, jobs, rights and power: The roles of participation in combating social exclusion in Europe" *Community Development Journal*, 38: 84-95.

田中夏子，2004,『イタリア社会的経済の地域展開』日本経済評論社

第2章 ソーシャル・エクスクルージョン／インクルージョンの有効性と課題

> **要 約**
>
> ソーシャル・エクスクルージョン，インクルージョンは，グローバリゼーションと脱工業社会における二極化の諸問題を，従来の貧困概念を使わずに説明し，その解決策を新たな社会統合戦略として提示するために，ヨーロッパで活用されている概念である．本章では，その概念，理論的枠組み，貧困概念との異同，実証研究の動向を吟味した上で，日本においてこれを多様な社会問題解決の共通言語として使用していく可能性について言及する．
>
> **キーワード**：ソーシャル・エクスクルージョン，ソーシャル・インクルージョン，脱工業社会，グローバリゼーション，二極化社会，社会統合戦略

1 はじめに

90年代以降のヨーロッパでは，多様な社会問題の理解において，あるいはこれらへの政策を議論する場合に，ソーシャル・エクスクルージョン（social exclusion，以下SEと略）あるいはインクルージョン（social inclusion，以下SIと略）という概念が盛んに使われるようになった．もともとSEは1970年代フランスに起源をもつ言葉だといわれている（Hills et al., 2002）．それは福祉国家の拡大にもかかわらず，学校からの離脱，長期失業などを媒介として福祉諸制度に包摂されていない人びとの存在を表現するものとして持ち出された．グローバリゼーションと脱工業化の下での社会経済変容を基礎とした雇用の不安定化が80年代に広範なものになるにつれ，このSE/SI概念はヨーロッパ各国の社会政策のキー概念になると共に，社会的経済的結合（cohesion）を達成するためのEUの戦略としてヨーロッパ全体に拡大され，今ではEUが加盟国にお

ける貧困や社会問題について方針を出す場合のキーコンセプトとなっている（中村, 2002）．また国連レベルでも先進国と途上国の貧困をつなぐものとして多用されるに至っている．

　近年わが国でも，社会的排除という用語がボツボツと使用されはじめ，またこの概念の紹介等がなされるようになっているが，本章ではあらためて，研究用語としてこの概念を利用する際の有効性と課題を整理しておきたい．

2　背景——「二極化社会」と福祉国家の失敗

　SE概念の普及の背景として指摘されているのは，1973年の恐慌と為替変動相場制への移行を境に急速に進んだとされている先進諸国における脱工業化と，これをふくんだグローバリゼーションの大きな流れのなかに現れた「二極化社会」の出現である．工業社会は，大量生産組織に代表されるような，主に製造業を中心に発展した，量を追求する生産組織と，これを可能にした安定的な労働体制，また大量消費様式を生み出したことで知られている．脱工業化は，こうした大量生産組織と結びついた安定的な労働体制が，コンピューターなど新しい情報技術の発展を基礎に，特化された部門の多様性や質を次つぎに追求する「変動」的な生産・労働組織に再編されつつあることを示している．ここでは製造業にかわって，その周辺にあった金融や新しいサービス業などの部門が膨らみ，常に新しい市場を求めて資本が流動するため，これを可能にする労働市場の再編が起こり，外部・下請け化や不正規雇用が増大する．さらに，このような「変動」的生産で必要とされる新しい技術や知識自体が商品化され，これらを含めた商品の寿命も短くなる結果，消費様式や文化にも大きな影響を与えていることが指摘されている．

　他方で，これらの変化はグローバリゼーションと呼ばれる国家の枠を超えた，資本，人，モノの自由な移動とともに進んでいる．新しい市場の開拓や生産の資金調達，意思決定はますます「ひとつ」の金融市場を通して，時差や地理的境界を越えて行われ，激しい競争，資本や人の柔軟な移動，技術革新をさらに

促進しながら,「好機」と「危機」が隣り合わせになった,ダイナミックで投機的な世界にますます多くの人びとを巻き込む結果をもたらしつつある.先進諸国における新しい「変動」的な生産・労働組織は,まさにこのようなグローバリゼーションの下での激しい競争を前提としている.

ところで,この脱工業社会とグローバリゼーションは,福祉国家の前提条件を次の意味で突き崩していく.第1に,福祉国家は国家による経済活動の規制を前提としているが,グローバリゼーションによって国家の枠を離れた経済活動への規制はきわめて困難になる.第2に,福祉国家の前提にある常用労働者家族のモデルが,「変動」的な生産・労働組織のなかでモデルたり得なくなっていく.この結果,たとえば標準的労働者家族のライフサイクルとその定型的リスクを下敷きとした所得保障政策は,その有効性を小さくしていくことになる.

これらの結果,十分な貧困予防のセーフティネットを張ってきたはずの先進諸国の福祉国家のなかに,「両極化」(social polarization)と呼ばれるような新しい格差とその固定化が生み出されていることが指摘されるようになった.Lipietzはこれを「気球型社会」から「砂時計社会」への転換という喩えで表現している.すなわち,工業社会では中間層が膨らんだ「気球型社会」であったものが,今日では中間層が萎んだ「砂時計」のような,貧富の差の大きな社会になっていっているというのである(Lipietz et al., 2000).こうした「二極化社会」の両端を,第一国民と第二国民,AチームとBチームというように表現することも少なくない.

SE/SI概念は,このグローバリゼーションと脱工業社会における「二極化社会」の下方に固定されている集団の問題を,従来の貧困概念を使わずに説明し,かつその解決策を検討しようという流れのなかで広まったといえる.とくにフランスをはじめとするヨーロッパ大陸部の諸国がいち早くこれに反応したのは,この大陸型福祉国家が,常用労働者家族の定型リスクへ対応する社会保険を中心に組み立てられてきたため,学校を出たばかりの若年者の長期失業や都市の周辺部に居住する移民層の貧困等に制度が対応できないことがより明確に示さ

れたことがあげられている．またフランスのような共和国では，連帯や社会結合は社会の基礎であり，排除されていると感じているグループの存在は国家の統一を浸食するおそれがある，とみなされやすいともいわれている（Hills et al., 2000）つまり，SE/SI 概念は，工業社会に形成されてきた福祉国家戦略が，グローバル化のなかで限界をもったことに対して持ち出された，新たな社会統一の戦略であると考えられよう．

なお，EU レベルの議論において，このような新しい状況を説明する概念として，なぜ伝統的な貧困概念を拡張しなかったのかについては，今述べたような社会統合との関連で用いられたことに由来すると思われるが，一説には貧困概念を用いるのを嫌った国があるからだという，穿った説明もある．ちなみに，アメリカ合衆国では SE/SI を使用せず，ghettoization, marginalization, the underclass などの言葉で表現している．また同じアングロサクソン系の国で，大陸諸国とも一線を画すイギリスでこの概念が本格的に受容されたのはブレア政権以降である．

3　ソーシャル・エクスクルージョン／インクルージョン論の枠組み——

このように，SE/SI 概念は，新時代の新たな社会統合戦略として持ち出された政治的な概念であり，それゆえ多義的で曖昧な側面をもっている．政治概念は融通性に富む方が使い勝手がよく，曖昧であるが故に EU 戦略のキーワードとなったとも考えられる．またそもそも，これが生み出されたヨーロッパ大陸諸国の連帯主義とイギリスの自由主義の伝統による解釈の相違も大きいし，その都度その都度の政治的目的のために，柔軟にこの概念が持ち出されるということも少なくない．貧困や不平等の「ファッショナブルな」ラベル，あるいはむしろ貧困議論の非政治化のためにもちだされたのだという批判さえある（Hills et al., 2000: 3）．

したがって，これを研究用語として使用する場合には，たとえば SE の場合は，貧困など従来の概念との相違や，測定可能性を巡る議論が避けられないだ

ろうし，またどのような状態を SI とするのかという根本的な困難がともなわざるをえない．1990年代の終わり頃から，さまざまな研究がこれに挑戦し始めている．

SE/SI の研究内容について述べる前に，まず多様な SE/SI 議論の見取り図の整理を2つ紹介しておきたい．第1は Levitas（1998）がアメリカ合衆国のアンダークラス論まで含めて行った次の表2-1の整理である．

ここでは，SE/SI をめぐる議論は大きく3つに区分される．ひとつは従来の再分配の議論を拡張した見方で，二極化社会をあくまで従来の資源と権力の不平等の拡大としてとらえる（Redistributionist Discourse, RD）．ここでは SI とはより完全なシティズンシップの実現として把握できる．マーシャルのシティズンシップ論との違いは，シティズンシップの総合化に焦点を置いたことと，ジェンダーやマイノリティのシティズンシップを付加したことだという．

2つめはアンダークラス論に典型的なように，排除されている人びとのモラルに焦点を当てる議論である（Moral Underclass Discourse, MUD）．すなわち排除を起こす起点をアンダークラスのモラルと文化的特質に求めるもので，paid work に価値をおき，個々人の労働へのモラルを回復することに重点が置かれる．日本のニート論とも一部重なる見方である．

3つめは，二極化社会における社会結合の不安定により焦点をおく見方である（Social Integrationist Discourse, SID）．SI の方向は，経済効率と社会統合の双方を結びつけるものとして paid work の機会の拡大を強調し，労働市場の参加を社会統合の key として位置づけている．

表2-1　Levitas, R（1998）による SE/SI 論の分類

再分配主義者の議論（RD）	権力と資源の広範な不平等に焦点，より完全な citizenship の実現	所得など資源の欠乏に焦点
アンダークラスのモラル論（UMD）	排除されている人びとのモラルに焦点，労働の価値を高める	モラルの欠乏
社会統合主義者の議論（SID）	経済効率と社会結合の不安定に焦点，労働市場への参加による結合	paid work の欠乏

SE/SI 議論は，政治的には最後の SID として出てくるわけであるが，実はあらゆる SE/SI 論のなかには，以上3つの要素，すなわち，不平等やシティズンシップの議論，モラル論，社会統合論が混在していると Levitas は指摘している．

表2-2　2つの社会モデル（Stewart）

社会契約モデルによる SE/SI	契約主体である個人の参加による社会	正義 Voice Exit	市場への完全参加の障害物 福祉依存	個人のエンパワーメント
社会同盟モデルによる SE/SI	相互依存・相互承認による社会	善き生 Voice Loyalty	集団への意味ある参加の欠如	集団のエンパワーメント

2つめに Stewart（2000）の枠組みを紹介したい．彼はまず社会契約モデルと社会同盟モデルの2つの社会秩序を区分して，それぞれの SE/SI 論を表2-2のように整理している．

社会契約モデルでは，社会の契約関係に参入できる資源やスキルとしての個々人の能力が SE の基軸となり，個人のエンパワーメントをすればするほど，強固な SI が達成されると把握される．排除の要因は，国の規制，保護政策の強さにあることが強調され，これが経済の硬直性や福祉依存を生み出したとして，個人の自律と選択の拡大に SI の解を求めることになる．他方で社会同盟モデルでは，集合的な目的と集団成員の義務が焦点化される．個々の利害関係者としての個人は，契約ではなく，同盟関係にあるから，社会への参加，信頼，正当性が個々人の関係をつなぎ止め，社会の集合的目的への義務の遂行が常に求められている．

さらに Stewart はこの2つの社会秩序区分を前提として，近代後期に現れた SI 政策が依拠している政治実践様式として，「正義」と「善き生」の2つを取り上げている．「正義」は不平等の除去，「善き生」は多様な慣習や価値をもつコミュニティの承認と考えることができる．Stewart は，この両者の関係を表2-3のような SI のフレームワークとしてまとめている．

ここで，包摂された社会と書かれた欄は，社会秩序のモデルとしては社会同

表2-3　SIのフレームワーク（Stewart, 2000）

	社会契約	社会同盟
正義の実践	自由主義社会	包摂された社会
善き生の実践	後期近代秩序	共同体主義

盟モデル，政治実践としては正義の実践，の混合物としておかれている．どのようなSIの実現も，同盟社会の結合を暗示せざるをえないが，それは社会正義の追求と結合される必要がある．逆に社会正義の効果的な追求は，同盟社会の結合に依拠せざるをえない．SIの議論のキー概念は，したがって，正義がそのうちで遂行されるようなフレームワークを提供するに必要な最低の社会の結合要求に関連してくる，とStewartは強調している．

4　ソーシャル・エクスクルージョン概念の特徴 ——貧困とはどう違うのか

　それでは，研究場面において，SEはどのような特徴をもった概念として扱われているのだろうか．ここではとくに従来の貧困概念との差異を中心に，その特徴をまとめてみよう．Roomは，従来の貧困と社会的排除概念の違いとして，
① 所得や消費（資源）から多面的で複合的な不利へ
② 静態的からダイナミックな分析へ
③ 個人や世帯の資源から地域コミュニティの資源へ
視点が移動していることを強調している（Room, 1995）．
　しかし，貧困研究においてもタウンゼントの有名な研究を持ち出すまでもなく複合的なdeprivationの研究が積み重ねられており，また近年では貧困ダイナミックス分析も進んでいる．したがってSEは強調点の変化であって，方向性の変化ではないという見方もある（Hills et al., 2000）．
　この「強調点の変化」という見方から，貧困と社会的排除の関係をうまく整

図2-1 貧困と社会的排除の関係（リスターの整理）

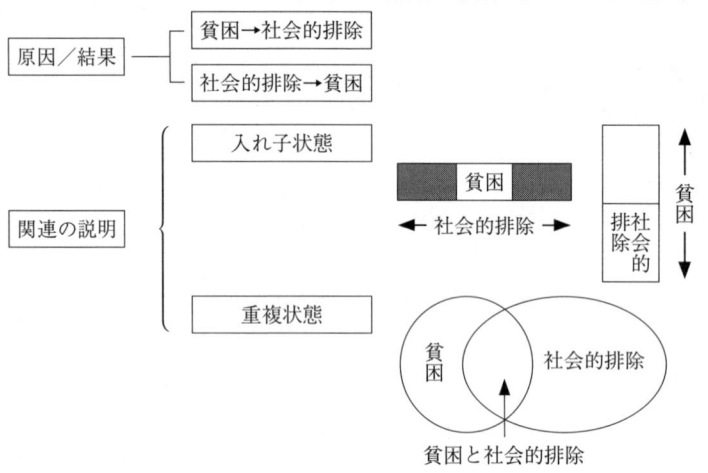

```
原因／結果 ┬ 貧困→社会的排除
          └ 社会的排除→貧困

関連の説明 ┬ 入れ子状態
          │         ［貧困／社会的排除］  ［貧困／社会的排除］
          └ 重複状態
                    ［貧困 ∩ 社会的排除］
                         ↑
                    貧困と社会的排除
```

理したのは，Listerである．まずListerは，貧困（物的な貧困に限定）と社会的排除を，原因と結果という角度からとらえると，「貧困から社会的排除が生まれる」というように把握する場合と，逆に「社会的排除が貧困を生み出す」というように把握する場合があり得ると把握している．図2-1の上の部分がこれにあたる．この原因・結果の関連は，時に原因となり，時に結果となるというようなものとしてとらえられている．次に両者の重なり合いの関係は，第1に「入れ子状態」として考えるか，「重複」として見るかで，異なった説明がありうる．「入れ子状態」は，図2-1の左に示してあるように，貧困の深化形態が社会的排除であるという関係の「入れ子」か，逆に社会的排除の一部が貧困であるという「入れ子」かで，解釈は異なってくる．前者は，しばしば極貧のなかに見いだされる社会的排除であり，「up and down」として把握できる垂直関係のなかに，「in and out」が入り込んでいる形態をとる．逆に後者は，「in and out」という水平関係である社会的排除の特殊形態として「up and down」の貧困が組み込まれている，ということになる．

さらに，図2-1の右に示した「重複」とは，貧困と社会的排除はそれぞれ異なった人びとが経験しているが，その一部で，同一の人びとが同時にこれを

第2章 ソーシャル・エクスクルージョン／インクルージョンの有効性と課題

経験しているという状況があることを示している．貧困だけを経験している人，社会的排除だけを経験している人，両者を同時に経験している人の三者の実際の構成比は，何を具体的な指標にして社会的排除をとらえるかによって変化する．その意味で社会的排除という概念は，解釈の概念であって，貧困現象の重要な側面に光を当て拡大していく「レンズ」の役割を果たすようなものなのではないかとリスターは指摘している（Lister, 2004: 83）．

この Lister の整理はうなずける点が多いが，貧困論がどこまでも資源の欠如をその重要な指標としていることに対して，SE 概念は資源制約との関連ではなく，社会参加からの切断という観点から，社会的不利の態様を幅広く把握する概念である点は異なっている．SE の積極性を強調する立場からは，さらに次のような特徴が示されている．

①SE 概念は，グローバル化とポスト工業社会の産物であるという理解を前提とし，それによる社会楷の変化を射程においている．したがって SE を語ることは，社会総体の変化を語ることであり，社会の失敗だということを明らかにする上で有効な概念である（Byre, 1999）．ただし，SE そのものは，そのような社会総体の変化が経済政策や福祉政策や市民権などの状態，また地方レベルに現れた諸側面としてとらえるものである（Percy-Smith, 2000）．

②SE 概念は，多様な領域の社会参加の制限を複合的な不利と結びつけつつ，時間と空間のダイナミックス（動態）として把握することを可能にする．

　　Hills は SE と deprivation の決定的な違いは Room のいう複合性にあるのではなく，むしろ時間と空間を広げたダイナミックスが含まれうるからだと述べている（Hills et al., 2002: 228）つまり SE とは関係のなかでの「動き」であって，個人や家族の SE はコミュニティやローカルとの関連のなかで生じることになる．同時に SE は，ある個人の人生のなかで，個人が社会に包摂されたり排除されたりする in and out のダイナミックスとして

も把握しうるし，その原因と結果の連鎖も示唆される．

なお，この点に関わって，Jordan は，先進国に来た多くの移民層はその政治的権利と社会権を犠牲にして経済の機会を得ようとしたし，イギリスではかつて人頭税をのがれるために市民権をもっていた人びとが選挙人名簿に登録しないことを選択した等の例を挙げ，これらのインクルージョンとエクスクルージョンのダイナミックスは，単純に市民権をもっているかもっていないかの議論では分析できないと述べている（Jordan, 1996）．

また，近隣空間に示される SE と関わって，Byrne は，先進社会の都市の内部において，明らかに排除されている空間に居住している人びと，不安定になっている人びと，まったく安全に暮らしている人の3段階の空間的分離を SE との関連で把握することの重要性を指摘している（Byrne, 1999）．

③ SE が関係のなかでの動きであるとすれば，SE 概念の要点のひとつはプロセスを重視することである．

④ SE はまた，行為者の議論を展開する可能性をもつ．貧困はひとつの状態であるが，排除は誰かが，別の人びとを排除していく行為だからである．上に指摘したように SE は関係のなかでの「動き」であり，誰が誰を排除しているのかを問題にしうる．この行為者には自己による自己の排除も含まれるという．このなかには，社会保険や税の支払いから逃げようとするエリート層の離脱も含まれるから，貧困概念とは異なって底辺層以外の排除も視野に入れることができる．

5　SE の実証研究とその指標

以上のように，SE は現代の大きな社会変貌を前提とし，そのなかで生じている個人と社会の関係を，かなり大きくとらえた概念であり，社会参加からの

第2章　ソーシャル・エクスクルージョン／インクルージョンの有効性と課題

排除とその影響を複合的かつ動態的に把握しようとする，野心的だが，やや大風呂敷な概念であるともいえる．このため社会的排除概念を巡る理論研究はともあれ，その実証の難しさが指摘できる．ただし，②のような時間軸を広げたSEの動態把握可能性は，アメリカ合衆国で発達した縦断調査（パネル調査）の手法が90年代にヨーロッパでも本格的に取り入れられ，各国のパネル調査やEUパネルが定着したことによる縦断データの活用可能性が技術的基礎にある．

　実証研究の初期の段階では，排除されている特定グループを任意に取り上げ，その実態を把握するというやや素朴なSE研究が多かったが，次第に，上記のような理論を前提とした本格的な実証の気運が高まり，SEの指標化やその計測も試みられるようになった．

　そのひとつとして，ロンドン大学の研究プロジェクトが1990年代の英国世帯パネル調査（BHPS）の全国データを用いて行った実証研究がある．図2-2のタマネギ図は，この実証研究のためのフレームワークとして示されたものであり，個人，家族は，コミュニティ，ローカル，ナショナル，グローバルの影響を受け，コミュニティは，個人，家族，ローカル，ナショナル，グローバルの影響を受けるというような異なったレベルの相互作用を示している（Bur-

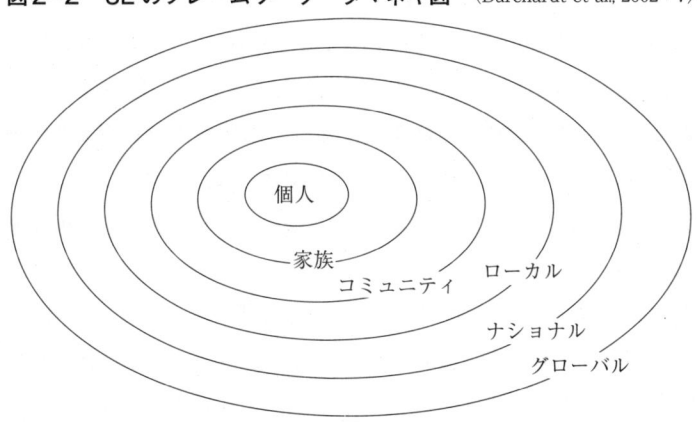

図2-2　SEのフレームワーク"タマネギ図"（Burchardt et al., 2002：7）

図2-3　SE分析のフレームワーク（時間軸）（Burchardt et al., 2002：9）

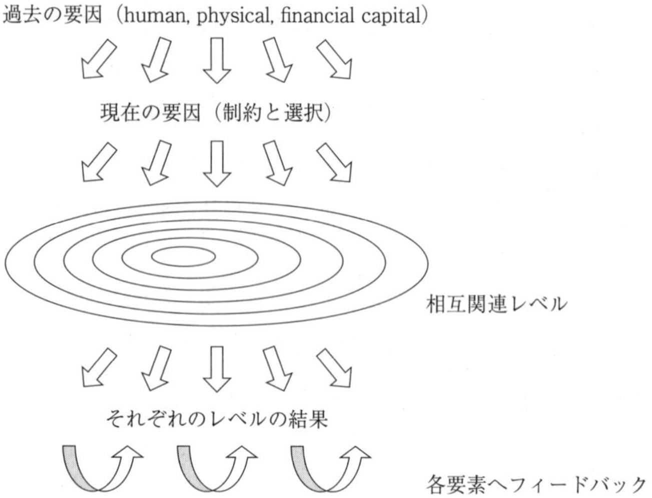

過去の要因（human, physical, financial capital）

↓↓↓↓↓

現在の要因（制約と選択）

↓↓↓↓↓

相互関連レベル

↙↙↓↘↘

それぞれのレベルの結果

↺↺↺　　各要素へフィードバック

chardt, 2002: 34)．タマネギはスライスする角度によってこれらの相互作用のある断面を提供する．

　次に，Burchardtらは，このタマネギ図に時間軸を挿入する．タマネギをタテにスライスするわけだが，その前提として過去が現在に与える影響をその起点とする．過去からの影響としては，human capital，すなわち遺伝的要素（genetic inheritance），子ども時代の環境（家族，健康，住宅，社会環境等々），教育と訓練があり，またphysical capitalとして土地住宅，その他の設備の所有，さらにfinancial capitalとして資産と負債があるという．現在はこの影響を受けたものである．また現在時点は現在におけるさまざまな制約条件と選択が存在している．これらが，タマネギ図の相互関連のなかに放り込まれて，SEを含んだある結果が現れるが，その結果がフィードバックされて，再び同じことが繰り返される，というわけである．

　このようなフレームワークを前提に，SEが把握されることになるが，SEの操作的な定義は「もしある社会の成員がその社会のキーとなる諸活動に参加していなければ，その人は排除されている」というものである．

第2章　ソーシャル・エクスクルージョン／インクルージョンの有効性と課題

この操作的定義にある社会のキーとなる諸活動は4つの生活活動領域（消費，生産，政治的関与，ソーシャル・インタラクション）における活動であるが，このそれぞれにおいて，SEは，次のような指標で把握される．

① 消費：中央値の半分以下の純所得（世帯．等価化）
② 生産：雇用されていない，または自営でもない，子育てでも，教育訓練中でもない（つまり，失業，長期疾病ないしは障害，早期退職，その他）．
③ 政治的関与：一般に選挙していない，そして政治団体，労働組合，両親連盟，居住者組織にはいっていない．
④ ソーシャル・インタラクション：サポートしてくれる人の欠如．

理論的フレームワークの大きさに比して，またタウンゼントのdeprivation調査に比べても，かなり抑制された指標である．またデータそのものが「参加していない」ということは示しているが，何故参加しなかったのか，誰が行為者か，などを把握できるものになっていない．これはパネル・データの二次利用という制約が大きい．調査分析そのものは，各調査時点でのそれぞれの活動分野でのSEの割合，最後の時点での排除されている分野の数，重複の程度，所得と他の分野との関連，等の結果を用いて行われており，当然ながらタマネギ図のフレームワークで示されたような個々のダイナミックスが検討されているわけではない．しかしながらこの調査は，すべての調査時点で，すべての指標でSEを示した人はいなかったこと，3分の1は全期間でまったくSEの経験をもたないこと，アンダークラスと呼ばれるような固定層は見いだされず，排除は一時的であるが逆に長期にまったく排除されていないひとの比率も減っていること，つまりある種の排除を経験している人は多数である，また所得階層と他のSEには相関があり，最低所得階層で他の活動分野のSEが高い比率でオーバーラップしていること，等の興味深い知見を提供している（Burchardt et al., 2002）．SEの固定層が見いだされなかったことについては，一方で，先にJordanの指摘を引用したように，エクスクルージョンとインクルー

ジョンはダイナミックに変動することを証明して，いわゆるアンダークラス論を論破したといえるが，他方で SE の典型とされてきたようなホームレスやニートなどの若者がパネル調査対象になる可能性がきわめて小さいことが当然考慮されなくてはならない．この意味で，SE の実証研究を貧困の計測と同じように，全国データの量的測定として扱えるかどうかについては，今後さらに議論が必要であろう．

SE の指標について，もう少し分野を広げた例としては，Percy-Smith(2000：9)の以下の8つがある．
① 経済的（長期失業，仕事の不安定，無業世帯，所得貧困）
② 社会的（伝統的家族の解体，十代の妊娠，ホームレス，犯罪，不満を抱いている若者）
③ 政治的（政治的権利の欠落，選挙登録の低さ，選挙率の低さ，コミュニティ活動の低さ，政治的過程への信頼の欠如，社会騒乱）
④ 近隣（環境的退廃，住宅ストックの衰退，地域サービスの撤退，サポートネットワークの崩壊）
⑤ 個人的（心身の疾病，低教育達成・低技術，自信の欠如）
⑥ 空間的（弱者グループの集中や周縁化）
⑦ 集団的（上記の特定グループの集中，高齢者，障害者，エスニック・マイノリティ）

いずれにしても，SE 概念が大きく広いだけに，指標を精緻化すればするほど，実証に耐えられるデータをどのように作成していくかが大きな問題となろう．

6　SE/SI 論への批判

ヨーロッパにおいてはすでに市民権を獲得した SE/SI 概念であるが，これ

第2章　ソーシャル・エクスクルージョン／インクルージョンの有効性と課題

を利用した研究や政策立案についてはむろん批判もある．その主な論点を挙げれば，以下の3つになろう．

第1はSEの具体的把握の難しさである．SEの本格的な実証研究が取り組まれる傍らで，その実態把握について疑問視する声も少なくない．すぐ上で述べたように，社会的排除は時間と空間のダイナミックスとして広範囲な領域に拡大した概念であるだけに，所得に還元してこれを把握する貧困ほど明瞭に把握できない．AlcockはSEのように変貌した貧困像は，伝統的な貧困研究のように，減じるとか動かすというようなものではないと述べている（Alcock, 1997: 23）．

この点は，ロンドン大学の調査結果がその難しさをよく現しているといえよう．また，同じ調査が示しているように，SEは低所得層に起きており，やはり貧困指標が重要であるという主張も根強い．貧困研究が貧困ダイナミックス研究に変貌していることもあって，近年では貧困と排除は同じものとして，つまり貧困・排除として取り扱われることもある．

第2に，SE把握の単純さを指摘する声もある．Ratcliffeは，本質的に排除されているか，されていないかの二分法をとるSEでは，たとえば雇用されているが不安定な労働者とか，質の悪い住宅居住などの問題が把握できないという（Ratcliffe, 2000 :170）．

第3に，SI統合の目的と手段に関する批判がある．Stewartの議論を紹介したように，SIは一方で同盟社会としての社会の結合を強調し，他方で社会正義の実践を課題にせざるをえないが，この両者がどのような関連と程度に置かれたときにSIの実現と考えるかは明確ではない．またしばしばSIは，既成社会のなかにその居場所をつくるという意味でのintegrationと混同されるとの指摘もある（Ratcliffe, 2000: 171）．

他方で現実のSI政策は，paid workによる社会参加とコミュニティの安全に集約化しすぎる点も批判されている（Handler, 2004: 199-201）．SE概念が大風呂敷なほど広範な排除を含んで展開されているのに，SI政策は労働市場への参加に強いウエイトが置かれ，仕事こそが社会構成員のパスポートという考

えが蔓延している．このことは，SI 政策を労働市場への復帰可能性の高い人へのみ集中させ，逆にその政策に乗れない人びとの価値をおとしめる結果をもたらしていることが危惧されている（Coenen et al., 1993; Handler, 2004）．

第3に，より根本的な批判として，SI にはグローバリゼーションそのものへの対抗政策を欠いているということがある．SE/SI 論が，グローバリゼーションと脱工業社会を背景に展開されたとすれば，そもそもの原因に対しての規制を欠いた SI 政策はおかしい．Gray はグローバル・レッセフェールのもとで，SI はけっして達成できるものではないし，グローバリゼーションのディレンマに対応するものとして，SI が平等主義より優れた政策であるとはいえない，と述べている（Gray, 2000: 21）．

7 おわりに——日本へのインパクト

以上のように，SE はグローバリゼーションと脱工業社会という新しい段階に広がった二極化社会の新しい社会問題把握につけられたラベルであり，また SI はこの解決策の総称である．SE/SI がこれらの社会問題の解明やその解決にどれほど有効かは，たとえば SE の実証研究の積み重ねや，SI 政策の展開を今少し待たねばならないだろう．したがって，日本へのこの概念の導入がもたらす利点や課題を十分展開することは難しいが，以下の2つの点を指摘して小論のむすびとしたい．

第1は，現下の日本における新しい社会問題の共通言語としての SE の有効性についてである．日本は，欧米がオイルショック後に経験した社会変動をバブル期に回避してきたため，新しい段階における「格差」や不平等が語られるようになったのは，ごく最近のことである．他方で，90年代半ば頃から，ホームレス，フリーターやニート，虐待，自殺，犯罪など，新しく提起され，あるいは再提起された社会問題への注目が集まっている．こうした格差や多様な社会問題群については，それぞれの間の関連が示唆されることもあるが，多くはバラバラにラベル付けされ，バラバラに論じられている傾向がある．それは，

第2章　ソーシャル・エクスクルージョン／インクルージョンの有効性と課題

各問題が，分野縦断的に論じられているからであり，また日本の場合アンダークラスのモラル論（UMD）と類似した労働モラルや母親モラルの欠損という角度で把握されることが少なくないからである．ただし，日本ではアンダークラスというよりは，中流の若者のモラルの不安定化といった側面（たとえばニートなど）への注目が強かったこともひとつの特徴といえる．

　しかし，それぞれの社会問題や格差の内容に踏み入ってみると，類似性の多いことに驚かされることが少なくない．たとえば学歴等のヒューマンキャピタルや住宅など生活基盤の脆弱性，未婚や離婚の多さ，あるいは家族形成の弱さ，社会制度やネットワークからの脱落等は，多くの社会問題や貧困ダイナミクス分析で共通して見いだされている．マスメディア等は，高学歴や中流層におけるニートの発生や虐待等を好んで取り上げる傾向にあるが，近年次第に増えてきたこれらの調査研究を検討すると，問題の焦点にあるのは，これらの類似の性格をもった社会集団であることがわかる．SE概念がもし有効性をもつとすれば，たとえばホームレスをSEとして分析するということではなく，異なった社会問題や格差を読み解く共通言語として，であるように思われる．

　第2に，この共通言語としてSEを有効ならしめるための条件として，さらに2つの問題があるように思う．ひとつは学際的な研究集団の構築である．これまで述べてきたことから明らかなように，SEの有利な点のひとつは多領域複合的な問題把握の仕方である．これは実はSIにおける連携政策の必要とも呼応しあっている．すでにいくつかの社会問題領域では，学際的な取り組みが行われているし，少なくとも格差論には，経済学，社会学，教育学など異なった領域からの参入がみられる．しかし他方で，わかりやすさという観点から問題把握の単純化が行われる場合もある．一例を挙げれば，虐待論における過度な精神保健分野への傾倒であり，所得格差論におけるジニ係数への収斂である．政策決定における影響力との関連もあろうが，グローバリゼーションの下でより複雑な形態で出現する問題群を，「わかりやすさ」によって過度に単純化してしまう恐れがある．SE概念は，問題の多領域の重なり合い，時間的連鎖の解明を学際的に取り組むところで生きてくるのではなかろうか．

もうひとつの条件は調査の問題である．SEの長期動態把握が縦断調査（パネル調査）データを不可避としていることはすでに指摘したが，わが国では国レベルの大規模パネルの経験がなく，ようやく厚生労働省が3つの調査を開始したばかりである．しかも，統計法の規制があることを理由に，データの二次利用がきわめて困難な状態が続いている．現在の社会調査それ自体の実施困難の状況を勘案すると，早急に全国データの二次利用を可能にする体制が必要である．

　他方で，SEの実証は，大規模パネルだけでなく，小規模で事例的な調査も必要としている．これらについても，事例やデータの公開や共同利用の道を拓いていくことが不可欠であろう．

（岩田　正美）

【文　献】

Alcock, P., 1997, *Understanding of Poverty*, 2nd ed., Palgrave, Hampshire.
Burchardt, T., Le Grand, J. and Piachaud, D., 2002, Degrees of Social Exclusion: Developing a Dynamic, Multidimensional Measure, in Hills, J., LeGrand, J., Piachaued, D. eds., *Understanding Social Exclusion*, Oxford University Press.
Byrne, D., 1999, *Social Exclusion*, Open University Press.
Coenen, H. and Leisink, P., 1993, *Work and Citizenship in the New Europe*, Edward Elgar.
Gray, J., 2000, Inclusion: A Radical Critique, in Askonas, P. and Stewart, A. eds. *Social Inclusion: Possibilities and Tensions*, Macmillian.
Handler, J., 2004, *Social Citizenship and Workfare in the United States and Western Europe-The paradox of Inclusion*, Cambridge University Press.
Hills, J., LeGrand, J., Piachaued, D. eds., 2002, *Understanding Social Exclusion*, Oxford University Press.
岩田正美，2008，『社会的排除——参加の欠如・不確かな帰属』有斐閣
Jordan, B., 1996, *A Theory of Poverty and Social Exclusion*, Policy press.
Levitas, R., 1998, *The Inclusive Society? Social Exclusion and new Labour*, Macmillian.
Lipietz, A. et al., 2000, Rethinking Social Housing in the Hour-Glass Society, in Madnipour, A., Cars, G. and Allen, J. eds., *Social Exclusion in European Cities*, The Stationary office.

Lister, R., 2004, *Poverty*, Polity Press.
中村健吾, 2002, 「EUにおける『社会的排除』への取り組み」『海外社会保障研究』No.141, 国立社会保障・人口問題研究所
Percy-Smith, J. ed., 2000, *Policy responses to Social Exclusion: Towards inclusion?*, Open University Press.
Ratcliffe, P., 2000, Is the Assertion of Minority identity Compatible with the Idea of a Socially Inclusive Society?, in Askonas, P. and Stewart, A. eds., *Social Inclusion: Possibilities and Tensions*, Macmillian.
Room, G. ed., 1995, *Beyond the Threshold; The measurement and Analysis of Social Exclusion*, The Policy Press.
Stewart, A., 2000, Never Ending Story: Inclusion and Exclusion in Late Modernity, in Askonas, P. and Stewart, A. eds., *Social Inclusion: Possibilities and Tensions*, Macmillian.

第3章 「公共」から「交響」へ
——生存の可能性に向けて

> **要　約**
>
> 　本章は，従来ともすれば「私的」「個人的」な問題／病理として取り扱われてきた諸現象を「公的」「社会的」な問題／病理として取り扱い，公共的な議論の場に付すことの重要性を指摘したものである．その際，ハンナ・アレントの公共圏に関する議論を参照しつつ，①権力によって民衆の声が抑圧される「暗い時代」状況下では，この抑圧を正面から受け止める言葉と行動のなかに，やがては未来を照らす人間的精神の輝きが潜む可能性があること，そしてまた，②コンフォーミズムに抗し，社会的非同調を貫くことこそ思考の必須の条件であり，ここに生み出される対抗言説が公共の議論をリードする可能性があること，そのためにも，③私の生きた経験を踏まえつつ他者の生きた経験に耳傾けることが重要であり，この思考の経験の広がりと深まりのなかに，現在の常識を超えた新しい公共の精神の可能性があること，等を提示した．
>
> 　**キーワード**：私的領域と公的領域，ペルソナ，世界疎外，孤独，歓待の倫理

1　はじめに——問題意識

　① 本論文はもともと，日本社会病理学会の第23回大会のシンポジウム「『見えざる貧困』と『新たなる排除』にどう立ち向かうか」の報告用に準備されたものである．その折，私に与えられたテーマは，「見えざる貧困」や「新たなる排除」の問題を近年再度注目されている公共性の議論と結びつけ，問題解決の方向性を探るということであったと理解している．だが，政策科学的な提言というレベルでは何事かをいいえても，公共の議論を踏まえた解決を志向するとなると，現在の社会システムの変革を願う民意の成熟なくしては，きわめて困難な課題だと思わざるをえなかった．

実際，日本社会が経済の高度成長期を経過して「消費社会」化傾向が顕著になってくると，労働や生活に直接関わる苦難や苦痛が社会の裏面に沈殿し，代わって人間関係にまつわる不安や苦悩が社会の表層に浮かび上がるようになった．すると次第に，従来は階級や階層の問題として取り上げられていた貧困や労働苦に関わる問題が，さまざまなハンディキャップ—たとえば，学歴が低い，身体が弱い，障害がある，外国人である等々—を背負う「運」の悪い個人の問題として扱われるようになってきたし，ましてや不登校やいじめ，家庭内暴力や虐待，リストカットや摂食障害等々，1980年代以降急速に世間の耳目を賑わすようになった「病理」的な問題群に対しては，カウンセラーや精神科医の出番だとばかりに，問題自体が「心理化」「医療化」されて個別の処方箋が与えられるにとどまったのである．こうした事態の推移を見つめていると，貧困が見えなくなったことも排除の新しい形態が現れたことも，社会の「消費社会」化に対応した変化だと思われるのであるが，しかし90年代に入ってバブル経済が崩壊し，「格差社会」化の進行が論壇を賑わすようになっても，相変わらず問題の「個人化」や「医療化」「心理化」が進行していたように思う．
　いや，もう少し丁寧にいえば，「格差社会」化の進行とともに，所得格差のみならず地域格差や学歴格差等々をも含み込みながら「働く貧民」やホームレスの問題が注目され，国会議員をも巻き込んで「年越し派遣村」が賑わうという出来事があったし，年間3万人を越える人びとが毎年自殺するという異様な事態の進行のなかで，超党派の議員立法で自殺対策基本法が制定されるという動きもあった．その意味では，問題や病理の社会的広がりに関心が寄せられるようになったといいうるのであるが，しかしなお問題や病理を生む社会システムの影の部分にメスが入れられぬまま，個別の問題の社会的広がりに応急の措置が取られているにすぎないように思われるのである．
　実際，「消費社会」化の段階にまで達した現代資本主義が，グローバルな国際的競争下に雇用の流動化＝不安定化を図りながら，多様化する欲望に応じた柔軟な生産の仕組みを臨機応変に構築（＝リストラ）しようとするとき，働く者へしわ寄せられる負の効果として正規雇用から非正規雇用へ，そして失業か

らホームレスへと下降する道筋がくっきりと描き出されるということがあったし、またそれを前提にした形で社会システム全般が作動するということがあった。その意味では、「消費社会」と「格差社会」は矛盾するどころか相補う関係にあり、貧困ビジネスを想起すれば明らかなように、貧者を食物にしつつ格差に応じた商品提供が立派に商売として成り立っている。だが、その結果、俗にいえば「勝ち組」と「負け組」の格差が広まり、「勝ち組」の目の届かぬ周縁領域へと「負け組」が追いやられることになると、傲慢と怨嗟が紙一重に同居するような心理的風土が広がることも想定されよう。

　かくして「派遣村」の一時の賑わいの後で、3万人を超す自殺者の恒常化の果てに、不審者への警戒を織り込んで成立する日常生活の平穏は、それ自体のうちに泡立つ「病理」を抱え、いつ唐突に地表に噴き出すのか不明だという不気味さをあわせもっている。それが怖くて、見えるものも見ないのではないかと、疑われるのである。

　②さて、先に挙げた学会シンポジウムのテーマに即していえば、「見えざる貧困」を見えるようにすること、「新たなる排除」の形態を社会状況の変化に即して解き明かすこと、こうした作業が基礎的に重要であることは論を俟たないが、それを越えて貧困や排除に「どう立ち向かうか」という実践的な課題を突きつけられると、私に与えられたテーマとの関連では「公共的な議論の場の活性化」を提唱すること以上に、語るべき言葉をもっていない。もちろん、政策科学的な提言が必要なのであれば、格差拡大を食い止めるために非正規雇用の縮小と正規雇用の拡大、最低賃金の引き上げ、失業手当や生活保護を含めたセーフティ・ネットの拡充等々、語りうることが多々あるには違いないのだが、これらの提言を他のもろもろの課題—たとえば環境、食糧、少子高齢化、安全保障等々をめぐる課題—に優先して選択すべきか否かは、日本という国の形や社会の姿を未来に向けてどう描くかという問題と密接に関わっており、その意味では主権者たる国民の意思形成、あるいは支配的な価値意識の動向が決定的に重要なのである。そして、その点では、「働く貧民」であれホームレスであ

れ，明日のわが身の問題ではありえても今日の私の問題ではなく，今日の私にとっては今現在のささやかな幸福を継続することが何よりも重要だということになると，見えざる不幸はやはり二の次に置かれるべき不要不急の課題に格下げされる可能性が高いのだ．それを避けるためには，やはり見えない不幸を見えるようにすること，実感をともなって緊急に解決すべき課題に格上げすることが必要だと思われるのであるが，これを実現するためには周縁領域に追いやられた人びとの声を掬い上げる努力が要請されよう．いわば見捨てられし少数者の声を公の舞台で響かすこと，それがひとつの大きな課題として浮上するのである．

だが，それはいかにして可能なのであろうか．公共的な言説空間に見捨てられし者を招くことは，理性的な討議の場に怨念と憎悪を持ち込むことになり，まずい結果を生むのではないかという反論が直ちに想定されよう．おそらく，公的な領域と私的な領域を画然と分かつ思考様式を前提にすると，両者の混在を危険視する見解が生まれやすいのだ．したがって，公共的な領域と私的な領域を地続きにして，後者から前者へと続く道筋のなかに現実に生きる人びとの苦難や苦悩の声を織り込んで，そこに理性の光を投げかけるといった発想や手続きが必要であろう．これは同時に，従来私的な領域に閉じ込められていた問題を公的な領域に解き放ち，私的な不幸が内包する社会的性格を暴露することにもつながるであろう．このように考えて以下，やや迂遠な議論の進め方になるが，公共性の従来のとらえ方を再考し，公共性をめぐる現代的な課題について考察し，ここに提示した公と私の地続き論の必要を「交響」という言葉に込めて語りたいと思う．

2 公共性をどうとらえるか

(1) 斉藤純一の『公共性』（斉藤，2000：viii-ix）によれば，公共性という言葉の意味合いには，次の3つのものが含まれるという．

① 国家に関係する公的な（official）ものという意味：公共事業，公共投資等
② すべての人びとに関係する共通のもの（common）という意味：公共の福祉，公益等
③ 誰に対しても開かれている（open）という意味：公然，公開，公園等

この3つの意味内容はぴったり重なることなく，微妙なズレを示すのが通例であるが，そのどれを重視するかは論者の立場性や論ずるテーマ等によって異なるであろう．

(2) 戦前の「滅私奉公」から戦後の「滅公奉私」まで，日本の公私観は劇的な変化を遂げたと語られるが，実際のところはどうであろうか．山口定は"現在のわが国には，「官」による「公共性」は大きくゆらぎ始めたものの，これを市民の立場から補完したり，改革したり，場合によっては少なくとも部分的にこれにとって替わるべき「下から」の「市民的公共性」がなお未成熟であるという特殊に困難な状況が生じている"（山口，2003：4）と述べ，""「公」による「私」の飲み込みを拒絶して，あくまでも「私」に立脚した「公共性」"（山口，2003：8）の構築を願うのが戦後民主主義者の共通の姿勢であったと語っている．ここにいう「官」による「公共性」には斉藤のいう①の意味が，「下から」の「市民的公共性」や「私」に立脚した「公共性」には②の意味が，強く働いていることは明らかであろう．ただし，この「市民的公共性」は「市民」とは誰かをめぐる問いのなかで，③の公共性と微妙にズレることがあると考えられる．というのも，「市民」とは財産と教養あるブルジョア市民であるということが暗々裏に想定されている限り，財産と教養なき者は公共圏から排除されるし，地域住民主体などと考えられているのであれば，それ以外の者は圏外にある者として主体の位置から滑り落ちる．「市民」という概念の胡散臭さが，③との関連で浮かび上がるというべきであろうか．

(3) 再び斉藤に戻れば，③に関連しながら，公共性は共同性と異なるという

ことが強調される（斉藤，2000：5-7）．共同性は等質の価値に満たされ，同化／排除の機制が働くが，公共性は複数の価値（差異）を前提とする言説空間であり，閉域をもたない．③の開かれているとは，そのような意味において理解されている．ただし，先のブルジョア市民がそうであったように，公共圏を担うのが誰であるか，その参加資格の立て方如何によって，公共圏は狭くもなるし広くもなる．性に基づく排除，人種や民族に関わる排除，マイノリティ・グループに対する排除，そして国籍による排除等々，過去から現在まで排除の歴史が連綿と続いている．もちろん，近代以降排除の原理が「所属主義的 ascriptive」なものから「業績主義的 achievemental」なものへと変化し，時と場合に応じて個々の小さなスティグマが排除の要因として浮かび上がることもあるのだが，しかしなお，排除の諸要因の内に変更不可能な属性が忍び込むことも多いのだ．

かくして，閉域をもたない言説空間という公共性の理念は，このような「官」による統制や「民」による差別によって，制限または限定されて現実化されるのが通例であり，この制限や限定によって公共圏の言説が偏りをもつことも否み得ない事実なのである．複数の価値を前提にするといえども，公共圏の外部や周辺に追いやられている者たちの声が，公共の議論の場に直接には届きにくいのが実態なのである．

(4) ところで従来，「私的」「個人的」事柄はプライヴァシーに関わるものとして，公衆の面前に持ち出すことを避けるのが通例であった．けれども，暴力や虐待や嫌がらせ等々と関わって，私的で親密な領域とされた家族の中にまで法の目が注がれる現代にあっては，公の議論を免れる聖域が存在しうるのかが疑問になるし，同じくまた，U．ベック（Ulrich Beck）がいうように，徹底した「個人化」が進行し，個々人がまさに「甲羅のない蟹」として生きなければならぬ時代には，「私的」「個人的」なるものも公的な保護や監視の対象に据えざるをえないという事態の進行があるだろう．その意味では，かつて L．アルチュセール（Louis Althusser）が家族や学校を「国家のイデオロギー装置」と

呼び，私的と思われていた領域に国家権力の影を読み取ったように，またキャロル・ハニッシュ（Carol Hanisch）がミスコン反対の運動のなかで「個人的なことは政治的なことだ」と述べ，個人的な趣味・関心の領域に政治的思惑を読み取ったように，私的個人的な領域と社会的公共的な領域とを画然と分かつことが難しい状況が生み出されている．さらに，この難しさを利用してさまざまなメディアが暗躍し，人権や福祉や安全の名の下に事態をいっそう猥雑にするということがあるだろう．商業化されたメディアの発達は，「私的」「個人的」事柄を公の目にさらし，プライヴァシーを侵害しつつ，国民の知る権利や被害者の権利等々を楯にして，それを公共の名で語るという薄汚い戦略を磨いてきたのである．

(5) かくして，閉域なき言説空間という公共性の理念は，理念の高みにとどまって現実のものでないことは明らかなのだが，しかし同時に，理念の高みを維持することの重要性をも強調しておかなければならないであろう．先に述べたように，公共圏の外部や周辺に追いやられた人びとの声を放置するのではなく，掬い上げる努力が必要であるからなのだ．無国籍者，難民，亡命者，ホームレス，外国人労働者や「働く貧民」に至るまで，その声を聞く仕組みを考えることが必要であるからなのだ．否，それだけではない．年間3万人を越える自殺者がおり，不登校・引きこもり・摂食障害・リストカット等々の問題を抱える人びと，いわば「不幸」に喘ぐ人びとの声が届かないという状況があろう．こうした状況を打ち破るためにも，J. デリダ（Jacques Derrida）のいう「歓待」の思想――「招待」されることなく訪れた者たちを無条件に受け入れるという思想――を保持し，それを H. アレント（Hannah Arendt）のいう「孤独 loneliness」の問題と結びつけて深めることが必要であろう．公共性をめぐる議論は，こうした問題に応えるために再考されなければならないと考えるが，そのためにも先ずは H. アレントに立ち返り，私的領域と対比した公的領域の理念的特徴を明確にしておきたいと考える．

3　現代社会と公共性

(1) H. アレントは，その著『人間の条件』のなかで，「公的領域と私的領域，ポリスの領域と家族の領域，そして共通世界に係わる活動力と生命の維持に係わる活動力」の区別は，「古代の政治思想がすべて自明の公理としていた区別である」(Arendt, 1958：訳書 49-50) と語っている．家族という自然共同体は，個体の維持や種の生存という必要［必然］から生まれたものであり，その中で行われる行為は必要［必然］に支配されるが，ポリスの領域は自由の領域，必要［必然］から解放され，暴力や支配から自由な活動が展開される共通世界なのである．その意味では，必然［必要］を超えた自由の王国として公的領域は屹立し，公的領域を陰で支える舞台裏の役を私的領域は果たしているといえそうなのだが，それだけではない．再びアレントによれば，私的と公的の2つの領域の最も基本的な意味は「一方には，ともかく存在するためには隠しておく必要のあるものがあり，他方には，公に示す必要のあるものがあるということ」(Arendt, 1958：訳書 103-104) だと語られる．公の場から「隠しておく必要のあるもの」とは，悪や犯罪や恥辱が先ずもって想起されるが，愛や善もまた秘められることによって光を放ち，公の場にさらされることによって，そのオーラを失うであろう．その意味で，生命と生存の維持に係わる領域は，欲望がうごめき，人目にさらせぬ悪や恥の巣食う領域でもあるが，同時にひそやかな慈しみによって愛と善の交わされる領域でもある．理性的で自由な言説空間としての公共圏に対比すれば，喜怒哀楽に富む誠に人間くさい領域として私的空間はある．いや，これを私的空間と呼ぶのが適切であるのかどうか，むしろ場面・状況に応じて親密圏とか周辺領域と呼んだほうが適切だとも考えられるのであるが，いずれにせよ公共圏以外のひそやかな生活圏の存在を，その深さや暗さともども，認めておくことが重要なのである．「生活の深さを失うまいとすれば，ある暗い場所を隠したままにしておかなければならない」(Arendt, 1958：訳書 101) のである．

(2) さて，私的領域を離れて公的領域に入る者は，ペルソナ［仮面］をかぶり，仮面を通して声を響かせなければならない，とアレントはいう[1]．仮面は私的なものを隠し，声を公の舞台に響かせる装置なのである．だが，仮面を通す公の声もまた多彩である．なぜなら「そこに集まった人々は，それぞれ異なった場所を占め，……それぞれに異なった立場から見聞きしているから」(Arendt, 1958：訳書 85-86) なのである．この立場の違いが何に起因するかは明瞭には語られていないが，アレントにとって人間は本来それぞれに独自的＝個性的であり，他に置き換えようのないものなのである．だから，私的なものにとらわれることなき個性的な人間たちの織りなす公的世界には，多様なパースペクティブが飛び交い，多様な意見が表明されるのは，いわば自明のことなのである．しかも，「自分たちは同一のものを全く多様に見ていることを知っている場合にのみ，世界のリアリティは真実に，そして不安気なく，現れる」(Arendt, 1958：訳書 86) とされ，またこの世界のリアリティのなかでこそ，私のアイデンティティもまた他者によって確証されると考えられている．その意味で，公的領域とは私が他者とともにある共通世界なのであり，他者とともにあることによって人間は，自分が「誰であるか who」を際立たせることができる．「誰 who」とは，私的あるいは社会的な身体に纏わりつく地位や属性によって知られる私の「何か what」ではなく，多様なまなざしが交差する共通世界のなかで他者がリアルに感知する私の私たる所以[2]，あるいは私のペルソナそのものだといってよい．

したがって逆に，他者を欠いた状況は私的であり，私的なままにとどまる限り世界のリアリティと私のアイデンティティは，不安定で脆い．私が「誰であるか」を人びとは知らず，身体にまとわりつく私の「何か」によって私を弁別するにとどまるからである．主婦である，難民である，ホームレスである，障害者である等々．その限りにおいて，私の独自性＝個性は消失し，私は属性によって規定された，名もなき民の一員でしかない．公的世界を欠き，他者を欠くということの問題性がここにはあった．

(3) かくして，アレントは『暗い時代の人々』のなかで「公的領域の機能とは，自分が誰であり，何をなしうるかを，良かれ悪しかれ，行為と言葉によって示すことができる場を設定することで人間的事象に光を投げかけることである」(Arendt, 1968a：訳書 8) と語るのであるが，しかし，同書の題名が暗示するように，「人間的事象に光」が投げかけられない暗い時代状況下では，あえて属性によって自らを語ることも起こりうる．アレントは G. E. レッシング (Gotthold Ephraim Lessing) の『賢者ナータン』の物語を例に引き，「ユダヤ人よ近う寄れ」という皇帝ザラディンの命令に対してナータンが，(ユダヤ人である前に) 私は人間ですと答えたと読み取れる部分に異を唱え，このような答えは「グロテスクで危険な現実回避」(Arendt, 1968a：訳書 35) だと考えていたと述べている[3]．アレントは，「あなたは何者か」という問いに対する唯一の適切な答えは「ユダヤ人」である，と長年考えていたというのである．この答えは，アレントにとって，ユダヤ人の運命とか悲劇といった大仰な言明とは無関係なのだが，それでもなお「私がこの集団のメンバーであるということが，他のあらゆる個人的帰属に関する問題に優っているという政治的事実」(Arendt, 1968a：訳書 36) がある限り，この政治的事実を回避することは人間を「内的亡命」者に陥らせ，思考と感情という不可視の領域に人間を閉じ込めるからなのである．もちろん，「内的亡命」者として生き抜くこともまた，侮辱と迫害の時代に耐えるひとつの生き方であるに相違ないのだが，それでもなお「人は攻撃されている帰属原理によってのみ抵抗しうる」(Arendt, 1968a：訳書 36) という基本的な原則を忘れるべきではない，とアレントは考える．現実の私を規定するものに向き合うことこそが，自らの尊厳を維持するに必要な抵抗の精神であるからなのである．

　かくして，人間が人間を蹂躙する「暗い時代」には，私が「誰」であるか以上に「何」であるかが決定的に問われることにもなるのであるが，この問いを引き受けてアレントはユダヤ人として生き抜くことを願っていた．そして，この生き方のなかに抵抗と不屈の精神を見るのだとすれば，一般に「何」を通し

て「誰」であるのかを示すことが，暗い時代に生きる人間の精神の輝きであったといわなければならないだろう．そしてそうであるのならば，先に述べたように「人間的事象に光を投げかける」のが公的領域の機能であるのだから，侮蔑と迫害を引き受ける人間の言葉と行為——私はユダヤ人だという言明——のなかに，やがては公共を照らす人間精神の輝きが潜むといわなければならないであろう．たとえそれが，嘆きや呻きをともなうひそやかな声であったとしても，ペルソナを脱ぎ捨てた剥き出しの暴力がまかり通る全体主義の時代には，ここに良心の証を見るほかなかったのである．

 (4) さて，私的なるものと公的なるものは，人間の生活の影と光，奥行きと広がりを交錯させつつ，人間関係の網の目を結んできたのであったが，「社会的なるもの」の台頭とともに，とりわけ大衆社会の勃興とともに，私的領域と公的領域の変質と衰退が始まった，とアレントは考えている．「社会的なるもの」は，かつて私的領域に閉じ込められていた労働，経済を公的領域に解き放ち，功利的関心に基づく効率や能率の原理で社会を組織化した，というのである．その結果，社会は「型にはまった日常生活」のなかにとっぷりと浸り，人間は「社会的存在」となって一定の行動パターンに従い，「規則を守らない人たちが非社会的あるいは異常とみなされる」（Arendt, 1958：訳書66）ようになったという．すでに述べたように，アレントにとっては，人間は何人も本来個性ある唯一の存在であり，その人間の誕生や登場はそれ自体が新しい始まりであり，したがって「新しいことは，常に統計的法則とその蓋然性の圧倒的な予想に反して起こる」（Arendt, 1958：訳書289）はずであるにもかかわらず，今や統計学的画一性がはびこって人間を属性で切り分け，属性のうちに埋もれた無名で「孤独な大衆人 lonely mass man」を生み出すようになる．これをH. アレントは「世界疎外 world alienation」と呼んでいるが，この世界疎外がJ. ハーバーマス（Jurgen Habermas）によって「システムによる生活世界の植民地化」と名付けられたものと同様の論理構成をもつことは，明らかであろう．ここにいうシステムとは資本主義的な経済システムとそれを統治する国家行政

システムのことであり，ここでは目的合理的な道具的理性が支配して，生活世界の変質を呼び起こす．人間は今やシステムに規定され，財の「消費者」や行政の「クライアント」として立ち現われて，公的生活を功利的計算で染め上げるであろう．そして，私的生活も親しい人びとの間で交わされる慈しみの精神を離れ，欲望に染め上げられた幸福追求の場に変じることも，大いにありそうなことなのである．親密な人間相互の間で，あるいは異質な他者相互の間で，言葉と行動を交し合って紡がれていた生活世界が，今やシステムによって訓練された規律ある身体が自己の利益を求めて跋扈するシステム世界として立ち現れる．この時生活世界が，É. デュルケム（Émile Durkheim）流にいえばアノミーとエゴイズムの風潮に染め上げられ，M. ウェーバー（Max Weber）流にいえば目的合理的精神が貫いて「精神のない専門人，心情のない享楽人」が勝利するに至るのも，いわば当然のことであるといわなければならないだろう．アレントによって「社会的なるもの」に被せられた「世界疎外」のイメージは，近代から現代へと個別化・大衆化されゆく人間の姿を端的に描いたものであったのである．

(5) ところで，先に名もなき「孤独な大衆」について触れたが，H. アレントによれば，孤独（loneliness）は「産業革命以来現代の大衆の宿業（curse）となり，……現代の政治制度及び社会的伝統の崩壊とともに先鋭になった，根を絶たれた余計者的な人間の境遇（uprootedness and superfluousness）」（Arendt, 1951：訳書 320）と密接に関連しているという．「根を絶たれたというのは，他者によって認められ保障された場を世界に持たぬということ，余計者であるとは全く世界に属さないということ」（Arendt, 1951：訳書 320）を意味するというが，前者が公的な領域の喪失を，後者が公的に加えて私的な領域を奪われた人間の経験を指していることは明らかであろう．公的な領域で他者を喪失した者は，私的な領域でも私のなかの他者性（＝内的対話を支えるもう 1 人の私）を喪失し，自らのアイデンティティと自らの生活のリアリティを確かめられぬまま，社会のなかを浮遊する．そして，この孤独と浮遊に耐えられぬ者は，シス

テムに依存し，システムの規律を身につけて，束の間の安定を得ようとするであろう．まさに E. フロム（Erlich Fromm）が『自由からの逃走』で描いたように，孤独に苛まれた者は自らの自我を捨て，システムと自己を同一化しつつ，自らと異なる者（＝システムの命に背くもの）を排除し始める．ここに働く強制的な同化と排除のメカニズムが，「豊かな社会」として語られる大衆社会や消費社会の病理をいっそう耐え難いものにするのである．一方に自分探しがあり，他方にいじめがあるという現代日本の状況は，まさにアレントのいうごとく，どこにも居場所がなくて孤独と不安に沈む青少年のありようを映し出しているのではないであろうか．

4 公共から交響へ

(1) さて，これまで述べてきたように，H. アレントの見つめた現代社会は，基本的には É. デュルケムや M. ウェーバーがみた現代社会の姿ときわめて類似している．デュルケムのいうアノミーとエゴイズムに，ウェーバーのいう魔術からの解放（＝機械的化石化）を加えれば，欲望と自我と目的合理的知性の支配に翻弄される現代人の姿が浮かび上がるが，アレントのいう「社会的なるもの」に浸潤された「世界疎外」も，ハーバーマスのいう「システムによる生活世界の植民地化」も，功利性や合理性に染め上げられた世界の中で居場所を奪われた人間の姿を描いている．では，どうすればいいのか，何をなすべきなのか．これについては誰も明確な答えを返さず，ウェーバーは「時代の宿命」と諦観し，デュルケムは人格崇拝を基礎にした有機的連帯の確立を希求し，ハーバーマスはコミュニケーション的合理性の確立に希望を託すことになるのであろうが，アレントなればおそらく，疎外に耐えて仲間と共に生き抜くことの中に，かすかに未来を照らす時代のともし火を見たことであろう．ナチ・ドイツを逃れて18年間「無国籍民」であったアレントは，自らを「パーリア（賤民）」と名乗り，パーリアのなかに「本当の人間 wirklich Menschen」を見ていたのであるから．そして，この暗い時代には社会的非同調性こそ思考の必須

の条件であり，過度の同調性はA. アイヒマンに見られたような「悪の陳腐化 the banality of evil」を生みだすと考えていたのであるから[4]．このように考えるアレントに対し，師のカール・ヤスパースは語ったという，「あなたはパーリアだけが本当に人間的だといいますが，私は精神病者もそうだと考えています」(Young-Bruehl, 1982：訳書21) と．素敵な会話ではないであろうか．

(2) ただし，「パーリア」であれ「精神病者」であれ，世界疎外のただなかに放置され続けるのであれば，その属性のままに名もなき民として，孤独な生涯を終えねばならないであろう．

それを避けようと欲するのであれば，世界疎外のただなかにそれに抗する力を見出さなければならないであろう．そして，確かに，ナチズムやファシズム，戦前日本の軍国主義等々の社会体制自体が病理一色に染まっているように見える時代にも，それに抗する動きは分断されつつもさまざまにあった．ましてや，消費社会であれ格差社会であれ，今日の日本のごとき軟弱なコンフォーミズムにあっては，それに抗する動きも多様であろう．テロルをともなわぬ——あるいは，テロルが表面化しない——コンフォーミズムにあっては，抵抗の組織化も容易なのである．いや，テロルが表面化しない分，何に対してどのように抵抗すべきかの焦点を見据えることが困難であるともいえるし，また焦点の定まらぬ抵抗は拡散して，部分的・彌縫的にしか働かない等々の問題が直ちに指摘できようが，それでもなお問題の社会性が明らかになるに応じて，さまざまな運動が呼び起こされると見てよいだろう．その点では，しばしば批判されるように，アレントは「社会的なるもの」の浸潤を過大評価しすぎているし，またハーバーマスも「生活世界」のもつ復元力を過小評価しているともいえる．90年以降急増したとされるホームレスやニートやフリーター，社会的ひきこもりやDVにも，さまざまなボランティアやNPOの支援の手が伸ばされているし，今や政府自ら格差是正を口にし，自殺予防に乗り出す状況さえ生まれている．その限り，社会が引き起こす負の効果，負の遺産に対して，対抗的な措置を取ろうとする動きが強まりつつあるようなのである．これは，民主的な選挙制度

をもつ国のひとつの力だといいうるのかもしれない.

　(3)けれども，これをもって世界の複数化が進行しつつあると語りうるのであろうか．人間を孤独に追い込む社会の装置に代わって，人間の声を公に響かす仕組みが拡大しつつあると言いうるのであろうか．たとえば，一昨年のシンポジウムに登場した宮本みち子は「若年層の貧困化と社会的排除」において，きわめて率直に「行き場のない若者は，家庭に引きこもる．引きこもりが1年，2年と長引けば，社会復帰が困難になる．引きこもる家庭のない若者はホームレス化していく」(宮本，2006：27)と述べ，しかもその存在が十分に把握されていないと語っていた．これに対して昨年登場した本田由紀は「若年労働市場における二重の排除—〈現実〉と〈言説〉」において，なお若者を非典型労働力に留め置く〈現実〉が拡大していることを認めつつも，若者自身を担い手とする対抗言説が浮上しつつあると述べ，「近年にいたってようやく，現実に関する解釈図式は単一性を弱め，複数の対立する〈言説〉間の抗争や闘争の様相を帯び始めている」(本田，2007：28)と語っていた．そうであるとすれば，さまざまな支援の手が〈現実〉には社会が生み出した負の効果や負の遺産への部分的で彌縫的な手当てにとどまっている可能性が高いのだが，それでもなお対抗〈言説〉の登場に，こうした状況を打ち破る新しい可能性を見るべきであろう[5]．

　ここでも，H. アレントの考えが参考になる．アレントは『人間の条件』の末尾で述べていた，「生きた経験としての思考は，これまでずっと，ただ少数者にのみ知られている経験であると考えられてきた．しかし，これはおそらくまちがいだろう」(Arendt, 1958：訳書503)と．そして，『全体主義の起源』3の末尾では「始まりが為されんために人間は創られた」というアウグスティヌスの言葉を引用しつつ，「始まりとは実は一人ひとりの人間なのだ」(Arendt, 1951：訳書324)と語っていた．その意味では，生きた経験としての思考，その経験がいかに苛酷で不安に満ち，孤独なものであったとしても，その経験を思考する1人ひとりの人間こそが，コンフォーミズムに流されず，それに対抗

する言説を生み出しながら，始まりをもたらすことができる[6]．そして，この言説は，始めはなお小さな私の領域にとどまるものであろうとも，親しい仲間と意見を交わしながら，それを少しずつ公共の場へと広げてゆくことができる．そして，そうである限り，対抗言説は，それが私的な仲間内のものであるとしても，けっして軽視してはならないであろう．この時，公共圏は親密圏と，公的領域は私的領域と地続きなのである．

　(4) さて最後に，公共から交響へ．この表現は，功利的な色に染められた既存の社会的＝公共的空間を離れて，再びペルソナを通して声を響かせ合う公共＝交響空間の回復を希求する表現なのである．ただし，今やペルソナは私的なものを隠す仮面ではなく，私の生きた経験を踏まえつつ他者の生きた経験に耳傾ける柔らかな感性であり，J. デリダ流にいうなら「歓待の倫理 l'ethique de l'hospitalite」を纏ったペルソナであるだろう．デリダはテロリズムや政治的迫害によって世界中にあふれる亡命者や難民や無国籍者を無条件に受け入れる「国際避難都市の精神」について語っているのだが (Derrida, 1996：訳文298-313参照)，この精神が国民国家の枠組みのなかで規制され，限定され，変形されることを承知の上で，なお精神として語らざるをえなかったのである．さて，では，この精神をわれわれはいかにして，生活世界を生きる日常の精神になしうるのであろうか[7]．おそらく差別や偏見を含む常識的世界の枠組みを前提にすると，この精神の現実化を期待するのはあまりにも夢想的ではあるといわざるをえないようなのだが，それでもなお生きた経験を前にして思考すること，この思考の経験の広がりと深まりのなかに，われわれは現在の法と常識を越える新しい公共の輝きを，響きあう声の高まりを，期待することができると思う．そして，そのような世代を育てることが，われわれ教育に携わる者の共通の任務であると考えるのである．

（佐々木　嬉代三）

第3章 「公共」から「交響」へ

【注】

1）H. アレントは，『革命について』のなかでペルソナの問題に具体的に言及している．仮面の機能として「第1にそれは俳優自身の顔と表情を隠す，というよりもそれを取りかえる……第2に仮面をかぶることによって，あるものを通して声を響かせることができる」（Arendt, 1963：訳書158）また同書の注釈の中で，personnaという言葉は「ラテン語の耳にはper-sonare つまり『通して響く』という意味を持っていたと考えたくなる」（訳書175）と述べている．また篠田浩一郎著『形象と文明』（白水社，1977）でも「ラテン語ペルソナの語源はper-sonareすなわち〈何々をとおして（ペル）＋響かせる（ソナーレ）〉であると説明されている．仮面の中で俳優の声が反響し，この変質した音色が神々や英雄の声として仮面の口から出る」（p.141）と論じられている．もっともマルセル・モース（Marcel Mauss）によれば「personaはper／sonareに由来する，つまり，それを通して（per）（出演者の）声が聞こえる仮面である，とみるラテン語の言語学者の説明は後から考え出されたものである」（有地・山口訳『社会学と人類学』Ⅱ：p.101）というのであるが，しかしモースも，今日伝えられるこの言葉の意味を付与したのがラテン人であることは認めている．

2）この「誰 who」をアレントは「ギリシャ宗教のダイモンの如きもの」（1958：訳書292）であると述べている．ダイモンは「一人一人の人間に一生ずっととりついて，いつも背後からその人の肩を眺め，したがってその人が出会う人にだけ見える」（同上）のであって，その人自身には見えないのである．それゆえにこそ，他者による確証が必要となると考えられているのである．

3）『賢者ナータン』の物語に関するアレントの反応は，一見したところ過敏に過ぎる．なぜなら皇帝ザラディンは，その真意がどうであれ，どの宗教がお前に一番満足を与えるかをナータンに問い，それに対してナータンは「私はただユダヤ人でございます」と答えたのであるから．これに対して皇帝は私は回教徒だと応え，基督教徒が私らの中間にいるとして，どれが本物の宗教なのかと再度問いただしたのであるから．もっともこの問いかけに対してナータンは，真偽の問題ではなく，自らの信ずるままに歩けと説いたのであるから，この答え方をアレントがナチスの支配する時代状況下にそぐわぬと見ていた可能性はある．だが，レッシング論の最後でアレントは，レッシングの次の言葉で締めくくっているのであるから，暗い時代の後では了解可能と考えていたようにも思われる．その言葉とは「各人は真理と思うことを語ろう．そして真理それ自体は神にゆだねよう」であった．

4）アレントはイェルサレムにおけるアイヒマン裁判を傍聴し，アイヒマンが自分の昇進に恐ろしく熱心だったという事のほかに何らの動機がないことを見据え，組織の歯車と化して想像力と思考を欠落させる事態の進行のなかに「悪の陳腐化」を発見している．

5）本論文を学会機関誌に執筆後も,「反貧困」のキャンペーンが, 研究者やジャーナリスト, 実務的な支援活動に従事する人びとから繰り返され, 2008年度末には国会議員をも動かす形で「年越し派遣村」が日比谷公園に出現した. その村長に担ぎ出された湯浅誠氏は,『反貧困—「スベリ台社会」からの脱出—』(岩波新書) で大佛次郎論壇賞を受賞するなど,「貧困が生んだカリスマ」(朝日ジャーナル) と呼ばれるに相応しい活動を展開しているという. これらの動きは, 対抗言説が勢いを得つつある証拠として喜ばしいことであるのだが, しかし派遣村が解散する直前の6月末に報告されたところでは, 村の登録者630人のうち就労確認された者は13人という侘しさだった. 盛り上がった対抗言説も, 不況のもとで拡大する格差を打破し, 弱者救済にむけて現実の政治と経済を動かすだけの力をもっていなかったということであろう. もう少し長いタイムスパンで見つめる必要があるが, 対抗言説を制度設計に繋いで実現可能性をたかめることが, 今何よりも必要だと考えられる.

6）アレントにとって思考とは, 過去と未来のはざま＝時間の裂け目たる現在に生きる人間個々人が, 無差別な時間の流れを断ち切って過去と未来を射程に収めつつ「非時間の空間」を生み出すとき, 立ち現れてくる精神の活動様式なのである. したがって思考にとっては, 現在の活きた経験こそが基点となり, 過去と未来に広がりつつ, 再び現在と対峙するという特質をもつ. だが, この精神の活動様式, すなわち思考は, 文化として伝承されるものではなく,「新たに到来する人間一人一人が, ……改めて発見し着実な足取りで踏みならさねばならない」(1968b: 訳書15) ものなのである.

7）鵜飼哲はデリダの「歓待」の精神を解説しつつ, その末尾近くで次のように述べる,「亡命作家の受け入れという避難都市ネットワークに固有の課題は, ……一方では移民労働者や難民の問題に, 他方では住居喪失者＝野宿生活者の生活圏の問題に結びつく」と. そして, ここで示唆されているのは, 国家の枠組み(法)を越えた都市の新たなる連合は可能かという問題であり, 国籍をもたない亡命者を無条件で受け入れるように, 住居なき野宿者を無条件で受け入れる都市形成の可能性の問題なのである.

【文　献】

Althusser, L., 1971, "Ideology and ideological state apparatuses", L. Althusser, *Lenin and Philosophy and Other Essays*, New Left Books. (西川長夫訳, 1974,『国家とイデオロギー』福村出版)

Arendt H., 1951, *The Origins of Totalitarianism*, Harcourt, Ins. (大久保和郎・大島かおり訳, 2005,『全体主義の起源』みすず書房)

——, 1958, *The Human Condition*, University of Chicago. (志水速雄訳, 1994,『人間の条件』ちくま学芸文庫)

―, 1963, *On Revolution,* Viking Press.（志水速雄訳，1995,『革命について』ちくま学芸文庫）

―, 1965, *Eichmann in Jerusalem: A Report on the Banality of Evil,* Viking Press.（大久保和郎訳，1994,『イェルサレムのアイヒマン：悪の陳腐さについての報告』みすず書房）

―, 1968a, *Men in Dark Times,* Harcourt, Ins.（阿部齊訳，2005,『暗い時代の人々』ちくま学芸文庫）

―, 1968b, *Between Past and Future,* Viking Press.（引田隆也・齊藤純一訳，1994,『過去と未来の間』みすず書房）

Beck, U., 1986, *Risk Society: Toward a New Modernity,* SAGE Publication.（東廉・伊藤美登里訳，1998,『危険社会：新しい近代への道』法政大学出版局）

Derrida J., 1996, *Cosmopolites de tous les pays,* encore un effort.（港道訳，1996,「万国の世界市民たち，もう一努力だ！」『世界』1996年11月，岩波書店）

Fromm, E., 1941, *Escape from Freedom,* New York.（日高六郎訳，1951,『自由からの逃走』東京創元社）

Habermas J., 1990, *Strukturwandel der Offentlichkeit,* Frankfurt.（細谷貞雄・山田正行訳，2006,『公共性の構造転換』未来社）

Hanisch, Caro, 1970, The Personal is Political, Notes from the Second Year.

本田由紀，2007,「若年労働市場における二重の排除―〈現実〉と〈言説〉」日本社会病理学会編『現代の社会病理』第22号

Lessing G. E., 1779, *Nathan der Weise,* Leipzig.（大庭米次郎訳，1948,『賢者ナータン』増進堂）

宮本みち子，2006,「若年層の貧困化と社会的排除」日本社会病理学会編『現代の社会病理』第21号

仲正昌樹編，2005,『ポスト近代の公共空間』御茶の水書房

斉藤純一，2000,『公共性』岩波書店

山口定ほか編，2003,『新しい公共性―そのフロンティア』有斐閣

Young-Bruehl, E., 1982, *Hannah Arendt: For Love of the World,* Yale University.（荒川純男ほか訳，1999,『ハンナ・アーレント伝』晶文社）

第4章　若年層の貧困化と社会的排除

要　約

　世界的に進行する社会経済構造の変動にともなう若者の変化をおさえ，一部の若者の貧困化と社会への帰属の危機が進行している実態をみる．その際，日本より早い時期に若年者雇用問題を経験し，不利な状況に立たされた若者を，貧困化と社会的排除の概念を用いて検討してきたイギリスおよび欧州連合（EU）の研究と社会政策の動向をサーベイし，それとの比較で日本の実態とその特徴を明らかにする．また，これらの若者に対する支援の手法についてみる．近年，国の違いにかかわらず，排除されがちな若者に対しては，教育・雇用・福祉・保健医療の諸機関が連携し対応するマルチ・エージェンシーの手法の有効性が認識されている．一方で，若年失業者に対するワークフェア政策がベースにあることも事実である．そのなかで，複合的困難をもち社会的排除のリスクのある若者を労働に参加させるという方法だけで解決できない複雑な課題についてもみていく．

　キーワード：若者の貧困，若年失業者，若年無業者，若者政策，包括的支援，NEET，ワークフェア

1　はじめに

　1980年代にメディアによって使われた独身貴族，1990年代のパラサイトシングルという呼称に象徴される，「豊かな社会の豊かな若者」というイメージは，90年代後半から2000年代にかけて大きく変貌した．若年労働市場の悪化にともなって，不安定な雇用と所得，それにともなう将来展望の困難を抱える若者が増加したからである．それに追いうちをかけたのは2008年末以後の経済危機で，製造派遣労働者の首切りが進むにしたがって，若者問題に対する関心が再び高まってはきた．しかし，それを経済危機の結果，つまり短期的な現

象と解釈する傾向も依然としてある.

本稿の立場は,困難を抱える若者問題は,短期的現象ではなく,構造的な問題であり,そのなかで一部の若者の貧困化と社会への帰属の危機(社会からの排除)が進行していると見る.そのうえで,世界的に進行する社会経済構造の変動にともなう若者の変化を検討し,そのなかでリスクを抱える若者の構造を整理する.その際,日本より早い時期に若年者雇用問題を経験し,不利な状況に立たされた若者を,貧困化と社会的排除の概念を用いて検討してきたイギリスおよび欧州連合(EU)の研究と社会政策の動向をサーベイし,それとの比較で日本についても検討を加えながら,若者の問題を社会的排除として扱うことの有効性について検討する.

2 グローバル化のなかの若者の二極化

1)労働市場と家族の不安定化

1980年代以降先進諸国では,若年失業の問題を抱えるようになった.社会経済構造の変化が若者に特有の影響を及ぼしたのである.しかし,構造変化は,若者に均質の影響を及ぼしたのではなかった.一方では,教育水準が上昇し,〈長期化する依存期を謳歌する豊かな若者〉の登場というプラスがもたらされた.それを可能にした最大の条件は,家庭(つまり親)の所得水準の上昇であり,親の長寿化の効果も加わった.日本など親掛りの程度が強い国がある一方,福祉国家の枠組みのなかで,大学教育費や住宅などの公的支援の多い国があるというように,若者の生活を保障する枠組みには国によって差異があったとはいえ,どの国でも親掛かりの期間が長期化し,社会的責任・義務を免除された「自由で豊かな若者」が生まれた点は共通していた(宮本,2004a;Jones and Wallace, 1992).

しかし,若者に生じたのは光の部分だけではなかった.グローバル経済競争が激化するなかで,失業,非自発的なパートタイム労働,有期限雇用契約,一時的労働が増加し,安定した「いい仕事」というものが減少し,ミドルクラス

に属さない若者のなかに，失業や貧困に陥る者が増加した．さらに雇用保障，所得再分配制度の維持が困難になるなど，福祉国家の崩壊に新自由主義イデオロギーによる自己責任論の台頭が追い討ちをかけた．この時期は，家族の多様化・脱制度化の時期と重なっており，貧困などの諸問題が，ひとり親世帯，単独世帯，女性が主な稼ぎ手の世帯，稼ぎ手のいない世帯の増加など，家族の変容と密接な関係をもって進行した．新しい貧困問題はマージナルな人びと（障がい者もしくは社会的規範から排除された人びと）というよりも，「不安定な仕事と長期失業，家族や家族外の社会的ネットワークの弱体化，そして社会的地位の喪失といった多次元の諸問題」に苦しんでいる人びとの増加にかかわっていた（バラ&ラペール，2005：4）．若年層に生じた現象もそのひとつであった．

　日本より20年も前にこうした現象が始まった欧米先進諸国では，若者の二極化が進行していると認識され，不利な立場に追いやられた者への調査研究や政策検討作業が展開した．イギリスの青年心理学者ジョン・コールマン等の，*The Nature of Adolescence*（3rd edition）によれば，第1版を出版した1980年以後，若者に関連する社会経済環境の変化が矢継ぎ早に起きたが，もっとも大きな変化は，家族と労働市場という2つの領域で起こったという．イギリスでは1974年から84年の10年間に，16歳から24歳までの男性の失業率が5％から24％まで上昇した．また，労働市場における若者の数は，1984年から94年に25％以上減少した．国が職業訓練制度と職業準備課程を導入して失業に対処した結果，早期に学校を終える例が少なくなり，それに代わって学校や職業訓練に留まる例が急増し，労働市場へ参入する時期がずっと遅くなった．その結果，若者の経済的独立が遅くなり，親や国家に依存し続けるようになったことが最も大きな変化であった．ところが，いくつかのヨーロッパの国々では，若者の約25％は16歳になるまえに親の離婚を経験している．このことは，一方では経済的依存の時期が長くなっているなかで，その期間を保護してもらえる家庭環境に恵まれない若者が増加することを意味した（Coleman and Hendry, 1990; Jones and Wallace, 1992; 宮本，2004a，2004b，2005b）．

　1980年代の学卒後の雇用が不安定になったことは，青少年の社会化のプロ

セスにも影響を及ぼした．消費社会の肥大化という環境変化とも相まって，大人になるための社会化の重点は，市民—労働者という軸より，市民—消費者という軸が太くなり，ユースカルチャー，マスメディア，ドラッグや性行動を用いるライフスタイルが主要な特徴となっていった．そのことは，青少年の自由の拡大である反面，購買力の弱い不安定な仕事しかない低所得の若年消費者が増加することは大きな問題をはらむものであった（Giddens, 1991; Beck, Giddens and Lash, 1994; Jones and Wallace, 1992）．

2）リスクに直面する若者の増加

不利な状況に置かれた若者は，早期離学，その後のジグザグなキャリアパターン，複数の失業経験，失業期間の長期化という特徴を有していた．原因のひとつは，技術の進歩のため，高度な頭脳と教育の必要性が高まり，専門性の高い仕事の市場価格が上昇する一方，だれでも覚えられる仕事のそれはむしろ低下したことにあった．単純な仕事の賃金は，福祉制度が整備された社会では，生活保護基準レベルの最低水準まで低下するため，働こうとする意欲を減退させ，福祉給付に依存する人びとを生み出した．そのため，失業は短期の摩擦的失業から長期失業へと変化し，もっとも不利な条件をもった人びとが，その状態に陥りやすくなったのである．若年失業も同様な傾向をもつようになった（勇上，2004）．しかも，財政の悪化を理由に福祉国家路線の転換が進み，長期化する移行期の若者に対する国家の役割はむしろ後退した．各種の福祉給付は最低限度に引き下げられ，代わりに，親の責任が強化されたのである．しかし責任を果たすことのできない家庭の困難が顕在化した（宮本，2005a）．

3 欧州連合（EU）における社会的排除への取り組み

1）成人期への移行に対する社会政策

このような状況を前にして，アジアを除く先進諸国で1980年代後半以後，青年期から成人期への移行のステージに焦点をあてた新しい議論が展開するの

であるが，それは移行期をとりまくこのような家庭および社会経済環境の変化が，成人期への移行のパターンに重大な変化をもたらしたという認識が共有されてきたからである．また，世代間で比較したとき，若者世代が相対的にもろくなっていると認識され，それがどのような若者に際立っているのかを明らかにする研究が蓄積されてきた（Furlong and Cartmel, 1997; Jones, 2002; Jones and Wallace, 1992; Office of the Deputy Prime Minister, 2004a, 2004b）．これらの成果をふまえての，1990年代における欧州連合（EU）の若者政策をみると，若者が親から独立して自分自身の生活基盤を築く権利（自立の権利）を認め，雇用，教育・訓練，家族形成，住宅，社会保障の整備によって，成人期へのすみやかな移行を保障することを目的とする移行政策へと転換している（宮本，2004b, 2005a, 2005b, 2006a）．それは，低下しつつある若者世代の社会的地位を引き上げ，社会的公正と統合を図ろうとする意図をもつ政策といえる．一方，若年者の雇用問題の発生が遅かった日本では，若者政策は2000年代に入ってようやく登場した．

2）若年失業者に対する取り組み

若年の失業対策が始まったのは1980年代に入ってからであったが，EU加盟国が足並みをそろえて，取り組みを開始したのは1990年代であった．1997年のルクセンブル雇用サミットにおいて，若年者を6ヵ月以上失業状態で放置せずに，ニュースタートという訓練プログラムへと誘導することが決まり，各国が具体的施策を講じてきた．スウェーデンの若者保証はその期間がより短く3ヵ月としている．

イギリスに関してみていくと，1998年にブレア政権が導入したのは，「福祉から就労へ」移行させることをめざした「若者向けニューディール政策」で，対象は6ヵ月以上失業状態にあり求職者給付（失業手当）を受けている18から24歳のすべての若者であった．パーソナル・アドバイザーによる個人ベースの継続的支援サービスを特徴とする，3つの段階から構成された就労支援プログラムで，これに参加しなければ求職者給付が減額または停止された．公式

統計によれば，この政策によって若年失業率は大幅に低下したが，実際にはその評価は割れている．失業率の改善は不況からの脱出によるものではないかという見方もある．若者支援について質的な調査研究を進めている研究者たちの本質的な批判は，就労に対する働きかけに絞った政策は，就労に至るまでにさまざまな障害を抱えている若者に対しては有効な支援とならず，もっとも不利な立場に置かれた若者は，プログラムから離脱したり回避する結果となっているというものである．

その後，イングランドで2001年に開始された国の若者支援事業であるコネクションズ（CONNEXIONS）は，上記の批判を含め，80年代以降の若者に関する多くの検討のなかから編み出された施策であった．対象は，13歳から19歳のすべての青少年であるが，その重点は，学校にも仕事にも職業訓練にも参加していないNEET（Not in Education, Employment or Training）の状態の若者であった．仕事に就くのに失敗する芽は10代にあるとみて，学校教育段階で，リスクを早期に発見し，社会へ出る準備をするよう積極的に働きかける．無業や不安定な状態のままで学校を去る者を，地域のコネクションズにつなげ，NEETの状態から脱出するよう，パーソナル・アドバイザーが個人ベースで，きめ細かなサポートをするのである．NEETの状態の若者は，複合的なリスクを抱えていることが多いことを踏まえて，教育・雇用・福祉・保健医療の諸機関が連携し対応する．このようなマルチ・エージェンシーの手法に，コネクションズの特徴がある．

3）包括的支援サービスという手法

コネクションズにみられる，雇用にとどまらない包括性を特徴とする施策は，フランスの"New Start"，アイルランドの"Youth Reach"，イタリアの"Confinsustria"，オランダの"Careers Advisers Pilot Project"にも見られるもので，教育，職業訓練，労働を統合する試みといえる．しかし，後でも述べるように，若者支援施策においては，「仕事に就けること」にどれだけの力点を置くのかによって支援は微妙に異なり，国によって違いがみられる．

オランダでは1990年に「若者支援法」が成立したが，複合的な困難を抱える若者に対しては効果が薄かった．その原因は，雇用，教育，医療，福祉の縦割り組織が障害となったことにあった．2004年に提出された政府の報告書『オランダにおける子どもと若者のケア』によれば，24歳までの若者のうち15％が何らかの支援を必要としている．また，そのうち5％は深刻な社会的，精神的な問題を抱えた状態にある．彼ら／彼女らは，中退などによる低学歴，親の離婚・借金・虐待，アルコール・ドラッグ問題を抱えていて，未来への希望を失いがちな状態にあると指摘されている．このような分析をもとに，若者の立場に立った抜本的な改革が必要とされ，2005年に「青少年自立支援法」が成立した．それは，行政の支援を受ける法的な権利を確立したと同時に，関係機関が学校と連絡・連携しやすくなったこと，支援を拒否する親への支援が可能になったこと，支援の拠点が国から地方自治体へ移ったこと，そして，包括的な支援組織として，ユース・ケア・エージェンシーが開設されたことに特徴がある．

　イギリスに関していえば，2000年代を通して前段で述べたような若年者の雇用問題への取り組みが進んだのと平行して，複合的なリスクを抱える子どもに対する検討が続き，従来の施策の限界を打破するため，より長期継続的で，包括性のある施策への転換が模索されている（Office of the Deputy Prime Minister, 2004a, 2004b）．そのきっかけは，2000年に起こった6歳の少女の養母と同居人による虐待死事件であった．事件後設置された「ヴィクトリア・クリンビー事件に関する調査委員会（ラミング卿委員長）」は，2003年の最終報告書で，つぎのことを指摘している．少女は死亡までの10ヵ月以上の間に，生命を救う決定的な機会が少なくとも12回あった．それにもかかわらず，虐待死を防止できなかったのは，児童保護を行う機関が多岐にわたって広がり過ぎたために機能不全に陥っていたことに原因がある．つまり，現在の子どもサービスには，異なる関係機関の間の協力体制の無さや責任の所在の不明確さ，業務の重複による非効率性があるというのである．このことがあってイギリスの子どもサービスの大改革が起こったが，それは国際的にみても子どもサービスの新し

いモデルとして注目されている（内閣府，2009）．

4）社会的排除としての失業・不就労

このような動きと前後して，社会的排除への取り組みが展開した．社会的排除という概念は，社会経済の変容にともなって生じた新たな現象を把握する用語として登場し，1990年代になって，とくにEUにおいて急速に普及した．満足のいく仕事，あるいは仕事一般，所得，住宅，医療サービス，教育へのアクセスができない人びとが増加し，社会的統合を脅かしている事態に対する社会政策課題として生じたものであった．社会的排除は，従来の貧困だけでなく，シンボルによる排除，社会的剥奪，主要な社会的制度への不完全な参加という実態を含む概念であった（バラ＆ラペール，2005：1）．

EUで社会的排除への関心が高まり，取り組みが始まるのは1980年代末から90年代にかけてであったが，とくに1997年のアムステルダム条約において，欧州委員会（EU）が社会的排除と闘う実質的な権限をもつようになるなかで，より具体化するようになった．同年，イギリスの労働党政権が，首相に直接報告する義務を負う社会的排除対策室（Social Exclusion Unit）を内閣府のなかに設立したことは，欧州の社会政策のパラダイムの変化を示すものであった．社会的排除対策室は，社会から隔絶された若者への取り組みを開始した．まず，全国調査が実施され，その結果が1999年にBridging the Gapと題して報告された．この報告によれば，毎年16～18歳の若者の約9％が学校にも雇用にも訓練にも就いていないNEETの状態にあり，しかもその層が固定化する傾向がみられる[1]．この報告を受けて開始されたのが，前段で述べたコネクションズの取り組みであった．それに関しては後段で述べる．

社会的排除という用語で議論される対象は広範囲に及んでいるが，若年者の失業（とくに長期失業）や不安定雇用は，しだいに社会的排除の問題として検討されるようになった．不安定雇用は，社会関係資本や人的資本を欠いた若者が経験する事柄として，構造的な観点から理解されるようになったのである．従来の「貧困」というとらえ方を一歩踏み出して，社会参加と帰属する場を欠

第4章　若年層の貧困化と社会的排除

いているという側面からさらに深く接近し，その解決の方法を探っていこうとする社会政策的アプローチということができよう．

5）不安定な移行途上にある若者の把握

ところで，概念としての社会的排除は，貧困や剥奪という概念のように，静止的な結果を対象とするよりは動態的な過程を問題としている点に特徴がある．したがって，NEET という概念に若者の生活実態を反映させるためには，ある程度長期的な分析をする必要がある．動的なアプローチで現実をみることによって，社会の周辺に追いやられる危険にさらされている若者を，ライフスタイルの選択の自由を行使している若者や，キャリアに関する選択肢の自由を探している若者から，区別することができるからである（乾, 2006）．近年，成人期への移行に関する研究では，個人ベースの調査が進められるようになった．ファーロング等は，学校から仕事への移行が非線形で複雑化したという見解が正しいかどうかを証明するため，グラスゴーとその周辺の若者を対象にして，学校から仕事への移行の実態を検討している．

この研究プロジェクトが用いたデータセットは，1987年に15歳であった1,009名の若者とその親を対象としてスコットランド政府が実施した縦断研究（longitudinal study）で，第1回目の調査以後，16歳，18歳，21歳（面接調査），23歳（郵送調査）時にフォローアップ調査が行われ，2001年から02年に，28歳か29歳の時点で再度インタビューが実施された．こうして得られたデータを用いて，非線形の移行がどの程度みられるかを分析した結果から，ファーロング等は8つのクラスターを確認している．①4年生高等教育への移行（27％），②短期高等教育への移行（12％），③その他の進学（14％），④義務教育から仕事への直接の移行（17％），⑤補助金付の雇用；政府の就労支援プログラム（20％），⑥失業（6％），⑦家事（3％），⑦その他；主に障がい者，長期の疾病（1％），という構成である．このなかの①と②は16歳の時点で学業に優れ，高い社会階層出身者であり，貧困地帯に住んでいないという特徴をもっている．③と④は，それよりは低位の社会階層出身者である．⑤の補助

金付雇用と⑥失業は，脆弱な資質と相対的に不利な社会階層出身者であるが，その傾向は⑥の方がより顕著である．ここで線形とは，スムーズで断絶や中断がないことをいう．3ヵ月未満の失業が入ること自体は非線形ではない．非線形とは，中断や進路の変化があり，累積して12ヵ月以上の失業期間があり，失業・転職・職業訓練が繰り返されている者をいう（ファーロング，カートメル＆ビガート，2004，2005）．

　不安定でジグザグな移行をしている若者に焦点を当てるなら，時間の経過のなかでの動態に注目するべきで，ライフコース・パースペクティブが必要である[2]．社会的排除に陥り易い若者は，無業，職業訓練，雇用の間を往来する非線形の移行パターンを取りがちである．無業状態にある若者のなかには，支援サービスの対象となって求職中の者もいれば，それが長期化して潜在化した（求職活動をしない状態）者もいる．また，時間軸でみれば，求職活動をしている時期（アクティブな状態）と，しない時期（インアクティブな状態）とが交錯しているのが実情である．彼ら彼女らがなぜ，このようなジグザグで不安定な職歴を繰り返すのかを探っていく作業が求められる．縦断調査が未発達な日本では，困難な状況に陥っている若者を把握するために一層重要な課題である．

4　福祉国家政策　対　社会的包摂政策

1）若者にとってのリスク構造

　若者にとって，現代社会はどのようなリスク構造をもっているのだろうか．それは，つぎの3点で整理できるだろう．
　第1は，リスクの普遍化である．工業化時代の生活の安定性を担保していた完全雇用，稼ぎ手としての男子世帯主がいる核家族という構造が不安定化したことが，成人期への移行のプロセスにある若者に特有のリスクを生んでいる．構造の不安定状態は，ジョン・コールマンがイギリスについて述べた前段の文言の通り，人間の生存と福祉にとってもっとも重要な雇用の継続性と家族の安定性が失われたことが重要である．第2は，リスクの特殊化である．安定した

雇用と家族を前提に機能していた社会保障システムの有効性が減少し，従来から典型的とされてきた医療・年金・失業というような典型的リスクに対して社会保障の網をかぶせるだけでは十分な機能をしなくなった．若者が直面する困難は従来の社会保障の枠を超えるものが多くなり，多様なリスクに対処することが求められるようになるが，社会システムは有効に機能しないことが多くなる．第3は，リスクの階層化である．リスクに対処する力は階層によって歴然とした差がある．また，親の雇用の不安定性が子どもの生育過程の不利をもたらし，それが子どもたちの将来の不安定雇用に繋がるという世代間連鎖となっている．高学歴社会のなかで，義務教育を早々に終了して学校を去る者の不利は，過去とは異なる性格をもつようになっている．

　このようなリスク構造のなかで，学校から仕事へとつながる安定したトラックから脱落した若者は，それ以後の人生トラックにおいて複合的なリスクを抱えることになる．岩田正美は，ホームレスがセーフティ・ネットから脱落していくプロセスを描きながら，国民皆保険・皆年金体制をとる日本で，これらの人びとが何ゆえ保険制度から脱落するのかを明らかにしている（岩田，2008）．それによれば，種々の不利な条件をもつ者が，若いうちに安定雇用から排除され，不安定雇用や長期失業の状態を繰り返しているうちに，中年になると再就職から決定的に排除されるようになる．このような過程のなかで社会保険というセーフティ・ネットから排除されてしまったのがホームレスの特徴だという．生活保護受給には早いとされる，45歳から64歳までの（とくに家族の支えのない単身者）の生活を誰がどう支えるかという問題に対して，福祉国家の回答が回避されてきた結果が，90年代以降の路上ホームレス問題であった．

　一方，ネットカフェ・ホームレスは，20代の若者の比率が高く，1990年代不況以降の失業率がきわめて高かった年齢集団から出た現象である．若年無業者や不安定就労者は親の援助を得られるかどうかで決定的な差があるが，ネットカフェ・ホームレスは早期に親の援助を受ける条件のない人びとである．岩田正美は，ネットカフェ・ホームレスが路上ホームレスと異なるのは，はじめからほとんど社会保険制度の蚊帳の外にいるため，年金受給者やその可能性の

ある人びとが出現するとは考えにくいことだとする．2008年末からの経済危機によって，さらに大規模にこのタイプのホームレスが生まれるであろう．

2）若者の社会的排除と家族

　湯浅誠は，貧困とは，"溜め"のない状態だと把握する．"溜め"には，外からの衝撃を吸収する働きと，栄養源（エネルギー源）としての働きの2つがあり，具体的には，金銭の"溜め"，人間関係の"溜め"，精神的な"溜め"の3つがあると整理している（湯浅，2008）．

　北西ヨーロッパのように子どもに対する国家の責任が明確で，親の責任は早期に終了する国々に比して，日本の若者にとって親あるいは実家は，この"溜め"に当たり，しかも非常に重要なものである．もっとも，北西ヨーロッパや北米でも，子どもに対する親の責任が長期化していると指摘されてはいる．

　日本のように若年未婚者の7割が親と同居しているような社会は，若者が強力な"溜め"を保持している社会ということができるだろう．日本型福祉国家は，家族の"溜め"に依拠して福祉を担保する国家である．このことは逆に，親という"溜め"をもたない若者の存在が認識されにくいことや，親との同居によって若者の本質的な困難の実態が隠されてしまい，社会的課題とはなりにくいという問題を抱えることになる．

　家族の"溜め"は，親子間の交換関係から計ることができる．ただし，交換関係には顕在的なものと・潜在的なものの両方がある．日ごろは潜在化していたとしても，いざという時には発動可能であることが，"溜め"なのである．現在かろうじて親の家にいる無業・不安定就労の若者たちの一部は，親の加齢にともなって，親というセーフティ・ネットに頼れなくなっていくことが予想される．

3）社会的包摂という戦略

　社会的排除という用語は，主要な社会関係から特定の人びとを閉め出す現代社会の構造を問題にし，これを阻止して「社会的包摂」を実現しようとする社

会政策の用語として登場したが，定義と用法は必ずしも定まっておらず，融通無碍で一貫性を欠く面があるともいわれてきた．それにもかかわらず，社会的排除という見方は，経済に限定した「貧困」というとらえ方から脱して，社会参加と帰属の側面からさらに深く接近し，しかも，幼少時からの成長過程をプロセスのなかで理解し，成人期への移行の困難としてみることが可能である．たとえば社会的格差の拡大，不登校，いじめ，児童虐待，ひきこもり，障害，非正規労働，ワーキング・プア，ホームレス，など，現代の若者問題の多面性を理解し解決方法を探るうえでの有効性は認められる．

　ジョン・グレイによれば，社会的包摂とは，これまで社会民主主義が進めた平等路線が新たな段階では支持されなくなったために，これに代わるプロジェクトとして登場した新たな戦略である．この包摂戦略は，グローバリゼーション時代の経済効率の拡大＝市場の極大化を追求する一方で，結合や連帯も同時に追求するという，ある意味できわどい政策であるという特徴をもっている(Gray, 2000)．従来のセーフティ・ネットが十分機能しなくなり，中流層も将来に不安を抱えるようになると，支援の対象として貧困層や不利益層への手厚い支援に対する不満が高まってくる．そのような世論の動きをかわしながら二極化を阻止し社会的統合を図るため，両者の結節点に置かれたのが，労働（ペイドワーク）への参加の強調である．この労働への参加を国民の義務として積極的に位置づけ，従来の福祉ではなく「労働を通じた福祉（ワークフェア）」へと転換することによって，市場極大化と社会結合を同時に達成しようとする戦略である．このような戦略に対しては疑問も生じる．社会的排除を防止するということは，排除された人びとを労働市場に強制的に戻すだけなのではないかという疑問である．

4）雇用を通した福祉

　若者に関していえば，国による強弱があるとはいえ，1980年代以後若年失業者が増加するなかでとられた政策は「雇用を通した福祉（ワークフェア）」が基本を成していた．学卒後，福祉給付に依存して長期失業を続けることを防止

し，教育・訓練，相談・情報提供を通して，すみやかに仕事に就くことを促進する，「積極的労働市場政策」であった．とはいえ，就労こそが社会的包摂政策のゴールだということになると，ワーキング・プアや不安定就労や非正規雇用が抱える本質的な問題を無視することになりかねない．複合的な不利の連鎖や空間的な排除を含んで排除されている人びとを，労働に参加させるという方法だけで解決できるほど事態は単純ではない．先に述べたように，イギリスの若者ニューディールやコネクションに関する批判もこのことに関係していた．
2000年代に入って日本でも若者の自立支援施策が展開したが，支援現場で危惧されているのは，不利な条件をもっている若者を職に就けることに成功したとしても，若者を待っているのは，低賃金，不安定な非正規雇用，劣悪な職場環境など労働条件が悪い職場で，低賃金と失職などのリスクを抱える状態から脱却することは容易ではない．その結果，就業―失業―自立支援―就業―失業の間を行き来する「回転ドア」になりやすい．このような現実を踏まえたうえで，社会的排除に対する取り組みとして，どのような方策が有効なのだろうか．これこそ，容易に解の得られない問題である．

宮本太郎は，自立支援政策のタイプを2つの軸によって分類している．ひとつ目の軸は，社会的包摂の場を労働市場の内部に置き支援するのか，労働市場の外部における支援かの違いである．第2の軸は，国家の支援が強いか弱いかの違いである．図4-1は，宮本の2軸を使って図示したものである．2つの軸の組み合わせによって，3つの自立支援施策が析出される．Aは，「雇用」

図4-1　社会的包摂政策の3タイプ

強い支援

労働市場の外部	C　ベーシックインカム	B　アクティベーション 北欧など
		A　ワークフェア 強制としての包摂

弱い支援

労働市場の内部

注）宮本太郎（2006）をもとに筆者が作図．

を強調するワークフェアである．Bは，社会への参加を活性化するアクティベーションで，北欧はこの路線をとっている．若者に関していえば，雇用に限ることなく，教育・訓練的な活動，文化・スポーツ活動，ボランティア活動などの多様な活動への参加によって自分の力を高めていくことを，社会への参加として積極的に評価するのである．Cは，ベーシックインカムである．就労の義務と切り離して，労働市場の外部における家事・育児，教育・訓練，地域活動等の広義の就労と位置づけて，均一的な経済支援をする方法である．

　労働市場に関係するAとBに限定していえば，ワークフェアにせよ，アクティベーションにせよ，若者自立支援策の遂行にとっては，学校から仕事へと確実なトラックに乗りにくい若者を労働市場へと橋渡しする機能が重要である．また，橋渡しをするにあたって，労働市場に対する中途半端な接合状態から安定した接合へと促す機能が重要となる．いずれの場合も，職業教育・訓練，情報提供，ガイダンスなどが重要である．ワークフェアの場合は，労働市場へのストレートな接合が戦略目標となるのに対して，アクティベーションの場合は，多様な中間的世界の意義を広く認め，環境を整えることが重視される．しかし，対象となる若者の特徴を前提とすれば，いずれにしても雇用に限らない包括的な支援は必要である．

5　日本における若者自立支援施策のタイプ

　先進諸国で，二極化の一方にいる不利な若者に対する社会的関心が高まったのは，貧困化と社会的排除の危険がこれらの若者に濃厚だったからだった．岩田正美によれば，二極化が進む〈砂時計型〉社会に対する危惧の仕方には2つの異なるまなざしがあるという．ひとつは崩れていく〈中流〉に焦点を合わせ，脆弱性や不安を問題にするもの，もうひとつは蓄積される貧困の特徴を明らかにしようとするものである．どちらに焦点をあてるかによって福祉政策の考え方は変わる．欧米諸国では貧困に焦点を当てているのに対して，日本は，〈不安〉一般へのまなざしが強く，世間の関心は中流生活からの脱落不安に集まる

傾向がある（岩田，2006：139-140）．

　すでに述べたように，EU諸国では青年期から成人期への移行を支援する移行政策が，1980年代から動きだしたが，日本においては長らく研究上も行政施策上も空白に近い状態にあった．スムーズに社会へ入っていくことのできない若者の問題は，ほとんど社会政策上の課題として認識されてこなかった．それらの若者の存在に気づき始めたことは，大きな変化であったといってよかろう．しかしこれまでの空白を反映して，現状には多くの課題がある．

　2003年に4省大臣連名で「若者自立挑戦戦略」がスタートして以来，自立支援という名のもとに若者就労支援が展開した．同じ時期に，障害者，母子，ホームレス，若者等の「自立支援策」がつぎつぎと打ち出されてきたが，それは労働参加を強調することを基調としてきた．つまり，所得保障の条件としての就労義務＝ワークフェアであるが，日本においては，「所得保障抜きの就労支援の強調」という点に大きな特徴があった．

　日本には，EUの例のように，無業のまま放置せずに，相談支援や職業訓練プログラムを経て求職活動へと向かわせる施策がほとんどなかった．とくに，職歴が乏しく雇用保険に加入していない場合に，求職者手当などの経済給付と抱き合わせに職業訓練などの活動に参加させる施策はないに等しかった．そのため，生計維持の責任のない若者は，EU諸国より，失業者ではなく無業者（ニート）になりやすい．とくに，学校にも仕事にも従事していない若者にとって，第3の選択肢（経済給付の付いた職業訓練）が無いに等しい日本では，高校中退や高卒者のように若年齢の場合は，若者の過半数が働きはじめる20代中盤までは無業のまま放置されやすい．

　ホームレス研究を続けてきた岩田正美によれば，ホームレス自立支援事業では，一般的な生活保障としての生活保護とのリンクは回避されている．若者支援事業ではその特徴がより明確に現れている．これらは雇用保険や生活保護などの所得保障とはけっしてリンクしていない．また社会の関心が，弱体化する中流層問題に焦点化しているために，原因を「意欲のないこと」に求め，がんばればどうにかなるはずという前提で，軽症者を対象に若年者対策が進められ

ることになる．

　近年の若年者支援の前提は，いずれも本人が情報をキャッチしていること，通所のための交通費を含め，利用するための費用を負担する余裕があること，親が子どもの苦境を心配して何とかしようと思っていること，当面の住まいや生活費に困窮していないこと，複合的なリスクを抱えてはいないこと，などである．もっとも恵まれない若者層の貧困と社会的排除への視点が弱いために，もっともサポートを必要としている若者には，有効性がない結果となる．つまり，就労義務の付いた所得保障としてのワークフェアではなく，従来の雇用対策を，若者向けにきめ細かく整備したものにとどまり，ワークフェアにさえなりきれていない．それゆえ，批判も多い「働く意欲の喚起」という施策すら強制力はなく，働かず，または働けず潜在化した若者を労働市場にプッシュする力はないのである．海外における総合的な若者の移行政策は，日本ではまだ確立するに至っていない．それは，若者の生存と生活に誰が責任を負うかというスタンスとかかわっている．日本では，困難を抱える若者の責任は，結果的には親に負わされている．

　　　　　　　　　　　　　　　　　　　　　　　　　　（宮本　みち子）

【注】
1）若者が社会的排除に結びつきやすい類型として次の10点が挙げられている．
　　①労働市場からの排除，②社会的孤立，③経済上，また制度や組織からの排除や低レベルの職業資格，④低い社会階層出身者，⑤労働市場に対する受身的態度，⑥不安定な経済状況，⑦社会的支援の少なさ，⑧制度的サポートの不在，⑨低い自己評価，⑩薬物依存や非行行動．
　　いっぽう，社会的排除の危険が少ない類型として次の9点が指摘されている．
　　①高い資格レベル，②労働市場での積極性，③安定した経済状況，④社会的サポート，⑤制度的サポート，⑥高い自己評価，⑦社会文化的活動への活発な参加，⑧家族への統合性が高いこと（例　南欧），⑨水面下の経済活動の存在（不安定な仕事への定着の危険はあるが，同時に，経験・社会的コンタクト，自己評価の維持に役立っている）．
　　このような類型化から，労働市場への統合だけでは，失業中の若者を社会的排

除から守るのは不十分だと指摘されている．なお，イギリスのNEETという用語には，失業者も入っている点は，日本と比較するうえで留意する必要がある．
2）イギリス政府の公式統計は，静的な定義を使って年間平均値をもとにNEETの数を推計している，それによれば，16-19歳の若者に占めるNEETの割合は，イングランドとウエールズでは約9％，スコットランドでは約14％である．しかし，6ヵ月以上の離脱状態という動的な定義に基づいた場合，いちじるしく不利な立場に置かれている人びとが析出されるが，その割合は公式統計上のNEETの約半分となる（乾，2006）．

【文　献】

Beck, U., Giddens, A. and Lash, S., 1994, *Reflective Modernization: Politics, Tradition and Aesthtics in Modern Social Order*, Cambridge: Polity Press.

バラ，A. S. ＆ ラペール，F. 著，2005，福原宏幸・中村健吾監訳『グローバル化と社会的排除』昭和堂（Bhalla. A. S. and Lapeyre, F., 1999, 2004, *Poverty and Exclusion in a Global World*, 2nd ed., Macmillan.）

Coleman, J. C. and Hendry, L. B., 1990, *The Nature of Adolescence (Adolescence and Society)*, Routledge.（コールマン，J. ＆ ヘンドリー，L., 2003, 白井利明訳『青年期の本質』ミネルヴァ書房）

ファーロング・カートメル・ビガート，2004，2005「複雑化する若年層の移行プロセスをめぐる再考察：線形モデルと労働市場の変容　西スコットランドを事例に―」（上，下）『教育』2004年12月号，2005年2月号

Furlong, A. and F. Cartmel, 1997, *Young People and Social Change: Individualization and Risk in Late Modernity*, Open University Press.

Giddens, A., 1991, *Modernity and Self-identity: Self and Society in Late Modern Age, Cambridge Societies*. Oxford: Clarendon.

Gray, J., 2000, Inclusion: A Radical Critique, Askonas, P. and A. Stewart eds., *Social Inclusion: Possibilities and Tensions*, Macmillan Press.

勇上和史，2004，「欧米における長期失業者対策」『日本労働研究雑誌』No.528／July 2004：19

乾彰夫編著，2006，『日英比較　ニート・フリーター・失業』大月書店

岩田正美，2006，「バスに鍵はかかってしまったか？」『思想』No.983

岩田正美，2008，『社会的排除』有斐閣

Jones, G., 2002, *The Youth Divide: Diverging Paths to Adulthood*, York Publishing Services.

Jones, G. and Wallace, C., 1992, *Youth, Family and Citizenship*, Open University Press.（宮本みち子監訳，鈴木宏訳，1996，『若者はなぜ大人になれないのか』新評論）

宮本太郎，2006，「社会的包摂の展開と市民社会」日本社会教育学会編『社会的排除と社会教育』東洋館出版社
宮本みち子，2002，『若者が社会的弱者に転落する』洋泉社
宮本みち子，2004a，『ポスト青年期と親子戦略』勁草書房
宮本みち子，2004b，「社会的排除と若年無業」『日本労働研究雑誌』第533号
宮本みち子，2005a，「長期化する移行期の実態と移行政策」『若者―長期化する移行期と社会政策　社会政策学会誌』第13号，法律文化社
宮本みち子，2005b，「先進国における成人期への移行の実態―イギリスの例から―」『教育社会学研究』第76集
宮本みち子，2005c，「家庭環境からみる」小杉礼子編著『フリーターとニート』勁草書房
宮本みち子，2006a，「若者政策の展開―成人期への移行保障の枠組み―」『思想』No.983
内閣府，2009，「英国の青少年育成施策の推進体制等に関する調査報告書」平成21年3月，内閣府政策統括官（共生社会政策担当）
Office of the Deputy Prime Minister, 2004a, *The impact of the government policy on social exclusion among young people.*
Office of the Deputy Prime Minister, 2004b, *Transitions: Young adults with complex needs-A social exclusion unit final report.*
湯浅　誠，2008，『反貧困』岩波書店

第Ⅱ部
応用編Ⅰ

社会的排除の諸相

第5章 若年労働市場における二重の排除
——〈現実〉と〈言説〉

要 約

　本章は，日本の若年労働市場における〈現実〉面と〈言説〉面での二重の排除の実態，背景，対策について論じる．1990年代半ば以降，日本の若年労働市場においては多様な雇用形態をとる非典型労働者が急激に増加した．景気が好転してからも非典型労働者からの離脱の困難さや低い賃金水準には顕著な改善が見られず，彼らは安定的な雇用から〈現実〉面で排除された存在であるといえる．同時に典型労働者の働き方の過酷さも高まっており，そうした高いハードルを超え続けられない者を常に外部へと排除していくメカニズムを典型労働は内包している．しかも，若年非典型労働者（「フリーター」）や無業者（「ニート」）に対してはその意欲のなさなどを否定的に述べる言説が大量に生み出されていることから，彼らは〈言説〉面でも排除された存在である．こうした二重の排除は，先進諸国に共通する経済環境・産業構造の変化やそれが日本で現出した際のタイミングやスピード，日本で過去から存続する雇用慣行，社会変化から生じる不安意識など複雑な構造的諸要因から生じている．このような二重の排除への対処として，若者の職業意識の向上を目的とするキャリア教育などには限界があり，雇用構造の改革，学校教育の職業的レリバンスの向上，そして若年を対象とした社会保障の拡充などの，より実質的な施策が講じられる必要がある．

　キーワード：若年労働市場，非典型労働，フリーター，ニート，人間力，グローバル経済競争，バブル経済，新規学卒一括採用，教育の職業的レリバンス，人生前半の社会保障

1　日本的な「排除型社会」

　社会学者ジョック・ヤングは，現代の先進諸国において，「包摂型社会」から「排除型社会」への変化が観察されると指摘している（Young, 1999 = 2007）．

従来の近代社会においては標準的な生き方が是とされ，そこから外れた者をも社会に同化し包摂しようとする作用が強かったのに対し，現在の後期近代社会においては不確実化・多様化・不安定化が進行するなかで，リスクや困難を抱える他者や集団に対する不寛容さが高まり，彼らを社会から排除する作用が強まるとヤングは述べている．こうしたヤングの議論の多くは現代の日本にも当てはまると考えられるが，ヤングの指摘のなかには日本に必ずしも当てはまらない点も見出される．たとえば，ヤングがあげる後期近代社会の主要なメルクマールには多文化主義と犯罪増加が含まれているが，これらは今のところ日本社会では顕著なものとなっていない．日本では，多様な価値や文化を承認するのではなく，むしろ愛国心や社会奉仕など画一的な「善」を称揚し，それによって国民の一体化を図ろうとする方向性が，為政者や国民の一部に色濃く見出される．また，日本において通説としてしばしば語られる犯罪の増加や治安の悪化は，客観的データからは検証されない（たとえば浜井・芹沢，2006）．すなわち，日本では，標準的・同質的で安全な社会がかなりの程度維持されたまま，そこから過酷な排除のされ方をする集団が現れ始めていると考えられるのである．

　そうした集団として注目すべきは，若年労働市場における非典型労働者および無業者である．周知のように，1990年代半ば以降，日本ではパート・アルバイト，派遣社員，請負社員，契約社員などさまざまな雇用形態をとる非典型労働者が急激に増加した．それにともなって，仕事に就いていない未婚の無業者も一定の増加を見た．典型労働者（いわゆる「正社員」）を標準的な働き方・生き方とする見方が強固に存続するなかで，彼ら非典型労働者・無業者は，処遇の劣悪さや不安定さ，そこからの離脱と典型労働への参入の困難さという面で，まず何よりも歴然たる〈現実〉として排除された存在である．しかし彼らが被る排除はそれだけではない．彼らがそうした状況に置かれることになった原因を彼ら自身の職業意識の問題，すなわち意欲や努力などの不足に求める〈言説〉が，1990年代後半から2000年代初めにかけて日本社会に増殖したことにより，彼らはいわば意味論上も排除され貶められた存在とならざるをえな

かった.

ただし,標準的な存在として社会に包摂されているはずの典型労働者においても,90年代以降,長時間労働や要請される仕事内容の過重さが顕在化し,それゆえに一度は典型労働者という地位を手にしながらも,自ら非典型労働・無業へと離脱する,あるいは過労死・過労自殺などの形で生というものからさえ離脱する層が,無視できない規模で出現している.脳・心臓の疾患および精神障害に関する労働災害の請求件数・認定件数は,90年代末以降うなぎ昇りに増加している[1].それゆえ典型労働者としての包摂とは,高いハードルを課された上での見せかけの包摂であり,そのハードルを超え続けることができなくなる者を絶えず外へと排除してゆくメカニズムを内包しているといえる.その意味で,典型労働者と非典型労働者・無業者はまさに表裏一体ないし「地続き」の存在なのである(熊沢,2006).本稿は,こうした日本の若年労働市場における〈現実〉面および〈言説〉面での二重の排除の実態を明らかにした上で,こうした排除をもたらしている社会的な背景と,必要な対策について論じることを目的とする.以下,第2節では若年の非典型労働者および無業者の排除の〈現実〉について,第3節では〈言説〉について,それぞれ具体的に述べる.続いて第4節ではこのような二重の排除の背景要因について議論し,第5節では現状を超えてゆくためにはいかなる方策がありうるかについて考察する.

2　若年労働市場における〈現実〉面での排除

90年代半ば以降,若年労働市場が急激に厳しい状況に陥り,非典型労働者・無業者にならざるをえない者がいちじるしく増加したことについては,すでに数多くの指摘がある.この間,政府は,若年の雇用状況に関する統計的な把握をかつてよりも詳細に行うようになっている.そうしたデータから,過去約15年間の若年雇用状況の推移の概略を見ておこう.とくに,バブル経済崩壊後の長期不況から脱し「いざなぎ越え」と呼ばれる好況期に入ったといわれる,2000年代初頭以降の直近の動向に注意を払うことにする.なぜならば,

2005年頃以降，景気回復と団塊世代の大量退職期の到来（いわゆる「2007年問題」）により，少なくとも新規学卒採用に関しては好転の兆しが見られるため，それが若年労働市場全体の回復をもたらしているかどうかを検討しておくことが必要だからである．それは，若年労働市場の変化が景気変動と直結した一時的なものなのか，それとも長期的・不可逆的な構造的変化なのかを問うことでもある．

　まず，いわゆる「フリーター」（公式定義では，15～34歳の卒業者，うち女性は未婚者のなかで，①勤め先における呼称が「パート」または「アルバイト」である雇用者，②「パート・アルバイト」の仕事を探している完全失業者，③非労働力人口で，家事も通学もしていない「その他」の者のうち，就業内定しておらず，「パート・アルバイト」の仕事に就くことを希望している者）の推計人口は，1992年時点の101万人から97年には151万人[2]，2002年には208万人と10年間でほぼ倍増したのち，2003年に217万人でピークを迎え，以降は2004年214万人，2005年201万人，2006年187万人と漸減傾向にある[3]．

　しかし，「フリーター」の定義の核となっている「パート・アルバイト」に，派遣社員などを加えた若年非典型労働者全体でみると，2003年341万人，2004年359万人，2005年360万人，2006年362万人と，2004年以降も漸増を遂げている．さらに，上記の「フリーター」の定義から年齢面では外れる35～44歳層について，同様の条件を当てはめた推計結果は，2004年以降もやはり漸増している[4]．

　それゆえ，「フリーター」という，15～34歳という年齢と「パート・アルバイト」という就労形態に限定した概念の推移でみれば，若年労働市場は一見回復しているように見えるが，非典型労働者全体，さらにはより高い年齢層にまで視野を拡張するならば，非典型労働者の増大傾向には景気回復以後も歯止めがかかっていないといえる．このことは，「パート・アルバイト」という直接雇用形態の非典型労働力から，派遣や請負など間接雇用形態の非典型労働力へと労働需要側が力点を移しつつあること，およびもっとも採用が厳しい時期に労働市場に出た，いわゆる「ロスト・ジェネレーション」が，若年と定義さ

れる年齢層を超えるまで加齢してもなお非典型労働者に滞留していることによる．

ただし，転職者について雇用形態間の移動パターン（年齢計）をみると，2004年から2006年の間で，非典型労働から典型労働に移動した者の人口が男女それぞれ3～4万人の増加を見ており，逆に典型から非典型への移動は同程度の減少を遂げている[5]．それゆえ非典型労働からの離脱の困難さにはわずかに改善の兆しが見られるが，それは顕著なものというにはほど遠い．

こうした非典型労働者の年間収入（年齢計）は，2006年時点で100万円未満が男性の28%，女性の49%，100～199万円が男性の29%，女性の37%を占めている．すなわち，非典型労働者のなかで，男性の6割弱，女性の8割弱が，年収が200万円に達していない．趨勢で見れば，2002年から2006年にかけて100万円未満が男女とも数％減少し，100～199万円および200～299万円が数％増加するという形で若干の改善が見られるが，それでも非典型労働者の大半が，独立した生計を立てていくのが困難な水準の低収入しか得ていない状況には変化がない[6]．

なお労働政策研究・研修機構の調査結果から，若年の典型労働者と非典型労働者の間での時間当たり収入の格差を2001年と2005年で比較すると，典型労働者の時間当たり収入を100とした場合，「アルバイト・パート」では男性で2001年65→2005年70，女性で2001年62→2005年68と格差は縮小している．しかしこの理由は典型労働者においてこの間に労働時間の増加と年収の減少により時間当たり収入が減少したことによるものであり，非典型労働者の時間当たり収入にはほとんど変化がない（労働政策研究・研修機構，2006：20-21）．言い換えれば，典型労働と非典型労働の間での時間当たり収入格差の縮小傾向は，典型労働者の労働条件の劣悪化から生じたものにすぎないのである．また，若年無業者（15～34歳の非労働力人口のうち，家事も通学もしていない者）の推移をみると，2002年から2005年まで64万人で一定しており，その年齢別内訳は時期があとになるほど高年齢層が増大している[7]．すなわち，無業者に関しても滞留傾向が見出される．

以上に見てきたように，景気が回復傾向に入った2004年以降において，いくつかの指標で若年労働市場には改善の傾向がみられるが，それはわずかなものであったり見かけのものであったりする場合がほとんどであり，非典型労働の処遇の低水準さと，非典型労働および無業の状態からの離脱の困難さ，すなわち〈現実〉面での排除の実態にはほぼ変化がない．むしろ，典型労働の労働条件の方に悪化の兆しが見られ，絶えず排除される存在を生み出す若年労働市場構造は強化されているとすらいえるのである．

　さらに付言すべきは，労働市場からの排除は，日本で公共サービスからの排除および社会関係からの排除をも随伴しがちであり，それゆえにいっそう厳しいものとなりがちであるということである（樋口，2006）．そして，上記のような低い賃金水準の非典型労働者や無業者が大量に存在し得ているのは，彼らの多くが親世代の収入や資産に支えられているからであるが，家族との不和や離死別などによってそのような生活基盤を失った若年者は，容易に極度の困窮状態に陥ることにもなる（湯浅・仁平，2007）．こうした過酷な重層的・複合的排除の〈現実〉に，現代の若者は直面しているのである．

3　若年労働市場における〈言説〉面での排除

　このような〈現実〉面での排除に覆い被さるような形で，〈言説〉というもうひとつの面での排除が生じている．すでに述べたように，それは若年労働市場における〈現実〉面での排除が生じている原因を若者自身の職業意識の問題，すなわち意欲や努力の不足に求める言説が，1990年代半ばから2000年代初めにかけて多数現れ，いわば「若者バッシング」の席捲という様相を呈したことを意味している．

　その際のキーワードとしてまずはじめに用いられたのは，他でもない「フリーター」という言葉である．80年代末にリクルート社員による造語として登場したこの言葉は，当初は会社にしばられない自由で力強い働き方として肯定的な意味で用いられることが多かったが，90年代半ばをすぎてその量的な増

第5章　若年労働市場における二重の排除

大と労働条件の劣悪化が徐々に明らかになるに従い，否定的な意味を帯びて使われるようになる．

そうした変化は，まず「フリーター」とは「甘えた，ぜいたくな若者」であるという見方として広がる．たとえば1996年2月12日発行の『AERA』誌記事「とりあえずスネかじり　若年失業率急上昇の原因」のなかには，「職に対する切迫感の欠如は，この年代の若者に広く蔓延しているようだ」，「不況といわれても，餓死する人はいない．今の若い人に食うために働くという意識はほとんどないでしょう．だから，『自分がやりたいことがないから働かない』という考えが成立する」，「ぜいたくしないで，早く定職につけといいたい」などの文言が見出される．こうした「豊かな親に依存する若者」という「フリーター」観は，1990年代末に「パラサイト・シングル」という言葉が登場し普及したことによって，より確固たるものとなる．

さらに，2000年代初頭にかけ，「フリーター」問題に対する社会的注目が高まるにつれて，「ぜいたくさ」や「甘え」からではあれ一応は主体的に「フリーター」を選択するそれまでの若者像に追加される形で，「選べない」「立ちすくむ」「不安」など，主体性を欠き選択できない病理的な若者が「フリーター」であるというバリエーションが現れる．たとえば香山（2004）は，「就職や就職活動ができずにフリーターや無業になってしまう若者，いったん就職してもすぐに離職してしまう若者」の根底に，「『どうせ私なんか』と根拠もなしに自己評価を下げ，『私はその他大勢だから』と就職をして社会に参加する人生に背を向けていながら，一方で『私にしかできないことがきっとあるはず』と，いつ来るともしれない"名指しでの辞令"を待ち続けている矛盾した心理」があると述べている（p.190）．こうして，1980年代後半においては「力強い若者」を意味していた「フリーター」という言葉は，その後10余年の間に，180度逆の意味を帯びさせられる結果になった．

さらに，非典型の形態ではあれ就労している「フリーター」に対して，2004年頃から一挙に日本社会に普及したもうひとつの言葉である「ニート」は，就労しておらず，しかも日本独特の定義として失業者を除外していたことから就

労をめざしてもいない存在を表す言葉として,「意欲のない若者」の代名詞となる.「ニート」という言葉が蔑称化した事実やそのプロセスについては,すでに別のところで詳述したので,そちらを参照してもらいたい(本田, 2006a, 2006b).「ニート」という言葉は,それ以前から存在した「ひきこもり」という概念と合流することにより,消極的で自信がなく足を踏み出せない若者像という意味合いを色濃く帯び,「働くこと」に対する若者の内面の問題性を,「フリーター」よりもいっそう強く社会に印象付ける結果になった.

このように,90年代半ば以降の若年雇用問題の原因に関する従来の〈言説〉は,労働需要側ではなく労働供給側たる若者の意識や心理にその原因を帰属させるものが大勢を占めており,それらはほぼ常に,若者や,彼らが属する家庭・親への批判や非難をともなっていた.それによって,〈現実〉面で排除された若者は,そうした排除の不当性を糾弾する声を奪われるだけでなく,社会に支配的な説明図式を内面化した場合には自らを責め否定するという自己排除へと水路づけられる結果になってきたのである.

それと表裏一体の現象として,90年代,とくにその後半には「○○力」というように,さまざまな言葉に「力」という語をつけた造語が,マスメディアや政策文書などにおびただしく登場するようになる.その典型が「人間力」であるが,それ以外にも「社会人基礎力」や「就職基礎力」など,さまざまな政府機関や団体がそれぞれに望ましい「力」を掲げるようになっている.これらの言葉は,名称にはバリエーションがあれども,総じて積極性や自律性,柔軟性および他者との関係形成能力といったものを,その構成要素としている点で共通している(本田, 2005).こうした「力」を表す言葉は,人格や情動など人間の内面のあり方に言及したものであると同時に,それらさえ個々人が身に着けていれば,いかに苦しい状況でも乗り切れるということを含意している.その意味で,「フリーター」や「ニート」などが若者の内面のあり方に関する負の極を想起させるものであるのに対し,「人間力」などの諸「力」は,正の極にあたる概念である.こうしてこの両者を両極とする数直線上に個々の人間を位置づけ評価し,ときに貶め,ときに称賛するような認識や感覚の構造が,

1990 年代後半から 2000 年代初めにかけての日本社会には強固に成立することになった．それにより，負の極に近い場所に位置づけられる若者に対する意味論的な排除もまた，進行してきたのである．

ただし，2006 年頃から，「フリーター」「ニート」などの従来の蔑称に替わり，「ワーキングプア」「プレカリアート」「若年ホームレス」「貧困」など，労働市場から〈現実〉面で排除された状況にある若者を，直截に言い表す言葉や議論が目立って普及し始めている（雨宮，2007；岩田，2007；宮島，2007；門倉，2006；中野，2006 など）．それとともに，〈現実〉面での排除が発生している原因を社会構造ないし労働需要側に求め，それを告発する運動も，多数のユニオンの結成やキャンペーンなどの形で活発化している．それらの担い手として，若者自身が多く参画していることもまた特筆すべきである．彼らは自らに外側から与えられた定義に抵抗し，逆に状況を自分たちの言葉で定義し直そうとしている．こうして，近年にいたってようやく，現実に関する解釈図式は単一性を弱め，複数の対立する〈言説〉間の抗争や闘争の様相を帯び始めているといえる．

こうした対抗言説の浮上は，〈言説〉面での排除の進行に抗う望ましい動きであるが，いまだ従来の〈言説〉も広範に存続しており，それらのせめぎ合いのなかでいずれが優勢を占めるかは予断を許さない状態である．

4　二重の排除の背景

以上では，若年労働市場における〈現実〉面および〈言説〉面での二重の排除について概観してきた．それでは，なぜ 90 年代以降の日本社会において，こうした二重の排除が顕著に進んできたのか．本節ではその背景についてそれぞれ考察を加える．

まず〈現実〉面での排除に関しては，少なくとも次の３つの要因を区別しておく必要がある．その第１は，すべての先進諸国に共通する世界的な長期的趨勢であり，また第２は，日本においてそれが現出した際のタイミングやスピー

ドに関する固有の特徴であり，そして第3は，第2点目と関連することとして，日本社会に従来から存在する慣行や制度など変化しにくい要素の慣性的な残存である．

　上記第1の点は，グローバル経済競争の熾烈化と先進諸国の産業におけるサービス経済化および製造業の生産サイクルの短期化により，柔軟な量的調節が可能で人件費コストが低廉な非典型労働力に対する需要が高まっていることを意味している．製造業の多国籍企業が労働コストの低いアジア等の後発諸国に生産拠点を移したことにより，先進諸国内部では第三次産業に従事する労働力人口が増大したが，そのなかで大きな比重を占めるのは販売や接客などの対人サービス職であった．消費者の動きに応じた業務の繁閑がいちじるしいこうしたサービス業においては，繁忙期にのみ労働力を集中的に投入できる雇用形態へのニーズが高まるため，非典型労働力の活用が進む．また先進諸国内に残った製造業は，高度な技術やデザイン，流行等により消費需要を喚起するような性質の多品種少量生産に重心を移すようになり，そうした生産は市場の動向や新製品の開発サイクルに即応した製造ラインの量的調節を必要とするため，やはり柔軟に出し入れ可能な非典型労働力への依存を強める．このような経営環境や産業構造の変化により，多くの先進諸国ではすでにオイルショック後の70年代後半から，若者の高失業率や不安定就労の問題が顕在化していた．日本でも同様の変化が90年代に入って顕著に表れ始めている．

　ここで重要なのは，日本ではそうした変化が他国よりも遅れて，しかも急激な形で現れたということであり，これが上記の第2点目にあたる．日本はオイルショックを協調的労使関係で乗り切ったあと，80年代にも製造業の衰えが顕在化しなかった．この時期に発達した「カンバン方式」などの効率的な生産システムは他国からも注目・賞賛され，「ジャパン・アズ・ナンバーワン」といわれるように「日本的経営」の長所が喧伝されていた．80年代後半から90年代初めにかけての日本では，バブル経済の好況下でむしろ新規学卒採用需要はいちじるしい高まりを見せていた．

　しかも90年前後の時期は，70年代前半に生まれた人口規模の大きい「団塊

ジュニア世代」が離学期を迎え始めていたこともあり，この時期に日本企業は大量の新規学卒者を正社員として採用していた．その直後にバブル経済が崩壊を迎え，長期不況に突入した際，日本企業にとってこのバブル期の過剰採用が非常な重荷となり，中高年期を迎えたやはり大規模な「団塊世代」の人件費圧力と相俟って，若年を正社員として新規採用する余地がきわめて縮小する結果になった．そして正社員に代わって活用されるようになったのが，非典型労働力である．それ以前の日本で非典型労働力の主要な供給源となっていたのは主婦と学生・生徒であり，こうした層は家事や学業の傍ら生計費補助のために副次的に就労していたことから，低賃金や不安定雇用であってもとくに問題視されることはなかった．しかし90年代には，そのような労働条件が維持されたままの非典型労働市場に，新規学卒などの若年者が大量に参入することになったために，大きく問題化したのである．

　このように日本では若年労働市場の変化の開始が他の先進諸国よりも遅く，かつ急激であったことにより，労働市場慣行や制度の適応が追い付いていないということが，若者の〈現実〉面での排除をいっそう厳しいものとしている．これが上記の第3点目の背景要因である．そのなかでももっとも重要な点は，日本企業が今なお典型労働力の給源を新規学卒者ないし他社で正社員として実務経験をもつ者のいずれかに限定しがちであり，非典型労働ないし無業の経歴をもつ者に対して開かれている門戸がいちじるしく狭いことである．その理由は，日本企業内部では年功序列的な昇給・昇格制度が根強く残っているため，高年齢でかつ経験者でもない者を採用した場合，賃金モデルのどこに位置付けるかの判断が難しくなるためであると指摘されている（城，2006）．

　また，従来の日本においては，職務を遂行する上で必要な知識やスキルは，企業に正社員として雇用されながら企業内でのOJT・Off-JTを通じて身につけることが一般的であったため，企業外部の学校教育制度や公的な教育訓練機関において職業能力を習得できる機会が整備されていないということも重要である．こうした状況下では，非典型労働者や無業者が職業能力の獲得・向上を通じて安定的な雇用に参入することは，困難にならざるをえない．

若年労働市場における若者の〈現実〉面での排除は，以上に述べてきた3つの背景要因が複雑に絡み合う形で生じてきたといえる．では，他方の〈言説〉面での排除はいかにして生まれてきたのか．すなわち，若者の間に非典型労働者や無業者が増加してきたことを，若者自身の職業意識や就労意欲の不全に求める見方は何に由来するのか．これについても複数の背景要因が合流していると考えられる．厳密にデータで立証することは難しいため推測を交えつつ考察するならば，過去から継続して観察される要因と，90年代以降に固有の要因とをあげることができる．

　まず過去から一貫して日本でみられる特徴は，物事を精神論的ないし努力主義的に説明しようとする傾向と，若い世代に見出される新奇な傾向を否定的に論う傾向である．前者については，第二次世界大戦時の「国民精神総動員」や「誰でもやればできるんだ」という「能力平等観」(中根，1967)，学力は生まれつきの能力ではなく頑張りによって向上させることができるという学習文化(竹内，1995)，さらにはいわゆる「スポ根」ドラマなどに典型的に見出される．また後者は，50年代の「太陽族」，60年代の「全共闘世代」と「フーテン族」，70年代の「シラケ世代」や「モラトリアム人間」，80年代の「新人類」や「クリスタル族」，「おたく」などのように，日本社会は各時期ごとの若者の特徴，とくにその意欲や気力の希薄さや享楽主義，逸脱的傾向などをクローズアップして揶揄するキーワードを生み出し続けてきたことを指している．これらが90年代以降の「フリーター」「ニート」にも当てはめられたという側面はあるだろう．

　しかし90年代半ば以降の「若者バッシング」は，こうした過去からの若者論よりもいっそう厳しいまなざしを若者に対して向けるものであった．その理由はまず何よりも，高度成長期以降の日本社会において若者は労働市場内で相対的に有利な位置を享受し続けてきたのに対し，90年代には〈現実〉面での若年雇用問題がかつてなく深刻になったということそのものにあると考えられる．未曾有の事態に対して従来通りの精神論的な若者批判が適用された結果，〈言説〉上の排除が苛烈なものになったという面は否定できないと考えられる．

しかしそれだけでなく，90年代以降には長期不況にともなうリストラや多数の企業不祥事の発覚，インターネットや携帯電話の爆発的な普及，オウム真理教による地下鉄サリン事件など，安定的な日常生活を脅かすように感じられる多くの変化や事件が生じ，それらが人びとの不安を昂進させるように働いていたということも重要である．人びとはそうした不安の原因を社会のなかの特定の層に帰属させ，それを批判したり排斥したりすることによって軽減しようとする（内藤，2006；芹沢，2006）．「きちんと働かない」若者は，年長者にとって不可解な存在であることから，そのような批判や排斥の恰好の対象とされたと考えられる．

しかも，このことと関連するが，90年代は「心」への注目がきわめて高まった時期でもある．個人化や不平等化，競争激化など，個人を取り巻く社会環境の厳しさが増大するなかで，個々人の「心」のあり方に注目し，それに介入したりケアしたりすることで社会適応を促そうとする動きが顕在化している事態は，「心理主義化」と呼ばれている（小沢，2002；小沢・中島，2004）．客観的な労働市場構造ではなく若者の内面がことさらに着目された背景には，こうした「心理主義化」の趨勢も関係しているであろう．

さらにいえば，政府や財界にとって，若者の職業意識に若年雇用問題の原因を帰しておくことは，もっとも安価で容易な対応策でもあった．新自由主義，市場至上主義，規制緩和が露骨に掲げられ，政府財政の破綻も明らかである状況下では，企業の採用や雇用の方針に対して強力に介入したり，費用のかかる諸制度や機関を整備したりすることを回避する上で，問題の「自己責任」化による若者の〈言説〉的排除は，都合のいい方策であった．また，マスメディアにとっても，親や若者の間に危機意識を煽り「不安市場」ともいうべきものを形成することが，業界全体にとって利益をもたらしていたと考えられる．

これらの輻輳的な諸要因が，若者の〈言説〉面での排除へと合流していたものと思われる．そして，若者を否定的に記述する〈言説〉は，企業の採用意欲，とりわけ非典型労働や無業の経験をもつ若者の登用意欲をいっそう減退させることによって，〈現実〉面での排除を促進する働きももっていた．厚生労働省

が2004年に実施した「雇用管理調査」においては，フリーターを正社員として採用することに消極的な企業があげた理由の1位は「根気がなくいつ辞めるかわからない」(71%)，2位は「責任感がない」(51%)であり，ここには「フリーター」に対するステレオタイプ的な〈言説〉が直接に反映されている．このように，若年労働市場における二重の排除は，互いに悪循環をなす形で，若者の苦境を増幅させてきたのである．

5 二重の排除を超えるために

それでは，以上で述べてきた若年労働市場における〈現実〉と〈言説〉の二重の排除に対して，いかなる取り組みが必要であり可能なのか．

すでに述べたように，〈言説〉面では2000年代半ばから対抗言説が相当の厚みをもって登場していることにより，若者の職業意識のみによって若年雇用問題を説明するような見方が，少なくとも政策文書やマスメディアのなかではやや後退している．ただし，それに代わってとくに教育分野では安倍政権下の教育再生会議などを中心として「徳育」を強調する動きが顕在化しており，雇用問題に限定しない形での「心」への介入や監視が積極化している．これは公定の「良い心」に従わない者に対していっそうの排除を生み出すことが懸念される．これに限らず，社会のなかに次つぎにバッシングする対象層を見つけ出し，〈言説〉上で排除してゆく動きは広く見出される．それゆえ，個別の事例に対して対抗的言説を生み出していく運動が引き続き必要であるだけでなく，そうした問題構築と排除の構造そのものを可視化し抑制してゆくことが，今後はいっそう重要になってゆくだろう．

他方で，若年労働市場における〈現実〉面での排除に関しては，いまだ大きな課題が残されている．2007年6月19日に発表された経済財政改革基本方針（いわゆる「骨太の方針」）においては，若年雇用問題に関連する施策として，協力企業等による「職業能力形成システム」および大学・専門学校等における「実践型教育システム」を通じた職業教育訓練機会の提供と，「ジョブ・カー

ド」を通じた取得能力の証明，地域における若者への再チャレンジ支援（①すべての若者に対応，②1人の人があらゆる悩みに対応，③アウトリーチ（訪問支援），④ネットワークの構築，⑤早期の対応，という5原則に基づくとされる），「キャリア教育等推進プラン」などが挙げられている[8]．

　これらの施策は，2003年度から2006年度にかけて実施された「若者自立・挑戦プラン」（2004年度からは「若者の自立・挑戦のためのアクション・プラン」）と同じく，「若者たちの意識や能力に"テコ入れ"を施し，緻密なジョブ・マッチングを行うことで，なんとか若年雇用問題に対処していこうとする——そこでは，当然，『意欲』と『能力』という競争主義的なふるいを通じて，『自己責任』として"救われない"若者たちも残り続ける——」（児美川，2007：128）という限界を免れていない．「ジョブ・カード」などの施策も，企業が現在の採用や雇用のあり方を変えない限り，その有効性は疑わしい．

　そのような限界をもつ現行の施策に代わるものとして実際に求められているのは，第1に，典型労働（正社員）と非典型労働の採用のあり方および採用後の働き方や処遇を，いずれも適正（decent）なものにしてゆくことにより，両者の分断や格差を緩和すること，第2に，労働市場に出る前の学校教育において，現在の「キャリア教育」のような適応主義的かつ精神主義的なものではない実質的な職業能力形成を現状よりもはるかに拡充すること，第3に，能力形成と就労支援のみならず，若者全般に対する「人生前半の社会保障」（広井，2006）を整備すること，であると考えられる．

　より具体的に述べるならば，第1の点に関しては，まず非典型労働や無業の経験をもつ者に対する採用差別に対して，罰則をともなう形での禁止を企業に課すべきである．それは裏を返せば，新規学卒者を優先的に一括採用する旧来からの慣行に対しても，メスを入れることにならざるをえない．筆者自身は，学校教育在学中に多大な時間とエネルギーを就職活動に注がなければならない現状の問題点も考慮して，在学者に対する募集や選考の禁止，一括ではない随時採用の導入，選考基準の明確化と不採用の場合の理由の明示を義務化することが望ましいと考えている．さらに，採用後についても，典型・非典型間の均

衡処遇の完全実施，社会保険負担も就労密度による線引きなく普遍的に適用すること，典型労働者の過度の長時間労働の罰則付き禁止などが求められる．要するに，現状では典型と非典型の間に，前者は一定の雇用の安定を保証する代償として極限までの貢献を求められ，後者はきわめて不安定な雇用と低賃金を課されるという形で，明確な格差と断層および移動障壁が存在しているが，両者を連続的なものとし，個人が希望する労働時間を柔軟に選択でき，それによって不利を被らないような処遇制度を導入する方向へと，企業を強力に誘導してゆく必要がある．

また，第2点目については，主に高校教育以上の教育段階において，個々の職業分野・専門領域の実態に即したレリバンスの高い教育内容を編成してゆく必要がある．日本の現状では高校生の4分の3までが普通科に在学しているが，高校普通科の教育内容は抽象性が高く，職業や社会生活に対するレリバンスは欠落している．他方で，高校の専門学科は不当に低い社会的評価を与えられており，進学機会も過去よりは拡大しつつあるとはいえまだ普通科に比べて閉ざされがちである．筆者は，高校別に特定の領域やテーマに重点化した教育内容の特色化を進め，現実の職業や社会生活に対するレリバンスを明示することにより，生徒の学習意欲や関心を引き出すことが必要であると考えている．これは言い換えれば，すべての高校を一定程度，専門高校的性格をもつものとしてゆくことに等しい．むろん，特定の領域やテーマに特化するといっても，それはあまりに狭く袋小路的な教育内容であってはならず，領域やテーマを切り口・入口とした上で，より普遍性と抽象度の高い知識へとつなげていくことが不可欠である．さらに，高校で学んだ領域やテーマによって将来の進路が制約されることのないよう，進学や就職に際して他領域への転換や展開のルートを制度的に確保しておく必要がある．

大学についても，現状では専門職養成と直結した学部・学科以外は，学生の将来の職業キャリアを意識した教育内容編成にはなっていない場合が大半であるが，たとえば社会科学系であれば広報・人事労務・マーケティング・コンプライアンスなど，現実の職業分野により即応した学科・コース分けを導入する

第5章　若年労働市場における二重の排除

などの改革が必要であると考えられる．このように高校や大学の教育内容の職業的レリバンスを高めるということは，単に産業界の現状に適応・追随する人材を育てることを目的とするのではなく，現在の問題点や将来の方向性などをメタ的視点で把握し変革してゆくことができる人間像の育成を想定して進められるべきである．加えていえば，すべての職業に共通して必要とされる知識，たとえば労働者の権利や企業が遵守すべき法律などについての知識も，教育内容に盛り込まれる必要がある．

　こうした職業的レリバンスの高い学校教育をベースとして，離学後も個人の必要に応じて職業的な知識やスキルを低廉な費用で更新・発展・転換することのできる機会が大幅に拡充されることが求められる．

　そして第3点目については，もっともドラスティックな施策としては，近年注目されているベーシック・インカムがあげられる．筆者はこれに対して否定的な見解をもつものではないが，その一挙の導入が非現実的であるとすれば，より現実的な施策として，就学や教育訓練受講に対する費用的支援（学費および生活費）の拡大，従来は雇用保険の対象外であった若年求職者に対しても失業手当を給付すること，親元から独立する際の住宅費補助など，若年者を対象とした社会保障の拡充を提案したい．イギリスではチャイルド・トラスト・ファンドのように，資産の再分配を通じて，人生の初期における若者のさまざまな試みや挑戦のための元手を確保する政策が実際に導入されている．不安定な状態に置かれ，かつ自前の資源を欠く場合が多い若者を援助するための公的な福祉の重要性が，日本でもより認識されるべきである．

　さらには，行政を通じた「上からの福祉」だけでなく，居場所を見失いがちな若者が精神的な安定や帰属感を得ることができるような多様な場や組織・機関が，草の根的な「下からの運動」として，社会のなかに厚みをもって存在するようになることも重要である．

　これらの実質的な諸施策により，若者が〈現実〉面でも〈言説〉面でも社会から排除されることなく，安心感と自尊心を保ちつつその潜在的な可能性を発揮してゆくことができるような社会を構築してゆくことが期待される．そして，

いうまでもなく，こうした基本姿勢は，単に若者のみならず，社会に生きるすべての個人に対して向けられるべきものである．

(本田　由紀)

【注】
1）2007年6月18日付『朝日新聞』朝刊3面「過労　崩れる30代」より．
2）政府による97年以前の「フリーター」推計人口は，男性雇用者については継続就業年数を1〜5年未満に限定するなど，2002年以降の定義とはやや相違があるため完全には接続していない．
3）2005年までの数値は『平成18年版　労働経済白書』，2006年の値は2007年3月2日公に総務省統計局が公表した労働力調査詳細結果（平成18年平均）より（http://www.stat.go.jp/data/roudou/sokuhou/nen/dt/pdf/ndtindex.pdf）．
4）『平成18年版　労働経済白書』p.189を参照．
5）上記注3）の労働力調査詳細結果より．
6）上記注3）の労働力調査詳細結果より．
7）『平成18年版　労働経済白書』pp.22-23．
8）http://www.keizai-shimon.go.jp/minutes/2007/0619/item1.pdf 13

【文　献】
雨宮処凛，2007，『生きさせろ！』太田出版
浜井浩一・芹沢一也，2006，『犯罪不安社会』光文社
樋口明彦，2006，「若者の『自立』を解体する」『現代思想』Vol.34-14
本田由紀，2005，『多元化する「能力」と日本社会』NTT出版
本田由紀，2006a，「『現実』―『ニート』論という奇妙な幻影」本田由紀・内藤朝雄・後藤和智『「ニート」って言うな！』光文社
本田由紀，2006b，「若年層の雇用の現状と課題」樋口美雄・財務省財務総合政策研究所編著『転換期の雇用・能力開発支援の経済政策』日本評論社
岩田正美，2007，『現代の貧困』筑摩書房
城　繁幸，2006，『若者はなぜ3年で辞めるのか？』光文社
門倉貴史，2006，『ワーキングプア』宝島社
香山リカ，2004，『就職がこわい』講談社
児美川孝一郎，2007，『権利としてのキャリア教育』明石書店
熊沢　誠，2006，『若者が働くとき』ミネルヴァ書房
宮島　理，2007，『就職氷河期世代が辛酸をなめ続ける』洋泉社
内藤朝雄，2006，「『構造』―社会の憎悪のメカニズム」本田由紀・内藤朝雄・後藤

和智『「ニート」って言うな！』光文社
中根千枝，1967，『タテ社会の人間関係』講談社
中野麻美，2006，『労働ダンピング』岩波書店
小沢牧子，2002，『「心の専門家」はいらない』洋泉社
小沢牧子・中島浩籌，2004，『心を商品化する社会』洋泉社
労働政策研究・研修機構，2006，『大都市の若者の就業行動と移行過程』労働政策研究報告書 No.72
芹沢一也，2006，『ホラーハウス社会』講談社
竹内 洋，1995，『日本のメリトクラシー』東京大学出版会
Young, J., 1999, *The Exclusive Society*, SAGE Publications.（青木秀男ほか訳，2007，『排除型社会』洛北出版）
湯浅誠・仁平典宏，2007，「若年ホームレス」本田由紀編『若者の労働と生活世界』大月書店

第6章　ホームレス「問題」の過去と現在
——「包摂—排除」論をこえて

> **要約**
>
> 　1990年代後半期の日本において，いわゆる「ホームレス」と呼ばれている人びとの出現が大きな社会問題として浮上した．本章はこのホームレスの出現という出来事を，高度経済成長と「豊かな社会」日本をその基底において支えてきた，「寡占体制」あるいは「フォーディズム体制」の終焉という巨大な社会変動のひとつの兆候的なあらわれとして読み解こうとするものである．またそれは同時に，「古典的な」排除と包摂のメカニズムの終焉とそれにかわる「新たな」資本蓄積（搾取）様式の出現をも開示しているということを明らかにする．
>
> **キーワード**：ホームレス，寄せ場，都市下層，寡占体制，フォーディズム，豊かな社会，排除と包摂

　　　　　どうしてこれまで静かに死者を守ってきた墓が，
　　　　　その重い大理石の口を開いてふたたび死者を吐き出したのか？
　　　　　　　　　　　　シェイクスピア，『ハムレット』，第一幕第四場

1　はじめに排除があった

　隅谷三喜男は，1967年という比較的早い時期に，日本の高度経済成長とともに顕著となってきた労働者階級の「中間層」化という現象について，「労働者も全体として見れば，寡占体制下に包摂されて，その間の対抗関係は表面化しえないでいる」と述べつつ，同時に，この中間層化した「豊かな労働者」の誕生のいわば裏側で，寡占体制の枠組みからあらかじめ排除された労働者部分（都市の下層労働者）もまたうみだされていたという事実に注目して，次のように述べている．

もっとも，労働者のなかで，日雇・臨時工と呼ばれ，「他に分類されない単純労働者」と呼ばれている層は，その消費水準の低さにも示されるように，「中間層」化しえない，やや異質的な存在である．その矛盾の集中的な表現が釜ヶ崎の騒擾というような姿をとるのである．それは寡占体制の枠のなかに入れない都市雑業層の底辺部分なのである．この層は高度成長の過程で良質の労働力を吸いあげられ，中高年層を中心とする停滞的過剰人口として，むき出しの姿を示している．（隅谷，1967：31）

戦後の日本社会が「豊かな社会」として自らを確立していく過程は，一方では，労働者階級の主流（多数派）が「寡占体制下に包摂」されて「豊かな労働者」として中間層化していく過程であったと同時に，もう一方では，寄せ場（たとえば釜ヶ崎）の日雇い労働者に代表されるような「都市雑業層の底辺部分」が，豊かな生活の基盤である寡占体制への参入を阻まれ，そこから排除されて，中間層化しえない「やや異質な存在」として析出される過程でもあった，ということを隅谷は指摘しているのである．総体としての労働者階級を寡占体制の内側と外側へと振り分けるこの包摂と排除のメカニズムは，その後長期にわたって，「寡占体制下に包摂」された日本社会の多数派の「幸福」（と同時に安定的な資本蓄積）を担保する，もっとも基底的なメカニズムとして作用し続けてきたといえるだろう．少なくとも，1990年代初頭までは，そうであったはずである．

そして，事態が順調に推移しているあいだは，すなわち労働者の多数派の「幸福」と資本の安定的蓄積が相互補完的に維持されているあいだは，寡占体制の外側に排除された少数派としての都市の下層労働者ついて，彼らの労働と生活における困難や苦痛が，その被排除の側面から真剣に論じられることはなかったし，そもそもにおいて注目されることさえもが少なかったようだ．隅谷が「その矛盾の集中的な表現」ととらえた「釜ヶ崎の騒擾」も，当時はもっぱら治安の観点から問題とされたのであり，その問題化の背後にあったのは，釜ヶ崎（寄せ場）を一般（市民）社会から隔絶された「特殊空間」とみなし，そ

こに生きる労働者を「危険な階級」と見る，差別と偏見のまなざしであって，そこに社会の矛盾や歪みを見て取ろうとするような姿勢は希薄であった．たとえば当時の大阪府知事は釜ヶ崎を指して「当該地区は浮浪者，刑余者など社会的落伍者の全国的なふきだまりとして一般社会から孤立した特殊な地域を形成し常に犯罪的温床」であると言い放ったのだが，このような見方こそが一般的であり常識でさえあっただろう．一方ではときとして，このように恐怖と忌避の対象として過剰に露出せしめられつつ，しかし常態においては，その現実がほとんど無視された不可視の存在として，都市の下層労働者はあった．すなわち，「総中流化」社会——本当はけっして「総」ではなかったのだが——の成立と表裏をなして排除的に創出された都市下層は，そのリアルな認識を阻まれたまま，しかし資本蓄積にとっての必要不可欠の部分として，すなわち過剰人口（労働予備軍）のプールとして，寡占体制の外側に，隠蔽的に接合されていたのである．戦後の高度経済成長という資本の強蓄積過程において，資本の要請にもとづいて，それゆえなかば意図的かつ政策的に，労働者階級の一部分が寡占体制の外側へと排除された——と同時に最底辺の労働予備軍としてはタイトに接合された——ということ，このことがまず第一に確認されなければならない．そしてこのような包摂と排除のメカニズムによって維持されてきた労働力（者）の差別的な配置の構造が，1990年代に入って大きく変容しはじめるときに，この「隠蔽された外部」に押し込められていた都市下層（の一部）がホームレスとして都市の中心部に姿をあらわすことになるのだが，これはもう少し後の話である．

2 私たちの「幸福」のために……

　都市下層の排除と不可視化の社会的な仕組みは，ただたんに資本による労働予備軍の搾取と管理のためという経済的な機能を果たしたというだけではない．それは同時に，寡占体制の内側へ包摂した多数派の人びとを，「豊かな」日本社会へと統合するために不可欠な，ひとつのイデオロギー装置としても機能し

た．それは寡占体制の内側にある矛盾や葛藤をそこに生きる人びとの目から覆い隠し，さらには多数の人びとに日々の「幸福」の実感をさえ提供する，そのような装置としても機能したのである．たとえば市村弘正は，「幸福をその決定的な存在理由としている社会」においては，排除された都市の下層貧民の存在とその可視化は，「その（幸福という）存在理由への疑いを体現する不穏な『欠陥』部分」であるがゆえに，「忌わしい過去や思い出したくもない記憶」として，「幸福」な人びとの日常的な社会認識の領域から排除されなければならなかったということを指摘して，これを「『貧民』の視界からの脱落」と表現した．

> 「貧民」の視界からの脱落，あるいは異物に対するようなその感覚態度は，おそらく自己が属する集団の「豊かさ」における一体感にもとづいている．豊かさなるものの中身ではなく，それとの同一性の感覚こそが最大の関心事なのであり，それを形づくる上で「同一ならざる」存在としての貧民は排除されざるをえないのである．かくして「飢民」や「難民」も，自己の一体感を補強する適度な距離に配置された，非日常的な点景を構成するものとなる．……（市村，1987：97）

寡占体制下へと包摂された人びと（労働者階級の多数派）の日常の生活感覚において，「豊かな社会」日本のリアリティが確認・納得されうるためには，そしてそのような「豊かさ」における「一体感」にもとづく「同一性の感覚」が維持されうるためには，暗黙の対照的参照項としての外部の他者が，すなわち「あちら側」に配置された「不幸を背負った人間たち」（市村，1987，同上）が必要であった，ということなのである．「幸福な」私たちと「不幸な」彼らを隔てる境界線の内側に自足（自閉）して，その外側にある彼らの現実を「異物」と見る——と同時にそこから目をそむけて見ないふりをする——，そのような多数派としての私たちの「感覚態度」においてこそ，寡占体制下の「豊かさ」は実感されえたのであり，そして，こうした日常的な社会認識の下限を画

する境界線をけっして踏み越えないことによってのみ，豊かな社会の「幸福」と「安楽」もまた納得され，維持されえたのである．かくして，排除された都市の下層労働者とその姿形（フィギュア）は，私たちが自らの自己同一性（アイデンティティ）を確認し，日々の「幸福」を納得するための，「構成的外部」という役割をも背負わされて，寡占体制の秩序を維持するためのイデオロギー諸装置のなかに，「非日常的な点景」として組み込まれていたのである．

とはいえ，このようにして維持されている寡占体制下の「幸福」とは，澁谷望が指摘しているように，「けっして自然な『成長』の副産物などではなく，人為的，政治的な排除がその中心に刻印されている」（澁谷，2005：75）のであるから，その「幸福」は不可避的にその根底に「トラウマ」を抱え込まざるをえない．そしておそらくは，この排除に付随する「トラウマ」が，後に，すなわち「ホームレス問題」によって自らの「幸福」が脅かされはじめた（と感じた）ときに，市民のホームレスに対するほとんど反射的とも見える嫌悪と恐怖というかたちで回帰することになるのである．いずれにしても，排除された人びととその現実は，そして排除の痕跡そのものも，豊かな社会日本（とそこにおけるの市民の生活）のアイデンティティと正当性を脅かす，危険で「不穏な」現実であったのであり，それゆえ，それらは厳重に封印され，不可視の場所へと隔離されなければならなかったのである．

3 「亡霊登場」

それにもかかわらず，すなわちその厳重な隔離と封印にもかかわらず，それ（排除された都市下層の現実）は，はからずも今頃（1990年代中頃）になって，都市のホームレスというかたちであからさまに露出しはじめた．寡占体制の外側へと排除され，そしてそのように外側に位置せしめられることによって，資本主義経済の暴力的メカニズムにむき出しでさらされ，「良質の労働力を吸いあげられ」た挙句に廃棄されてしまった（はずの）「やや異質的な」労働者層（の残骸）が，突如（と私たちには知覚された），1990年代後半に，あたかも亡

霊のように，日本の大都市の中心部に大挙して姿を現した．これがいわゆる「ホームレス問題」の初発である．排除されたはずの都市下層民の時ならぬ，そしてこともあろうか都市の中心部への，出現というこの事態は一体何を意味しているか，どのように解釈されるべきなのか．

端的にいえば，現在の私たちの社会において，ホームレスとは亡霊（的存在）である．岩田正美は「現代における『ホームレス』や『アンダークラス』の問題は……『隠された』人々が，隠される場所すら失って，可視的な形で出現した」（岩田，2000：32）ものだと述べているが，生き延びていくための，そしておそらくは死んでいくための，最後の場所であったはずの「隠される場所」からも追放されて，文字どおり都市を彷徨うしかなくなったホームレスは，やはり亡霊と呼ぶしかないのではないか．

寡占体制下の「幸福」のシステムからはあらかじめ排除され，しかしそれでも労働力としては十二分に活用（搾取）され（つくし）て，その挙句に労働力としてさえも無用化されてしまった人びと，まず最初はこのような人びとがホームレスとして私たちの目の前に姿をあらわした．具体的にいえば，彼らは「排除された人々を引き受け，そこに隠蔽あるいは隔離する特殊空間」（岩田，2008：109）のひとつである（あった）「寄せ場」を脱出した，あるいはそこから追放された，（元）失業日雇い労働者であった．排除と隠蔽のメカニズムによって，「幸福な」私たちの視界から一掃されたはずの「不幸を背負った人間たち」の一群が，私たちの「幸福」をもっとも華やかに体現しているはずの消費空間という都市の中心部に突如として出現したのである．澁谷の表現を借りるならば，「そう遠くない過去に排除した亡霊の回帰」（澁谷，2005：75）として，ホームレスは姿をあらわしたのであり，それゆえこの事態が私たちによってまさに時ならぬ「不穏な」事態として，恐れと不安をともなって知覚され，一種のパニック状態をさえ引き起こしたのも当然ではあった．

有体にいえば，1990年代後半に都市に姿をあらわしたホームレスが，とりたててなにか具体的な危険や問題を引き起こしたわけでもなければ，またその数が許容範囲をこえていちじるしく膨大であったというわけでもなかった．せ

いぜいその「被害」はといえば，街のあちこちに弱々しく無言でうずくまる中高年の男たちの姿が「街の美観」をそこねている，といったささいなものでしかなかっただろう．それゆえ，問題はおそらく，都市にホームレスが姿をあらわし，そこかしこの隙間にひっそりと住みついたということそのものにあったのでは・ない・．そうではなく，それが「幸福な」私たちにとっては，あるいは，この私たちの「幸福な」世界の内部においは，「あるはずのない」もしくは「あってはならない」現実の露出であったがゆえに，ホームレスはあのように過剰とも見えるほどの危機意識に満ちた社会的関心を呼び覚まし，その実際の「被害」とは不釣り合いなほどに大規模な社会的リアクションを引き起こしたのではないか．すなわち，私たちは無意識のうちに，そしておそらくは正・し・く・も，ホームレスの出現をひとつの兆候あるいは症候として読み取ったのであり，みじめで弱々しい実際のホームレスの姿の背後に，なにかある不穏なもの，禍々しいものを感じ取ったにちがいないのである．それはまさしく，「やがてきたるべき凶事の序曲として」（シェイクスピア，1983：16）予感されたのだが，しかし今から振り返ってみるならば，その「きたるべき凶事」の本当の正体はいまだ不分明なままにとどまっていた．しかしそれでも，このホームレスの出現によって，「不幸な」都市の下層貧民と「幸福な」私たちを画然と分離していたはずのあの境界線が徐々に崩れはじめていること，このことだけは誰の目にも明らかになったのである．

4 寄せ場もまた「人の生きていく場所」であったのだが……──

まず最初は，寄せ場の（元）失業日雇い労働者がそ・の・囲・い・を越えてホームレスとして都市の中心部に姿をあらわしたということ，このことがなにを意味していたのか，あるいはなにを予兆していたのか，もちろん今となってはそれは明白である──それとも，今やっと明らかになった，というべきか．その出来事が兆候的あるいは症候的に開示したのは，私たちの「幸福」と「安楽」の基盤であった，あの寡占体制が崩壊しはじめているという事実であった．

たしかに，寄せ場の日雇い労働者のホームレス化という事態を引き起こした直接の原因は，1990年代初頭のバブル経済崩壊以降，寄せ場の日雇い労働に対する求人水準が大幅に下落し，その結果大量の労働者が長期の失業状態に追い込まれたということである．そしてこの失業日雇い労働者がなんとか自力で生き延びていくために都市の中心部へと脱出した，というのが事のおおまかな推移であった．しかし問題は，この寄せ場の求人水準の急激かつ大幅な下落という事態が，通常の景気の変動（悪化）によってもたらされた一時的なものではなく，むしろそれは，長期的には寄せ場そのものの「解体」へと至るような，その構造的な変容のあらわれであったということである．

　もともと寄せ場の日雇い労働者にとっては，通常の景気変動や季節的な仕事量の変動によって周期的に襲ってくる一時的な失業と，その失業状態を乗り切るための一方策としての野宿（アオカン）は日常茶飯事であり，常態でさえあった．それは寄せ場の成立以来ずっとそうだったのであり，寄せ場における生活とは，本来的に，そのような一時的な失業や野宿をもあらかじめ組み込みつつ，成立していた．それゆえ，そのような常態的な失業によって労働者が寄せ場の外へと流出することはなかった．なぜなら，寄せ場は労働市場であると同時に，彼らの「生きていく場所」（岩田，2000）でもあったのであり，それゆえそのような外的な変動に対する一定の耐性をも備えていたのだから．

　寄せ場もまた，そこが寄せ場——すなわち総体としての日本の労働市場の最底辺に位置づく日雇い労働市場——として機能しうる限りにおいてではあるが，ひとつの人びとが「生きていく場所」であった（ありえた）ということ，このことも忘れられてはならない．寄せ場は，その労働市場という機能（役割）において寡占体制に従属的に接合されつつ，同時に，その機能に完全には還元されえない，人びとの「生きていく場所」であるということによって，寡占体制から一定自立した場所でもありえたのである．

　寄せ場が安価で使い捨て可能な単純労働力の集積地として，あるいはそのような労働力を売買するための労働市場として，そしてそのような労働力を管理・保全するための労務統括機構として，いわば寄せ場の外側からの力（資本

第6章　ホームレス「問題」の過去と現在

の力）によってつくりあげられてきた場所であるということは事実である．しかしこのような寄せ場の「正史」の裏側には，同時に，そのような外側からの力に抗して，そこを自分たちの生活空間として，すなわち「生きていく場所」として，内側から作りかえていく（いこうとする）労働者の営為もまた途絶えることなくあったのであり——いわゆる「暴動」はそうした営みの最も激発的な表現であったともいえるだろう——，それゆえ寄せ場は，このような外側からの力とそれに抵抗する内側からの力という，2つの力がせめぎ合う場としてあったのである．

　たしかに，失業や野宿を避けえない寄せ場の（日雇い労働者の）生活の基盤はきわめて脆弱であり，またそのかたちも不定形・不安定で，『普通の市民』のそれとは大きく異なっている．私たちの常識的な生活感覚からすれば，それは逸脱・偏奇のそれであり，それゆえ，「まともな人間」の「まともな生活」とは到底見えないかもしれないが，しかしそれでもやはり寄せ場は都市の下層民の「生きていく場所」なのである（あった）．たとえば，寄せ場（釜ヶ崎）から外の飯場へと「出張」に出ていた労働者の多くが盆と正月には律儀に寄せ場へと帰ってくるのだが，このことは寄せ場が彼らにとってはやはり何ほどかホーム（のような場所）であった（ありえた）ということを物語っているだろう．そこには気心の知れたツレやダチとのそれなりに濃密な人間関係があり，また労働者相互の支え合いのネットワークもさまざまにあり，さらには，ときとして陥る困難な状況をなんとか生き延びる（しのぐ）ために利用可能な，公式・非公式の社会的資源の多様な蓄積もあって，総じていえば，寄せ場は労働者が「安心」することのできる場所だったのであり，そのような意味において，やはりそこは彼らの「生きていく場所」でありホームであった（ありえた）のである．

　しかし，1990年代中頃から，多くの失業日雇い労働者がこの「生きていく場所」としての寄せ場を捨てて外へと脱出しはじめた．あるいは脱出しなければならない状況に追い込まれていった．それは，その頃から，寄せ場が彼らにとって「生きていく場所」ではなくなりはじめたからである．その脆弱で不安

定な「寄せ場の生活」でさえも維持することができないような状況が出現したのである．その原因は明らかで，寄せ場（釜ヶ崎）が寄せ場（日雇い労働市場）として機能しなくなりはじめたからである．彼らは寄せ場の「衰退」を敏感に感じ取って，そこから脱出しはじめたのである．寄せ場が労働市場であることによってもたらされるさまざまな困難に対しては執拗に抵抗し，その生活空間を維持してきた寄せ場の労働者も，そこが労働市場ではなくなれば，もはやそこを捨てざるをえない．そこは彼らの「生きていく場所」ではなくなったのである．

5 寄せ場が都市の全域に広がった

　寄せ場の「衰退」という趨勢は，同時に，寄せ場をもその必要不可欠な一構成要素として組み込みつつ成立していた，あの寡占体制下の労働市場総体の「変容」のひとつのあらわれでもあった．下田平裕身は「伝統的な意味での寄せ場の規模が縮小している」という寄せ場の現実と日本社会全体における「多種多様なパート・臨時・アルバイト型の労働需要のものすごい量と広がり」（下田平，1988：74-88）という寄せ場の外の現実が同時的に進行しているということに注目して，労働市場としての寄せ場の衰退と日本の就業構造総体の不安定化・流動化とのあいだに相補的な連関が潜んでいることを指摘した．労働市場としての寄せ場が衰退しはじめたのは，直接的には，もはや資本がそのような場所を，すなわち安価でいつでも使い捨て可能な労働力──いわゆる「フレキシブルな」労働力──の局地的なプールを，必要としなくなったからなのだが，この寄せ場の労働力への需要の減少は，労働市場総体の構造的変容──とそれを引き起こした資本の蓄積様式の根本的な変容──と密接に結びついていたのであり，そのローカルな表現であったということなのである．
　寄せ場の労働力への需要の減少は，そのようなフレキシブルな労働力そのものに対する需要がなくなったことを意味しているのではまったくなかった．むしろ逆である．そうしたフレキシブルな労働力に対する資本の需要の「ものす

ごい量と広がり」こそがはじまっていたのである．労働市場としての寄せ場とそこにプールされている労働力が必要とされなくなりはじめたのは，フレキシブルな労働力に対する資本の需要が，もはや寄せ場という局地的に制度化された労務供給機構が応えることのできる範囲をはるかにこえて拡大しはじめたからである．寡占体制の外側に構築・制度化された部分的労働市場としての寄せ場は，あくまでも，内側における「安定した」就業構造を補完するための予備的・追加的な労働力のプールであり，それゆえ，内側の「安定」があってはじめて，寄せ場もまた「安定」して存在しえた．すなわち，すでに指摘したように，寄せ場は，総体としての労働者階級を，内側の「安定」した多数派と外側へと排除された「不安定」な少数派へと振り分ける，あの包摂と排除のメカニズムによってうみだされたものであり，そうしたメカニズムによって支えられた寡占体制の下でのみ，すなわち内側を補完する外側としてのみ，存在しえたのである．

　いくらか逆説的に聞こえるかもしれないが，資本による「多種多様なパート・臨時・アルバイト型の労働」に対する需要が爆発的に拡大したことが，もっぱらそうした労働力を提供してきた寄せ場を衰退（無用化）せしめたのである．そのようなフレキシブルな労働力が予備的・追加的に需要されている限りでは，寄せ場はそのような労働力の供給基地として，寡占体制の外側にそれなりに安定的かつ特権的に位置づくことができたのだが，今や資本の蓄積様式が大きく変化して，フレキシブルな労働力への需要こそが一般的・常態的なものとなったのであり，そうなればもはや寄せ場は，そのような拡大した需要に応えることは到底できないのだから，その給源は他に見出されなければならないことになる．すなわち，局所的な寄せ場の労務供給能力をはるかにこえて拡大し，一般化・常態化したフレキシブルな労働力への需要を満たす給源は，いまや外側の寄せ場にではなく，内側に構築されなければならなくなったのである．そして事実，寡占体制の内側において，そうした資本の必要を満たすべく「構造改革」がはじまったのである．すなわち，資本は戦後の高度経済成長を支えたあの寡占体制という枠組みを自ら放棄したのである．

このような「改革」の結果もたらされたのが，内側そのものの——ということは社会総体のということである——寄せ場化という事態である．資本はかつての資本蓄積の社会的基盤であった寡占体制の内側をも寄せ場化する——すなわち安価で使い捨て可能な労働力の給源とする——ことによって，すなわち内側と外側の境界を消去することによって，新たな労働力調達の仕組みを構築しようとしはじめたのである．高度経済成長期の寡占体制は，「安定」した雇用は内側の多数派の労働者に，そして不安定な雇用と周期的かつ慢性的な失業は外側の少数の下層労働者に，といったように境界線の内側と外側とでまったく異なった差別的に序列化された雇用・就業構造を制度化し，そうすることによってシステムの統合と安定した資本の蓄積体制を確保してきたのだが，資本主義のグローバル化の進展とともに，こうした仕組みはむしろ桎梏と化してしまった．現在の資本に必要なのは，より少ない安定雇用（者）とより多くの不安定雇用（者）であり，そのためには労働市場は可能な限り平準化され，オープンにされなければならず，そこを労働者が資本の求めに応じて迅速かつ「自由」に移動・流動することができるようにされなければならない，というわけである．

　かくして私たちはふたたびあの「鳥のように自由なプロレタリアート（vogelfreie Proletariat）」の時ならぬ復活を目の当たりにすることになる．近年になって急激にその数を増しつつある多様なかたちの「非正規」雇用者がそれである．資本の都合に応じて就業と失業を間断なく繰り返し，転々と移動する低賃金労働者が，私たちの足下で大量にうみだされている．寄せ場の日雇い労働者に取って替わったのはこのような新たな都市の下層労働者である．

6　排除の終わり？

　包摂と排除の古典的な仕組みが無効となり，それにかわっていま姿を現しつつある，内と外の境界線を取り払われたフラットな世界を，たとえばネグリとハートは「グレーゾーン」と呼んで，次のように書いている．

第6章 ホームレス「問題」の過去と現在

……ポストフォーディズムの時代にあっては，かつて支配諸国の労働者階級の多くの部門が当てにできた安定し保証された雇用は，もはや存在しない．労働市場の柔軟性と呼ばれるものは，どんな職も確実ではないということを意味する．今や雇用と失業の明確な境界は消滅し，すべての労働者がその間を不安定な形で行ったり来たりするというグレーゾーンが大きく広がっているのである．（ネグリ&ハート，2005：220）

すなわち，「安定」と「不安定」とを──そして「幸福」と「不幸」とを──包摂と排除の境界線を挟んだ内側と外側に不均等・不平等に振り分ける，そのような寡占体制（あるいは「フォーディズム」体制）の基底的な仕組みが停止した結果として，そこに出現したのは，一方の極（「安定」と「幸福」）からもう一方の極（「不安定」と「不幸」）へと，2つの領域がシームレスに繋がってしまった「グレーゾーン」である．白と黒の二分化された世界から，両者が混ざり合った灰色の世界へ，比喩的にいえばこういうことになるのだろうか．いずれにしても，この「グレーゾーン」においては，もはやかつての「安定し保証された雇用」という「幸福」の基盤は原理的に存在しないのであり，その意味で，そこは多かれ少なかれ「寄せ場化」した世界である．そして，このように社会全体が寄せ場化すれば，もはや局地的に制度化された「伝統的な意味での寄せ場」は，そのフレキシブルな労働力の給源としての特権的な地位を喪失してしまう．寄せ場はその存在理由を失ってしまったのである．その結果，労働市場としての固有の機能を喪失してしまった寄せ場は，徹底的に無力化・無用化されて，高度経済成長の過程で「良質の労働力を吸いあげられ」て疲弊してしまった中高年の失業日雇い労働者の集積地にすぎなくなってしまった．労働力として自らを実現（販売）できなくなってしまった労働者は，私たちの社会（資本主義社会）では，いわば亡霊的な存在である．彼らは，その「生きていく場所」としての寄せ場を喪失し，まさに亡霊として都市を彷徨うしかなくなってしまった．1990年代中頃から私たちが目撃するようになったホーム

レスとはこのような人びとであったのである．

　寄せ場のその存立基盤である労働市場としての機能の弱体化は，不可避的に寄せ場の日雇い労働者からその「生きていく場所」あるいは「隠される」場所としての寄せ場を奪い，彼らをさらなる流動へと駆り立てることになった．そしてこのように，すでに寄せ場へと排除的に囲い込まれていた都市の下層労働者の，その寄せ場からのさらなる追放・排除——いわば二重の排除——の結果として，都市のホームレスが出現したのだとすれば，そのようなホームレスを「排除された者」と（のみ）見るのでは不十分である．なぜなら，彼らホームレスはこの二重の排除によって，「生きていく場所」「隠される場所」そのものを奪われてしまった存在なのだから．排除とはけっしてそのような最後の「生きていく場所」までも奪ってしまうのではない（なかった）．「生きていく場所」を奪うことは抹殺であり，そしてさしあたり，排除は抹殺ではない（なかった）．どこか外側に，排除された人びとがかろうじてではあれ，生きのびることができる「特別な」場所が用意されることによって，かつてのあの寡占体制の排除のメカニズムは作動した．しかし，「特別な」場所としての寄せ場を追われてホームレスとなった失業日雇い労働者は，そのようないわば最後の「生きていく場所」からも追放された人びとである．排除（と包摂）を可能とする社会の「安定」した仕切りが解除された結果，彼らはフラットな「グレーゾーン」に裸で放り出されたのである．

　過剰人口（追加的・予備的労働力）としての「経済的」効用さえも奪われてしまった，労働力の「残骸」ともいうべきホームレスは，現在の私たちの社会では，文字どおり徹底的に無用化されてしまった存在である．そのような彼らのために特別に用意された場所（リザベーション）はもはやどこにもない．わずかに残された生き延びるための方途（場所）は，「被救恤窮民」あるいは「福祉」対象者として，国家の「保護」下に潜り込むことかもしれないが，しかし，もはや現在では福祉国家もあらかた幻想でしかない．そもそも，いまや支配的となったネオリベ的な「自由競争」と「自己責任」のロジックからすれば，排除された人びとが「隠される」ための特別な場所（「寄せ場」「福祉施設」

「老人ホーム」「刑務所」etc）など，私たちの社会には存在してはならない――少なくとも「人の生きていく場所」としては存在してはならない――し，今なお残存するそのような古い既得権によって守られた特別な場所もむしろ一掃されるべきものである．すなわち，「いまや，まがりなりにも貧者を国家的にも社会的にも許容させた論理は，霧消した」のであり，その結果「貧者の辿りつくべき場所も用意されていない」（西沢，2005：93）ということなのである．それゆえ，彼らホームレスは都市のまっただなかに晒されて居座るしかないのである．たとえ，それが不法あるいは非合法的なものであり，そしてその行き着く先が無残な路上死であったとしても，そうなのである．

　そして，寄せ場を追われてホームレスとなった（元）失業日雇い労働者が，いわば過ぎ去った寄占体制の亡霊であるとすれば，その後の――すなわち「ポストフォーディズム時代」である現在の――あの「グレーゾーン」を漂流・流亡する都市の新たな下層労働者もまた，その「生きていく場所」をあらかじめ奪われているという意味において，亡霊的存在であり，そして都市の「野宿空間」（青木，2000：20）において，この新旧の「亡霊的プロレタリア」（平井，2005）が遭遇し，混じり合いはじめている，これがおそらく現在の状況であるだろう．

　この数年，いわゆる「格差問題」の延長線上で，若年の不安定就労者（派遣労働者やパートタイマー，アルバイターなど）や不安定居住者（マスコミ用語でいえば「ネットカフェ難民」に象徴されるような定まった住居を喪失した人びと）の存在がにわかに社会的な注目を集めて，社会問題化し始めているのだが，こうした都市の新たな貧困層（「ポストフォーディズムの時代」の貧困層）と，かつての寄占体制の時代を寄せ場（釜ヶ崎）に生きてきた古い都市下層が，ボーダーレスに拡大しつつあるあのグレーゾーンにおいて遭遇し，混ざり合い，融合しつつあるのではないか．ネットカフェ，24時間営業のファストフード店，サウナやカプセルホテル，自立支援センター等の施設，派遣労働の寮や飯場，公園，街路，そして建設現場や工場といった労働現場，すなわち「伝統的な」寄せ場の衰退・解体の裏側で，都市の全域にじわじわと拡大・浸透してきた寄せ

場ならざる寄せ場あるいはミニ寄せ場において，両者は混ざり合いはじめている．旧来の境界を越えて融合し始めた「新たなホームレス」の出現である．

かつて「寄せ場の社会学」を提起した青木秀男が「いまや，都市下層を寄せ場（労働者）に実体化して把える『寄せ場の社会学』は成立しがたくなった」（青木，同上）と書いたとき，彼が参照していたのはこうした現実であったにちがいない．たしかに，私たちの社会総体が，多かれ少なかれ，寄せ場的な状況を呈しはじめているのならば，もはや彼らの寄せ場はその「特権」を喪失し，ことあらためて「寄せ場の社会学」が論じられなければならない理由もなくなってしまうだろう．都市下層を論じるために境界線を越えて「あちら側」に出向く必要はなくなったというわけである．なぜなら，その現実はいまや私たちの足下にあるのだから．

7 「現実の砂漠へようこそ」

現時点から振り返るならば，1990年代の中頃から社会問題化した「ホームレス問題」は，いわば「豊かな社会」日本の「終りの始まり」を兆候的・症候的に開示していたということができる．それから10年以上を経過した現在，私たちはいまやはっきりと，この「豊かな社会」の後に続く社会のありようを認識することができるようになった．そこでは，もはやかつての「分厚い中間層」は存在しえないであろうし，それゆえそうした中間層の存在によって支えられていた「社会の安定」もきわめて不確かなものとなるだろう．そしてかつての排除された都市下層の現実は，いまや原理的に私たち（労働者）すべてにとっての現実ともなった．

そして，そのようにして現われてきた世界は，私たちにとっては，多分に不安と恐怖に満ちた世界でもあるだろう．そこは，資本の論理が一切の人間的な装飾を脱ぎ捨ててむきだしに貫徹している世界である．そこでの私たちは，つねにいく分かは「転落」の不安を抱えながら，そして「自由競争」や「自己責任」といった強迫的なメッセージに煽られ，追い立てられながら，日々の生活

第6章 ホームレス「問題」の過去と現在

をかろうじて支えるためにもがき，あがかなければならない，というのが大方の状況でもあるだろう．

　それはたしかに容易には受け入れがたい現実であり，その認識は私たち（多数派）を不安にさせ，憂鬱にもさせるだろう．それは見たくない現実である．しかし同時に，そこには解放へ向けての認識（の契機）もまたある．少なくとも私たちはいま，資本はけっして私たちを「幸福」にはしないということをしたたかに思い知らされている．そして，私たちと資本とのあいだのかつての「蜜月」は完全に終わってしまったということに，私たちはいまやっと気づきはじめてもいる．それは多大の苦痛や不幸と引き換えに得られた貴重な気づきであり，認識である．それゆえ，まずなによりもこの現実を確認することから出発しなければならない．このことの確認から出発しないかぎり，私たちはまたもや事態の本質を大きく見そこなってしまうだろう．私たちはこれまでいく度も見そこないを繰り返してきた．それも，いつも決定的な瞬間において．その結果，私たちは現在のような，もはやこれ以上は後もどりのできない，困難な状況に追い込まれてしまったのではないか．それゆえもはやそのような見そこないは許されない．資本への一切の幻想をすてること，このことから出発しなければならない．

　たしかに，かつての一時期，資本と労働者は相互に相手を必要とし，それゆえまた，それなりの敬意をもって相手の立場（利害）を配慮するといった関係の下で，共存と共栄をめざしている（ように見えた）時期もあった．そこでは，私たちの生活（とその再生産）のまがりなりの「保障」と資本蓄積の安定的な進行とが相互補完的にリンクしている，そのような仕組みが成立していた．私たちの「幸福」と資本の「幸福」が密接に結びついていた（結びついていると信じられていた）のである．そのような社会のあり方を「フォーディズム」と呼ぶか，それとも「寡占体制」と呼ぶか，あるいはその他の別の名前で呼ぶか，それはここではどうでもいいことである．

　重要なことは，そのような「幸福」の仕組みがもはや永久に失われてしまったということを冷静に確認することである．かつて藤田省三は，高度経済成長

の過程でつくりあげられてきた日本社会を「すっぽりと全身的に所属する保育機関が段階状に積み上げられたような形の社会機構」という秀逸な比喩で総括しつつ,「現代の圧倒的な『中流意識』はこの保育器の内に居るということの恐らく別の表現なのである」(藤田, 1982：76) と指摘したのだが,私たちに「幸福」と「安楽」を保証していた(と信じられてきた)この「保育器」はもはや完全に失われてしまったということ,「一度そこに入れば放り出されることは先ずない」はずの「保育器」のなかでの「幸福」と「安楽」がもはや不可能であるということ,このことが確認されなければならない.この「保育器」への幻想とノスタルジーが払拭されないかぎり,私たちの社会認識はまたもや見そこないにとどまるだろう.

　たしかに,この「保育器」の外に広がる光景は,私たちを怯ませるような不安と恐怖に満ちたものであるだろう.それゆえ,私たちはややもすると,かつてのあの「保育器」のなかへ戻りたい,そしてそこでの安定した「幸福」と「安楽」をとり戻したいという誘惑にかられるのだが,しかしそれはもう不可能である.なぜなら,私たちもまた,映画『マトリックス』の主人公と同じように,「保育器」から追放されて「現実の砂漠」へと放り出されてしまったのだから.あの「グレーゾーン」という「現実の砂漠」こそがすべての私たちにとっての常態であるということ,それゆえ,生き延びるためにはもうそこに居座り,そこで生きのびるために闘うしか途は残されていないということなのである.

　ネグリとハートは,ホームレス,失業者,「非正規」と「正規」の雇用者,これらのあいだに本質的な区別はもはや存在しないともいう.私たちすべての生存の条件もまた徐々に平準化しつつあるのである.そうであるとすれば,私たちは,あのリベラルで「善意」の包摂論をもはや素直に受け入れることはできないし,ましてや,いままさに国家主導で進められている――そしてその「効果」のほども疑わしい――あの「ホームレスの自立支援」といった悪魔払い的な身振りに惑わされてはならないだろう.むしろ注目し学ぶべきは,寄せ場の日雇い労働者が,その「生きていく場所」を確保するために,資本の力に

抗して展開してきた闘いや，現在の新旧のホームレスが日々実践している，「生き延びるための戦略」とその「並はずれた創意工夫の才と創造性」（ネグリ＆ハート，2005：220）なのかもしれない．

　そして最後にもうひとつ．それは，よくよく考えてみるならば，いま眼前に広がりつつある「現実の砂漠」こそが，私たちの本来の「生きていく場所」であったのであり，むしろあの「保育器」のなかの「幸福」は，そもそもにおいてひとつの見果てぬ夢でしかなかったのではないか，ということである．「いつのまにかわが身が『向こう岸』へ移ってしまった」（市村，1987：96）ことによって，私たちはこの本来の場所を忘れ，さらにはそこを恐怖するようにさえなったとはいえ，ほんの50〜60年前までは——すなわちあの「保育器」の体制が資本によって整えられ，私たちに与えられる以前は——私たちは，そして私たちの父母は，他ならぬそこで生きてきたのではないか．長く続いた「保育器」のなかでの「幸福」と「安楽」によって，私たちは多くのものを忘れ去ってしまっていた．都市のホームレスは，まさしく，そのような私たちの本来の場所と時間を私たちに想起させる存在としても，姿を現わしているだろう．

（島　和博）

【文　献】
青木秀男，2000，『現代日本の都市下層』明石書店
藤田省三，1994，『全体主義の時代経験』みすず書房
平井　玄，2005，「亡霊的プロレタリア」『現代思想』第33巻第1号，青土社
市村弘正，1987，『「名づけ」の精神史』みすず書房
岩田正美，2008，『社会的排除』有斐閣
岩田正美，2000，『ホームレス／現代社会／福祉国家』明石書店
ネグリ，A.＆ハート，M.，2005，幾島幸子訳『マルチチュード（上）』日本放送出版協会
西沢晃彦，2005，「貧者の領域」『現代思想』第33巻第1号，青土社
シェイクスピア，W.，1983，小田島雄志訳『ハムレット』白水社
澁谷　望，2005，「万国のミドルクラス諸君，団結せよ」『現代思想』第33巻第1号，青土社
下田平裕身，1988，「雇用変動時代のなかの寄せ場」『寄せ場』No.1，現代書館

隅谷三喜男，1967,「現代日本の労働者像」『経済評論』昭和42年9月号，日本評論社

第7章　ひとり親家族と社会的排除

要約

わが国のひとり親家族の多くが経済的に困難な状態にあるということが，なかば"自明視"されていて，なぜ経済的に困難なのかという点については，これまで，説得力のある説明がなされてきたとはいえない．しかも，ひとり親家族における生活困難な状況は，経済的貧困という実態によるだけではなく，"ひとり親家族であること"が直接的・間接的な要因になっている場合が少なくない．ひとり親家族の生活困難な状況を，「社会的排除」としてとらえ，ひとり親家族を排除するメカニズムについて解説し，さらに，ひとり親家族を包摂する施策について提案する．

キーワード：ひとり親家族，生活困難，社会的排除と社会的包摂

1　はじめに

　本章は，わが国のひとり親家族の多くがなぜ厳しい生活状況にあるのか，その要因を社会的排除アプローチに依拠して考察するものである．
　ひとり親家族の多くが経済的に厳しい状態にあることは，ほぼ5年ごとに実施される厚生労働省の全国母子世帯等調査をはじめ，いくつかの地方自治体の実態調査においても明らかにされている（厚生労働省，2001；厚生労働省，2005；厚生労働省，2007；大阪市，2004 など）．日本労働研究機構も2001年に，母子世帯の母親の就業状況に関する詳細な調査を実施している（日本労働研究機構，2003）．しかし，ひとり親家族の多くが，経済的に困難な状態にあるということが，なかば"自明視"されていて，なぜ経済的に困難であるのかという点については，これまで，説得力のある説明が十分になされてきたとはいいがたい．また，女性が主たる稼ぎ手である母子世帯のみならず，男性が主たる

稼ぎ手である父子世帯も，一般世帯との間で経済格差が生じているという実態についても，これまでほとんど問題にされることはなかった．厚生労働省にこそ，これらの問に答えてほしいところであるが，厚生労働省の全国母子世帯等調査からは，そのような問題意識はうかがえないし，母子世帯等調査のみでは一般世帯との経済格差の要因を明らかにすることは難しい．

しかも，はじめに強調しておかなければならないことは，ひとり親家族にとっての"生活の厳しさ"は，貧困という実態によるだけではなく，"ひとり親家族であること"が直接的・間接的な要因になっている場合が少なくないことである．

そこで，本章では，まず，(1)ひとり親家族の"生活の厳しさ"の実態を押さえる．次に，(2)経済生活に焦点をあてて，「なぜひとり親家族の多くが貧困なのか」という問を検討する．(3)ひとり親家族の"生活の厳しさ"について，社会的排除という考え方で捉え直すために，「社会的排除」概念を明確にするとともに，ひとり親家族が被っているさまざまな排除現象について排除の主体を明らかにする．そのうえで，(4)ひとり親家族を排除するメカニズムについてモデル化し，(5)ひとり親家族を包摂する施策について提案したい．

2　わが国のひとり親家族の実態

1）ひとり親家族の生活困窮化と福祉施策

厚生労働省の『全国母子世帯等調査結果報告書』（以下，『全国母子世帯調査』と略記する）によると，母子世帯数は1,225,400世帯（全世帯数の2.7％）で，1998年度調査より28％の増加，父子世帯数は173,800世帯（全世帯数の0.4％）で，1998年度調査より6％の増加となっている．ひとり親世帯になった理由をみると，母子世帯の場合は，離婚978,500世帯（80％），死別147,000世帯（12％），未婚の母70,500世帯（6％），父子世帯の場合は，離婚128,900世帯（74％），死別33,400世帯（19％）である．

とはいえ，母子世帯，父子世帯が，近年，増加している実態を問題視するも

第7章　ひとり親家族と社会的排除

のではない．経済的に困窮しているひとり親家族が増加傾向にあることを問題視するのである．

　具体的にみると，2003年調査時の母子世帯の平均世帯年収212万円は98年調査時の229万円よりも17万円（7.4％）減少しており，父子世帯の平均年収390万円も，98年調査時の422万円より32万円（7.6％）減少しているのである．直接的な要因としては，社会全体の賃金引き下げと雇用の不安定化を指摘することができるが，社会的弱者層ほど影響を被っているといえるだろう．現に，ひとり親世帯母親の就業状況をみると，過去5年間に常用雇用は10.5％減少して32.5％となり，反対に，臨時・パート・派遣は11.7％増加して44.3％となっており，母子世帯母親の平均就労収入は162万円にすぎない[1]．父子世帯の父親の就業状況では，常用雇用が5年前より1.9％増加して69.2％となり，不就業は4.5％減少して8.2％となっており，平均就労収入は320万円であるが，総収入は減少している．ちなみに，2002年度の一般世帯の平均年収589万円も，1997年度の平均年収658万円より69万円（10.5％）減少したのであるが，一般世帯と比べて母子世帯の年収は36％，父子世帯は66.2％にすぎないのである．過去5年間の平均年収の減少は，もともとの低所得層ほど生活困窮を来しているものと推測される[2]．

　さらに，年度は異なるが，2006年度の母子世帯生活保護費（30歳女性，9歳子，4歳子）は月額204,840円（1級地-1）となっており[3]，単純に比較すると，母子世帯の半数以上が，「健康で文化的な最低限の生活を保障するための」基準額以下の収入で生活しているにもかかわらず，そのような現状がなかば放置されていることになる．厚生労働省の集計によると，2005年9月時点で，生活保護を受けている母子世帯数は90,360世帯，母子世帯全体の8.7％である．父子世帯については，公表されたデータが見あたらない．

　厚生労働省は，母子世帯の増加と財政難を背景として，2002年11月に「母子及び寡婦福祉法」「児童福祉法」「児童扶養手当法」「社会福祉法」を一部改定するとともに，母子世帯への施策を，従来の給付型から自立支援型へと大きく転換した．具体的には，これまで最も予算規模が大きく，母子世帯施策の中

125

心であった児童扶養手当制度を見直し，同時に，母子世帯の母親の就労支援策と貸付金制度の拡充へと傾斜する内容となっている．児童扶養手当についていえば，全額支給する所得制限を引き下げるとともに，所得が増えるにともなって支給額を減額し，しかも，支給年数が5年を経過すると支給額を削減することが決められたのである．母子世帯全体の75％程度が児童扶養手当を受給しているが，就労収入の増加が見込めなければ，さらに生活困窮化することは避けられない．

2）ひとり親家族の親と子どもの生活実態と支援策

ただ，ここで押さえておかなければならない点は，「母子及び寡婦福祉法」も「児童福祉法」も，本来，子どもの健全育成を目的として制定された法律であるにもかかわらず，ひとり親家族で育つ子どもの健全育成に関わる支援策はきわめて不十分なことである．

2003年の20歳未満の子ども数は25,960,664人であったが，2003年度の『全国母子世帯調査』をもとに計算すると，母子世帯の子どもは1,936,000人（全子ども数の7.5％），父子世帯の子どもは272,900人（全子ども数の1.1％）となる．ひとり親家族で育っている子ども支援策としては，保育の手だて以外では，学業資金の貸付制度があるだけである．『全国母子世帯調査』では，子どもたちの進学状況等についての実態さえ把握されていない．そこで，『大阪市ひとり親家庭等実態調査報告書』（大阪市，2004）（以下，『大阪市ひとり親家庭調査』と略記する）を参考にすると，子どもの状況として，0歳児や1歳児の在宅保育の比率の高さ，学卒の子どもたちの高校中退率の高さ，子どもたちのなかで高校中退者や高卒者の就職率の低さ，短大・大学への進学率の低さが明らかにされている．しかも，子どもについての親の進学希望は，家計状況による影響が顕著であって，世帯年収が低いと，親は，「子どもに大学まで進学してほしい」という希望をもてないのである．

親の子育ての悩みについては，『全国母子世帯調査』においても調べられているが，子育ての悩みについてのさまざまな選択肢のなかからひとつだけ選択

するという質問方法によって，どれだけ正確に実態が把握できるか疑問である（厚生労働省，2005）．なぜなら，親の子育ての悩みはひとつとは限らないからである．『大阪市ひとり親家庭調査』では，ひとり親家庭の母親にも父親にも子育ての悩みについて複数回答を求めており，集計結果から，親たちはいくつも悩みを抱いていることがわかる．また，子どもの年齢によっても親の悩みは変化し，子どもが低年齢のころは，健康やしつけのことが多いが，年齢が上がるにつれて，学力問題，進学問題，いじめ問題，就職問題などが多くなっている．とはいえ，ひとり親家族の子どもを対象とした公的支援策がきわめて乏しい現状では，大半の親と子どもは，いわば，"自己責任"と"自助努力"によって対処するしかない．そのため，経済資源も文化資源も乏しいひとり親家族とそれらを十分に備えた〈教育できる〉家族との教育格差はますます広がることは必至である（神原，2004b）．

さらに，ひとり親家族であることに対する差別や偏見による被害についても指摘しておかねばならない．『全国母子世帯調査』では，ひとり親家族が被っている差別や偏見について把握されていないが，『大阪市ひとり親家庭調査』では，「近所のうわさ」「住宅を借りる時」「就職の時」「子どものいじめ」などがあがっている（大阪市，2004）．

母子家族や父子家族における種々の生活困難な実態について十分な調査がなされていないとすれば，そのような現状も，後述する社会的排除の一形態とみなせるのではないだろうか．

3 ひとり親家族の多くはなぜ貧困なのか？
  ——とりわけ，母子家族に焦点をあてて

1）ひとり親家族の貧困要因を探る
① 現代女性の家族経験と就業形態

それでは，なぜひとり親家族の多くが貧困なのだろうか．この問に答えるべく，2004年に実施された第2回全国家族調査（NFRJ03）データをもとに[4]，

対象者を男女別・年代別に，学歴，職業，経済状況，未婚・既婚・離死別の違い，配偶関係と子どもの状況等について相互の関連を分析し，いくつかの興味深い知見を見出した（神原，2006a）．

まず，表7-1は，NFRJ03データにおける28-59歳の女性（2307人）を対象に，家族経験別に就労形態の違いを求めたものである．ここでいう家族経験とは，未婚・既婚の違い，既婚者で有配偶・無配偶の違い，未成人子の有無といった，家族形成にかかわるできごとの組み合わせからなる，家族ライフコース上の位置を意味する．

表7-1によると，調査時点において，対象女性のなかで，家族経験が「未婚子どもなし」の女性では56.5％が常時雇用の仕事に就いている．しかし，調査時点で，「有配偶子どもなし」の女性の常時雇用は36％であり，単純にいえば，結婚を経験することで，常時雇用が20％減少したと解釈することができる．また，「有配偶未成人子あり」の女性の常時雇用は15.5％であって，出産を経験することで常時雇用がさらに20％減少するものと解釈できる．

わが国の女性は，未婚時には常時雇用の比率が過半数以上であっても，結婚や出産を契機に離職する女性が今日でも少なくないことが窺える．しかも，データは省略するが，未婚者の常時雇用の比率は学歴にかかわりないが，離職の傾向は学歴が低いほど高く，職種では専門技術職や事務・営業職よりも販売・サービス系のほうが高くなっている．また，再就職の場合，学歴が高く，専門技術職や事務・営業職であれば，比較的，常時雇用に就きやすいが，販売・サービス系の仕事では常時雇用に就くことのできる可能性はきわめて低く，多くが臨時・派遣等の非常時雇用である．さらに，「有配偶未成人子あり」の女性の常時雇用は15.5％であるが，ライフコースがすすんで「有配偶成人子のみ」となった女性たちでも常時雇用は17.5％であって，子どもが成長しても，常時雇用の比率はほとんど変わらないのである．

対して，「離別未成人子あり」の女性の常時雇用は43.8％であって，「有配偶未成人子あり」の15.5％より28％高くなっており，この数値を，結婚・出産を契機に一度離職し，離別を契機に常時雇用となった女性の比率とみなすこ

第7章 ひとり親家族と社会的排除

表7-1　現代の日本女性の家族経験別にみた現職

（2307人中）	N	現職（%）					
		経営者,役員	常時雇用	臨時・パート・派遣等	自営業主,自由業者	家族従業者	無職
女性	2271	1.8	22.4	29.6	3.0	6.3	36.9
未婚子どもなし（8.0%）	184	2.7	56.5	18.5	2.7	4.9	14.7
有配偶子どもなし（6.0%）	137	1.5	35.8	21.9	1.5	5.8	33.6
離別未婚未成人子あり（3.2%）	73	1.4	43.8	27.4	8.2	4.1	15.1
死別未成人子あり（0.4%）	10		30.0	20.0	10.0		40.0
有配偶成人子のみ（24.9%）	572	2.8	17.5	29.9	2.6	8.7	38.5
離別未婚成人子のみ（2.0%）	46	2.2	32.6	34.8	13.0		17.4
死別成人子のみ（1.3%）	30	3.3	26.7	36.7	6.7		26.7
死別子どもなし（0.35%）	6		33.3	33.3	16.7		16.7
離別居未成人子あり（0.1%）	2		50.0	50.0			

注）NFRJ03データの28-59歳女性2307人。休職は，常時雇用に含む．対象者のなかで，生活歴や現職が不明の女性は表から省いている．

とができる．ちなみに，常時雇用43.8%という数値は，『全国母子世帯調査』の常用雇用32.5%と比較すると相当に高いが，母子世帯の母親の過半数にも達していない数値である[5]．

② 就業形態と年収

次いで収入についてみると，表7-2のように，常時雇用であれば，年齢が低いうちは低収入であっても，年齢が上がると年収300万円以上を確保できるようになる．しかし，臨時・派遣であれば，年齢が上がっても収入はほとんど上がらず，せいぜい100万円を少し超える程度である．また，表7-3で明らかなように，臨時・パート等の就業形態であれば，学歴が高くても，また，職種が違っても（データは省略），年収300万円以上の収入を得る見込みはほとんどない．

これらのデータは，ひとり親家族になった場合，親が非常勤雇用である限り，現行の賃金水準では，母子家族への諸手当を合わせても生活保護基準に達しないということを意味している．実際のところ，母子世帯の半数，父子世帯の4分の1が，年収200万円以下であり，生活保護基準にも達していないのである．

表7-2　就業形態別・年齢別の平均就労収入

現在の就業形態 女性のみ	平均年収								
	60歳未満全体		30歳未満		30-40歳未満		40-50歳未満		50-60歳未満	
	度数 人	平均値 万円	度数 人	平均値 万円	度数 人	平均値 万円	度数 人	平均値 万円	度数 人	平均値 万円
合計	1370	205	68	210	364	214	477	199	461	204
経営者，役員	36	533			7	431	9	528	20	571
常時雇用	466	360	30	306	154	337	152	388	130	366
臨時・パート等	610	87	24	114	141	85	241	82	204	91
派遣社員	33	207	5	276	17	218	6	148	5	169
自営業主，自由業者	67	188	2	165	11	197	19	164	35	200
家族従業者	133	150	6	99	28	165	40	169	59	136
内職	25	76	1	50	6	61	10	57	8	114

注）2003年全国家族調査データによる集計．

表7-3　就業形態別・学歴別・年齢別の平均就労収入

学歴 女性のみ	常時雇用・平均年収									
	60歳未満全体		30歳未満		30-40歳未満		40-50歳未満		50-60歳未満	
	度数 人	平均値 万円	度数 人	平均値 万円	度数 人	平均値 万円	度数 人	平均値 万円	度数 人	平均値 万円
合計	462	360	30	306	152	338	151	390	129	365
中学校卒	20	246	1	115	2	165	6	238	11	277
高校中退	7	219	1	350	3	155	1	115	2	300
高校卒	198	312	9	263	62	313	65	339	62	291
専門学校	78	360	4	325	28	344	27	366	19	381
短大・高専卒	91	397	9	294	31	333	29	434	22	480
大学卒	68	499	6	400	26	431	23	554	13	582

学歴 女性のみ	臨時・パート等・平均年収									
	60歳未満全体		30歳未満		30-40歳未満		40-50歳未満		50-60歳未満	
	度数 人	平均値 万円	度数 人	平均値 万円	度数 人	平均値 万円	度数 人	平均値 万円	度数 人	平均値 万円
合計	607	87	24	114	141	85	239	82	203	91
中学校卒	35	86	1	50	4	83	9	114	21	76
高校中退	12	130	1	115	7	124	3	177	1	50
高校卒	315	88	10	80	69	80	104	83	132	97
専門学校	86	79	3	93	25	74	39	74	19	92
短大・高専卒	123	80	6	158	24	76	68	74	25	80
大学卒	36	108	3	183	12	130	16	93	5	63

注）2003年全国家族調査データによる集計．

③　階層と離別経験

　また，男女既婚者について，学歴と離別経験との関連をみると，表7-4のように，両変数間に有意な関連があり，学歴が低いほど離別率が高いことがわ

第7章　ひとり親家族と社会的排除

かる．藤原千紗によるひとり親の就業と階層性に関する知見とも合致する（藤原，2005）．

　離婚は，確かに，本人の"選択"の結果であるとしても，結婚生活を続けるほうが"まし"なのか，離婚したほうが"まし"なのかという選択を余儀なくされた時に，結婚生活における経済的な不安定さが離婚への押しの要因として作用しやすいとの解釈が成り立つだろう．

　さらに，第1子が20歳以上の子どものいる対象者について，男女とも，本人の学歴をコントロールして有配偶者と離別者とで第1子の学歴を比較してみると，離別者のほうが総じて低く，階層の再生産をうかがわせる傾向を見て取れる（神原，2006a）．

　ひとり親家族の多くがなぜ貧困なのかという問にたいして，未だ十分な答を見いだせたわけではないが，既婚者についていえば，男女とも低学歴ほど離婚する傾向が高く，表7-5のように（ここでは男性のみデータを示す），高学歴よりも低学歴のほうが，また，有配偶者よりも離別経験者のほうが相対的に平均年収は低いといった知見をふまえると，次のような解釈が可能である．

　すなわち，男女ともに，本人の低学歴，それゆえの不安定就労と低収入，階層同類婚の傾向による配偶者の低学歴，配偶者の不安定就労と低収入，経済的に不安定な結婚生活と離婚のリスクの高さである．しかも，経済的に不安定な状態のまま離婚することが，子どもを引き取ってひとり親家族となった場合に，その後の経済的不安定にも影響し，さらに，子どもの教育達成にも影響するということである（神原，2006b）．

　母子家族のなかには，母子家族になってから貧困化するというよりも，母子家族になる前から経済的に不安定であった割合が高いとも推察される．

　しかし，このような低階層同士の不安定な結婚，そして，離婚が，"自己責任"として放置されている現状こそが，社会的排除に当たるのではないかと問いたい．

　残念ながら，有効回答者数6302名という大規模な全国家族調査データであっても，離婚経験者は男性103名（男性の3.5％），女性178名（女性の5.4％）

表7-4 既婚男女の学歴と離死別比率

	N	初婚	死別	離別	離死別再婚
男性	1628	90.0	1.3	4.6	4.1
中学校卒	132	84.8	2.3	9.1	3.8
高校中退	53	81.1	3.8	7.5	7.5
高校卒	682	89.0	1.2	5.0	4.8
専門学校	137	85.4	1.5	8.0	5.1
短大・高専卒	83	90.4	3.6	3.6	2.4
大学卒	541	94.6	0.6	2.0	2.8
女性	2080	86.5	2.1	6.8	4.6
中学校卒	124	71.8	9.7	12.1	6.5
高校中退	36	69.4	—	19.4	11.1
高校卒	962	84.8	2.2	8.1	4.9
専門学校	295	87.1	1.4	5.1	6.4
短大・高専卒	437	92.4	1.4	4.1	2.1
大学卒	226	92.0	0.4	3.5	4.0

既婚者の離死別状態（％）

注）NFRJ03 より 28-59 歳既婚男女のデータ.
男性　$\chi^2=36.095$　$P<.01$　女性　$\chi^2=84.837$　$P<.001$

表7-5 学歴別・未既婚別, 年齢別の平均就労年収（男性）

男性	28-29歳		30-39歳		40-49歳		50-59歳	
	人	万円	人	万円	人	万円	人	万円
合計	101	346	545	453	532	586	662	571
中学校卒	3	383	20	353	24	395	106	371
高校中退	2	350	31	357	15	510	15	389
高校卒	47	342	217	404	217	510	292	550
専門学校	13	282	71	417	38	489	45	569
短大・高専卒	5	370	17	442	25	610	45	663
大学卒	31	371	189	551	213	706	159	734
合計	100	345	551	453	529	586	635	572
未婚	53	314	147	316	48	364	42	275
初婚	44	384	370	513	438	627	542	601
離別	2	200	19	391	24	366	29	478
離別再婚	1	550	15	398	19	469	22	557

本人平均年収

注）2003年全国家族調査データの集計による．不明を除いているので合計が合わない．

であって，離婚経験者について，これ以上の詳細な分析を行うにはデータとして限界がある．

第7章　ひとり親家族と社会的排除

2）母子家族母親の職業移動

　2003年に実施された『大阪市ひとり親家庭調査』（母子家庭1182件，父子家庭104件）では，対象者の就業形態について，「結婚する前」，「ひとり親家族になる前」，「ひとり親家族になった直後」，「現在」という家族経験の4時点における就業形態と職種を問うており，4時点間の就業形態の移動について集計結果が示されている（大阪市，2004）．図7-1は，その集計結果をもとに，4時点間の就業形態の移動を図示したものである．

　図7-1について概説しよう．この図では，結婚前・出産前，母子家庭前，母子家庭直後，現在の時点ごとに，「正規雇用」，「臨時・パート等」，「自営その他」，「不就業」の比率を，楕円の中の数値で示している．また，矢印に記入している数値は，個々の家族経験時点の就業形態へ，前時点の就業形態から移動した比率を示している．たとえば，「現在」の「正規雇用」従事者は，「母子家庭直後」の「正規雇用」から60.6％，「臨時・パート等」から27.0％，「不

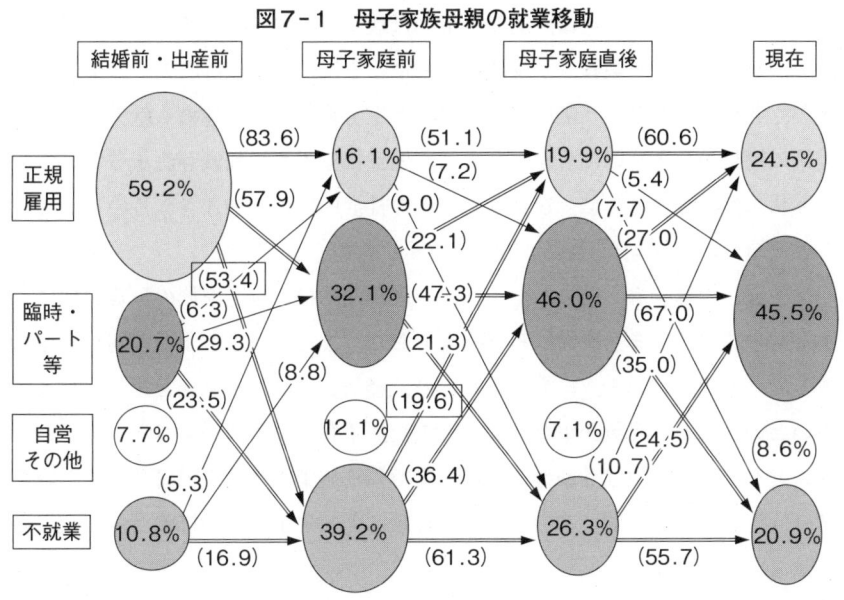

図7-1　母子家族母親の就業移動

注）2003年大阪市ひとり親家庭調査より．

就業」から10.7％移動したということである．

　図7-1から，次のような解釈ができる．すなわち，①対象者のなかで，結婚・出産後の母子家庭になる前に正規雇用であった比率は16.1％であり，期せずして，全国家族調査における「有配偶未成人子あり」女性の比率と大差なく低いこと，②現在の正規雇用比率は24.5％であって，全国家族調査のみならず，『全国母子世帯調査』の常用雇用よりも低いこと，③現在時点で正規雇用の母親たちの半数以上が，母子家庭になった直後から正規雇用に就いていた人たちであること，そして，④いずれの時点でも，非正規雇用や不就業から正規雇用へ移動している比率が低いこと，などである．

　ひとり親家族の母親たちの場合，ひとり親になる前の職業経歴は，表7-1の「有配偶未成人子あり」女性とよく似た傾向を示しており，多くが正規雇用を離職しているのである．しかし，一度，正規雇用を離れると，再び正規雇用に就くことは容易ではなく，ひとり親家族となった現在，臨時・パート等の非正規雇用が多いゆえに，低収入の家族が多いということである．

　母子家族についていえば，80％以上の母親がすでに就労しているという実態，にもかかわらず，半数程度が生活保護基準にも満たない家計収入での生活を余儀なくされているという実態，そして，厚生労働省の推し進める就労・自立支援策の効果が見えないにもかかわらず，児童扶養手当の削減が決まっているという状況は，今後さらに，ひとり親家族の社会的排除が加速されるのではないかと危惧される（湯澤，2005；田宮，2006も参照）．

　父子家族の場合も，前述したように，父親たちは，母子家族の母親同様に，子どものことでさまざまな悩みを抱えており，また，さまざまな差別や偏見を被っている実態がある．にもかかわらず，経済的には母子家族と比して収入が多いということ，実数が少ないこと，また，子育ては母親がすべきものというジェンダー規範の根強さゆえに，これまで福祉施策がほとんど講じられないままに放置されてきたが，このことも，行政による父子家族の排除とみなせるのではないだろうか．

4　社会的排除問題としてひとり親家族をとらえるとは？──

1）社会的排除とは？

　それでは，社会的排除とはどのような概念なのか．多くのひとり親家族が，経済的のみならず生活全般において困難な状況にありながら，社会的に関心を向けられることが少なく，また，行政施策においては，"自立支援"という名目で，福祉施策が削減されるような状況について，このような状況がなぜ生じるのか，生活困難な状況がなぜ放置されているのかという疑問に答えるために，近年，ヨーロッパを中心に，社会政策における理論と実践において注目されている社会的排除の考え方に依拠して検討する（宮本，2004）．

　A. S. バラと F. ラペール（Bhalla & Lapeyre, 1999）によると，社会的排除という観念は，1980年代以降，欧州において，経済のグローバル化，労働市場のフレキシブル化，福祉国家の崩壊，個人主義化が進行するなかで，人びとの間での不平等の拡大，社会的結束の喪失，社会的・経済的脆弱さの広がり，仕事・住宅・医療サービス・教育へのアクセス困難な人びとの増大など，社会的分断，剥奪，マージナル化といった社会的懸案問題への斬新なアプローチとして広まったという．社会的排除概念の普及に主導的な役割をになった EU は，「社会的排除を，経済的，社会的，政治的権利が否定されているか，あるいはそもそも実現されていないという観点から定義している．それは，一定の生活水準に対する各市民の権利，そして彼ないし彼女が現に生活している社会における主要な社会制度や職業制度に参加しうるという各市民の権利を強調」し，2000年には，「社会的包摂に関するナショナル・アクション・プラン」を提起したことが紹介されている．そして，彼らは，社会的排除は，従来の貧困概念よりも，剥奪の多元的特徴に焦点をあて，剥奪が累積される要因についての洞察を可能にし，また，剥奪を動態的な過程として分析することも可能にするという点で，優れた分析アプローチであると結論づけている．

　長年，フランスの社会政策を研究している都留民子は，社会的排除アプロー

チの先駆けともいうべきルノワールを引用して，社会的排除とは，「失業，または不安定雇用を出発点として，生活の不安定化，住宅状況や健康の弱化，社会的地位の劣化・低下，さらには家族関係や私的援助，社会的紐帯の切断，そして，社会（人間の共同的社会）そのものから脱落という全過程を把握する概念である」と捉えている（都留，2000）．

また，新進気鋭の社会学者である樋口明彦は，「社会的排除アプローチは，貧困から社会的排除に至る不平等概念の拡大と社会的包摂という新たな政策目標の導入という社会科学・社会政策上の変化を表している」と捉えたうえで，「人びとが被る多面的な排除に対して多面的な包摂を提示しうるような複層的なメカニズムとして，社会的包摂を理解することが肝要」として，社会的包摂の内在的ジレンマを吟味したうえで，社会的包摂の複層的メカニズム・モデルを提示している（樋口，2004）．樋口は，「社会的排除アプローチをどの程度日本の現状分析に適用することができるのか，あるいはできないのか，その検討が今後の課題となる」と指摘しているが，以下では，社会的排除の考え方に基づいて，わが国のひとり親家族の現状を位置づけるとともに，社会的排除概念についても検討する（㈳部落解放・人権研究所編，2005）．

まず，これまでの社会的排除概念を参考に，「社会的排除とは，いかなる人にとっても，共同社会で暮らすための最低限の経済的・政治的・社会的・文化的諸権利の不充足・否定・アクセス困難な状況におかれること」と，定義しておきたい．

2）社会的排除のモデル

図7-2は，社会的排除概念を視覚的に示すとともに，わが国のひとり親家族が経済的・政治的・社会的・文化的に排除される状況を図示したものである．同時に，ひとり親家族が「排除されている」という事実に対して，だれが排除しているのか，だれが排除された状態を放置しているのかという，排除の主体を明示することをねらいとしている．さらに，経済的・政治的・社会的・文化的排除のメカニズムが相互に関連して，全体として排除システムを成り立たせ

第7章 ひとり親家族と社会的排除

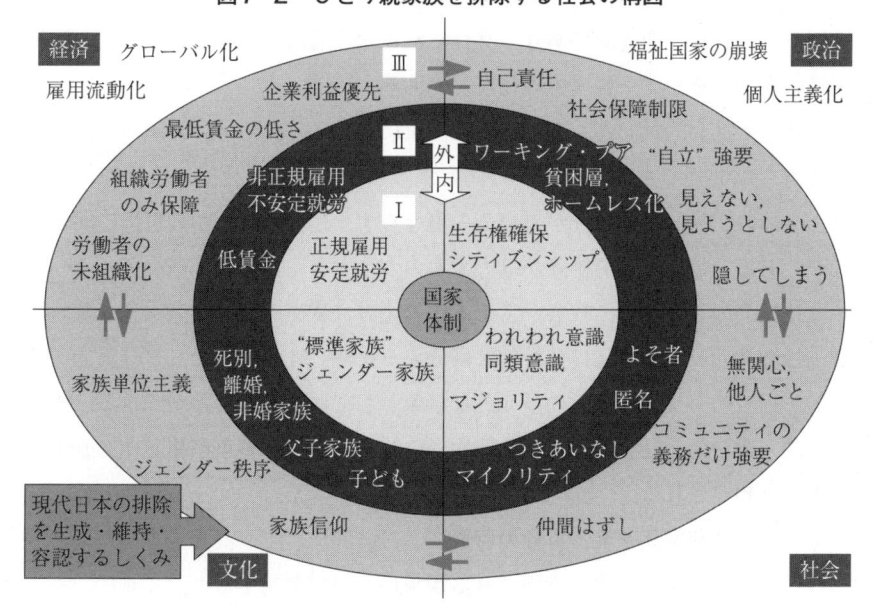

図7-2 ひとり親家族を排除する社会の構図

経済　グローバル化　　　Ⅲ　　　　　　　福祉国家の崩壊　政治
　　　雇用流動化　　企業利益優先　　自己責任
　　　　　　　　　　　　　　　　社会保障制限　　個人主義化
　　　最低賃金の低さ　　Ⅱ
　　　　　　　　　　　　外
　組織労働者　非正規雇用　内　ワーキング・プア　"自立"強要
　のみ保障　　不安定就労　　Ⅰ　　貧困層
　　　　　　　　　　　　　　　　ホームレス化　　見えない，
　労働者の　　　　　　　生存権確保　　　　　　　見ようとしない
　未組織化　　低賃金　正規雇用　シティズンシップ　　隠してしまう
　　　　　　　　　　安定就労
　　　　　　　　　　　　国家
　　　　　　　　　　　　体制
　　　　　　　"標準家族"　　われわれ意識
　　　　　　死別，ジェンダー家族　同類意識　　　よそ者　　無関心，
　家族単位主義　離婚，　　　　　マジョリティ　　　匿名　　他人ごと
　　　　　　非婚家族
　　　　　　　　　　　　　　　　　　　　　　　　　コミュニティの
　ジェンダー秩序　　父子家族　　つきあいなし　　　義務だけ強要
　　　　　　　　　　子ども　　　マイノリティ
現代日本の排除
を生成・維持・　　家族信仰　　　　仲間はずし
容認するしくみ
　　　文化　　　　　　　　　　　　　　　　　　　　　　社会

ている様相をも合わせて図示することを試みている．

図7-2について，概説する．

① **社会的排除と全体社会のしくみ**

第Ⅰの円内は，当該社会において，経済的・政治的・社会的・文化的なシティズンシップという社会的諸権利を保持しており，現状では，多数で有利な立場にある人びとからなる層を意味する．「社会的に包摂されている層」と捉えておく．第Ⅰ円と第Ⅱの楕円とに囲まれた範囲は，第Ⅰの円のいずれかの特徴を有していないことによって，第Ⅰ層が保持している諸権利を同等に保持することが，制限，剥奪，接近困難といった排除された状態にあり，現状では少数で不利な立場にある人びとからなる層を意味する．「社会的に排除されている層」とする．第Ⅲの楕円は，第Ⅱ層の社会的排除を容認，放置，隠蔽するとともに，第Ⅰ層と第Ⅱ層との格差を正当化する役割を果たす全体社会のしくみを比喩的に示しており，このようなしくみを生成・維持・容認している主体が，

中心の現国家体制ということになる．また，第Ⅲ層の外側は，先進諸国に共通に観察される社会的動向であり，グローバル化，雇用のフレキシブル化，福祉国家の崩壊，そして，個人主義化などである．

これらの社会的動向が，それぞれの国家における社会的排除の顕在化に影響する点では共通であるが，個々の国家施策によって，社会的に排除される対象・排除の質的・量的状況が異なるのみならず，社会的排除から包摂に向かうのか，あるいは，社会的排除が拡大するのか，大きく左右される．

全体社会のしくみを，社会システムの考え方に依拠して，経済次元・政治次元・社会次元・文化次元に分析的に区分するなら，社会的排除も，経済的・政治的・社会的・文化的次元の多元的な事象としてとらえることができる．また，経済的・政治的・社会的・文化的諸次元の社会的排除の事象が相互に影響するものとも想定される．

② ひとり親家族が被る排除の特徴

ひとり親家族が社会的に排除される現象について解説する．

まず，ひとり親家族の親と子どもが排除される契機は，文化的次元において，"標準家族"，"ジェンダー家族"（牟田，2006）でなくなることである．とりわけ，家族主義やジェンダー秩序が根強い国家体制ほど，また，これらの規範から"逸脱"する度合が高いほど，すなわち，死別よりも離別が，離別よりも未婚が，よりマイナスの評価を受けることになる．具体的な排除例としては，無配偶になることにより配偶者優遇策の恩恵から排除されるし，制度上は育児休業制度があっても，収入が途絶えるために，実際のところアクセス困難となる．また，家事や子育てに協力してもらえる人がいなくとも，"自己責任"として公的にも放置されたままであることが少なくない．さらに，ジェンダー秩序が根強いほど，母親が子どもを養育するのが当然とみなされて，父子家族にはほとんど公的支援策が講じられていない現状も排除の例である．

経済的次元の例は，ひとり親家族になってから母親が就労する場合，正規雇用に就くことは難しく，非正規雇用で低賃金の職しかないことである．しかし，再就職する女性が非正規雇用で低賃金の職にしか就くことができなくとも，労

働政策としては、さほど問題視されてこなかった。なぜなら、ジェンダー秩序のもとでの労働政策は、標準家族を前提に、家計の担い手である男性の賃金保障が中心であり、妻たちは標準家族のなかに留まっている限り、パート就労等の賃金が安くとも、生活に支障をきたすことが少ないとみなされてきたからである（木本, 2005）。しかも、女性ひとりの就労では、到底、子どもを養育することができないほど低賃金であっても、最低賃金より上である限り法に抵触することはないのである。それゆえ、母子家族の平均年収が一般世帯の3分の1程度で、当事者からすれば、生活困窮状態が放置されていても、"合法"なのである。

政治的次元では、財政難と少子高齢社会の到来のもと、自己責任・自助努力を口実に、毎年のように福祉予算が削減されているが、国家の歳入を再配分して、すべての国民の生存権確保に尽力するのか、あるいは、ワーキング・プアやホームレスになることを放置し、無策で見て見ぬふりをするのか、ここでも国家体制が問われる。わが国では、母子家庭の"自立"支援という名目で、2002年に児童扶養手当法等の改定がなされたが、福祉施策の削減により貧困化する母子家族の増加は、"合法的"な社会的排除の拡大にほかならない。

今度は、社会的次元に目を向けると、地域社会において、身内や仲間うちで助け合って仲良くすることは、好ましいことに違いない。しかし、母子家族の母親ばかりの集まりでは、転入者であるひとり親家族の親子は、よそ者で異質であるとして仲間に入れてもらえず、地域情報のネットワークからもはずされ、それでいて、自治会役員やPTA役員等の負担は平等に割り当てられるという話をよく耳にする。また、さまざまな噂をたてられたり、陰口を言われたりするという。そんななかで、母子家庭で児童虐待事件などが発生すれば、そのことが、また、母子家庭に対する偏見を助長する。

③ 社会的排除の再生産と拡大

図7-2に表記できていない事象として、ひとり親家族の子どもの排除がある。ひとり親家族で育っている子どもたちのなかには、親の生活困難ゆえに、さまざまな問題を抱えている子どもがいることが予想されるが、ひとり親家族

の子どもに焦点をあてた支援体制はないに等しい．もちろん，ひとり親家族の子どもにかぎらず，すべての子どもを対象に，子どもの成長を支える支援施策が実施されているなら問題ないが，一般施策も特別施策も不十分であって，いうなれば，子どもという存在が，心身ともに十分に成長することを保障されないまま放置されているといわざるをえない．

上述のような，ひとり親家族に対する種々の社会的排除が子ども世代にも影響し，貧困の再生産といった兆しもみられるが，ほとんど無策に等しい（青木，2003；宮本，2005）．

社会的排除概念に基づいて，わが国のひとり親家族の現状をとらえ直してみると，社会的排除の背後要因として指摘されている経済のグローバル化と労働市場のフレキシブル化によるひとり親の雇用の不安定化，福祉国家の崩壊をカムフラージュするものでしかない，わが国政府の母子世帯にたいする給付から自立支援への方向転換，そして，母子家庭の貧困化を"個人の選択によるもの"として自己責任・自助努力に帰すような世相も，社会的排除の促進要因として位置づけることができる．

これまで，わが国政府は，ひとり親家族の貧困化のメカニズムについてなんら明確にしてこなかったし，EUのような社会的排除問題としてとらえようともしてこなかったが，そのような姿勢自体が，ひとり親家族にたいする社会的排除を容認・放置・助長することに機能してきたといえるのではないだろうか．

5 ひとり親家族の社会的包摂に向けて

社会的に排除された状態におかれているひとり親家族を，社会的に包摂するための政策課題については，すでに，庄司洋子によって包括的な指摘がなされている．すなわち，①就労保障・就労援助，②住宅問題・教育問題にみあった所得保障，③就労と家族生活とを両立できる地域福祉サービスと保育サービス，④専門相談や専門ケア，⑤経過年数や子どもの年齢に基づく家族のライフステージに即した内容の援助，⑥法的・社会的な差別の解消，⑦自らを

解放し，自ら連帯して問題解決を図ることのできる自助グループの支援等である（庄司，1997：109）．

そこで，これらの政策課題の実現を後押しするいくつかの政策理念を提起しておきたい．

(1) 改めて指摘するまでもなく，健康で文化的な最低限の生活保障である．現在の生活保護基準がけっして十分とはいえないにもかかわらず，生活保護基準以下での生活を余儀なくされている世帯が少なからず存在している現状がある．標準的なひとり親家族の生活保護基準に見合う年収を，すべてのひとり親家族に保障する手だてを講じることが，生存権保障の最低限の条件といえるだろう．そのための具体的施策案として，① 最低賃金の引き上げ，② フランスのMRA制度のように，就労収入と生活保護基準額との差額を公的扶助として支出する制度の創設（都留，2000），③ 新たな1頭立て馬車構想の提案（すなわち，夫が手綱を握る1頭立て馬車に妻と子どもが乗るのではなく，ひとり親が1頭立て馬車の手綱を取って，少なくとも自分の食い扶持だけは自分で稼ぎ，子どもの養育負担分は公費でまかなうという考え方である），④ 別れた親から養育費の取り立てを強制執行するための法的整備，などである．

(2) 夫婦・家族単位主義から個人単位主義への転換である．男女の性別にかかわりなく，結婚・出産にもかかわりなく，就労の継続を保障し，妻たちが，夫の被扶養者という地位に甘んじる必要をなくす方向を明確にすることである．将来の労働力不足を是正するうえでも一番の近道だろう．

(3) シティズンシップの権利を保障する社会保障制度の確立である．衣食住の最低限の生活保障にとどまらず，だれもが人として尊重され，自由・平等に，諸権利を行使できることである（武川，2005）．

(4) 社会的排除の再生産と拡大を食い止めるという政策目標を掲げることである．具体的には，子どもの夢を育む支援策の必要性を強調したい．もちろん，ひとり親家族の子どものみならず，家庭的に恵まれないすべての子どものための支援策として創設されることが期待される．

（神原　文子）

【注】
1）厚生労働省の『平成10年度全国母子世帯等調査結果の概要』では，平均勤労収入が明示されていないので比較ができない．
2）『平成18年度　全国母子世帯等調査報告』においても，母子世帯の平均年収は213万円，父子世帯は421万円で改善はみられていない．
3）『生活保護手帳（2006年度版）』に基づいて計算しているが，詳細は，（神原，2007）を参照のこと．
4）NFRHJ03データの使用については，日本家族社会学会　全国家族調査委員会の許可を得た．
5）「常用雇用」と「常時雇用」「正規雇用」など，参照した調査によって，用語が不統一であるが，そのまま引用している．

【文　献】
青木紀編著，2003，『現代日本の「見えない」貧困―生活保護受給母子世帯の現実―』明石書店
Bhalla, A. S. & Lapeyre, F., 1999, *Poverty and Exclusion in a Global World*, 2nd ed., Palgrave Macmillan.（福原宏幸・中村健吾監訳，2005，『グローバル化と社会的排除』昭和堂）
Ezawa, Aya, 2005, 'Lone Mothers and Welfare-to-work Policies in Japan and the United States: Towards an Alternative Perspective', *JSSW*, 32-4: 41-63.
藤原千紗，2005，「ひとり親の就業と階層性」社会政策学会編『若者―長期化する移行期と社会政策　社会政策学会誌』第13号，法律文化社：161-175
樋口明彦，2004，「現代社会における社会的排除のメカニズム」『社会学評論』Vol.55-1，217：2-18
神原文子，2004a，「離婚母子家庭の自立条件」神原文子『家族のライフスタイルを問う』勁草書房：159-178
神原文子，2004b，「〈教育する家族〉の家族問題」神原文子『家族のライフスタイルを問う』勁草書房：181-202
神原文子，2005，「ひとり親家庭の現状と課題」北口末広・村井茂編『人権相談テキストブック』解放出版社：106-116
神原文子，2006a，「母子世帯の多くがなぜ貧困なのか？」澤口恵一・神原文子編『第2回家族についての全国調査（NFRJ03）第2次報告書No.2』日本家族社会学会全国家族調査委員会：121-135
神原文子，2006b，「ひとり親家族の自立支援と女性の雇用問題」『社会福祉研究』97，鉄道弘済会：50-58
神原文子，2007，「ひとり親家族と生活保護」『部落解放』575：32-36
木本喜美子，2005，「雇用流動化のもとでの家族と企業社会の関係―企業の人事戦

略を中心に——」『家族社会学研究』17-2:17-28
厚生労働省雇用均等・児童家庭局, 2001, 『平成10年度 全国母子世帯等調査結果の概要』
厚生労働省雇用均等・児童家庭局, 2005, 『平成15年度 全国母子世帯等調査結果報告』
厚生労働省雇用均等・児童家庭局, 2007, 『平成18年度 全国母子世帯等調査結果報告』
宮本みち子, 2004, 「社会的排除と若者無業——イギリス・スウェーデンの対応」『日本労働研究雑誌』533:17-26
宮本みち子, 2005, 「雇用流動化の下での家族形成」『家族社会学研究』17-2:29-39
牟田和恵, 2006, 『ジェンダー家族を超えて——近現代の生／性の政治とフェミニズム』新曜社
日本労働研究機構, 2003, 『母子世帯の母への就業支援に関する研究』No.153
大阪市健康福祉局, 2004, 『大阪市ひとり親家庭等実態調査報告書』
㈳部落解放・人権研究所編, 2005, 『排除される若者たち——フリーターと不平等の再生産』解放出版社
生活保護手帳編集委員会編, 2006, 『生活保護手帳 (2006年度版)』中央法規
庄司洋子, 1997, 「ひとり親家族の貧困」庄司洋子・杉村宏・藤村正之編『貧困・不平等と社会福祉』有斐閣:85-112
武川正吾, 2005, 「雇用の流動化と生活保障システムの危機」『家族社会学研究』17-2:40-50
田宮遊子, 2006, 「なぜ日本のシングルマザーは貧困なのか」『季刊 ピープル・プラン』No.35:96-103
都留民子, 2000, 『フランスの貧困と社会保護』法律文化社
湯澤直美, 1998, 「ひとり親家族支援」庄司洋子・松原康雄・山縣文治編『家族・児童福祉』有斐閣:185-211
湯澤直美, 2005, 「ひとり親家族政策とワークフェア——日本における制度改革の特徴と課題」社会政策学会編『若者——長期化する移行期と社会政策 社会政策学会誌』第13号, 法律文化社:92-109

第8章　同性愛と排除

> **要　約**
>
> 本章では同性愛者に対しての偏見・排除に関して論述する．ただし，多様なセクシュアリティのなかで同性愛だけを切り離しての論述は避ける．それゆえに，まずはセクシュアリティ全般について解説する．また，同性愛者への偏見・排除が異性愛者からの一方的・画一的なものであるという視点は避ける．同性愛者は多様な排除のなかで多様に対応して，自己のセクシュアリティを生きていることを描き出す．
>
> **キーワード**：セクシュアリティ，性自認・性指向・性嗜好，同性愛（者），異性愛社会，排除

1　はじめに

　当たり前のことであるが，「social exclusion（社会的排除）」という概念が日本に入ってくるずっと以前から，「排除」ということは行われていた．にもかかわらず，この概念によって，現代の日本社会を再考察しようという試みは，そこに，以前の搾取・剥奪・差別・偏見・排除ではとらえきれない事態に現代日本社会が見舞われているからである．マルクス主義理論での搾取・剥奪・疎外概念ではとらえきれず，また，民主主義理念の社会保障・社会福祉理論でもとらえきれない時代が訪れてきているからである．

　その典型が雇用・就労問題，医療・福祉・教育の切捨てと，そこから派生する諸問題・諸排除であろう．これらの排除を現代型排除もしくは戦後政治経済システム疲弊機能不全型排除と名づけることは可能である．

　ところが，こうした現代型排除とはほとんど関係なく，以前からの差別・偏見そして排除が未だに続いている領域も存在する．そのひとつが，同性愛者に

対しての差別・偏見・排除である．「social exclusion（社会的排除）」概念は，現代型排除を問題とするのは当然のことであるが，と同時に，こうした以前からある排除も考察の射程内に入れての概念である．

2 セクシュアリティの重層性とセクシュアル・アイデンティティ――

1）性自認

　性に関しての自己認識はきわめて重層的である．こうした重層性をある程度整理しておかないと，性の複雑さを全体的に理解することはなかなか難しい．そうなると，「同性愛」「トランスジェンダー」「小児性愛」「SM」等々と，個別化された問題として理解し，処理してしまうことになる．そこで本章ではまず初めに，この「性（sex, gender, sexuality）」というものを，体系的にみていくことにする．

　まず第1に問題となるのが，自分の性はどちらの側にあるのか，という自己認識である．「私は男／私は女」という自己の性認識（「性自認（gender identity）」）である．

　人は肉体的（外形的）に，社会的に，自己認識的（精神的）に，自己の性を認識する．肉体的（外形的）次元にて自己の性を男／女と認識するのが肉体的（外形的）性認識であり，SEX（生物的遺伝的な性）次元での性認識である．社会の性規範・性役割に基づいて社会的存在として自己の性を認識するのが社会的性認識であり，GENDER（社会的な性）次元での性認識である．これに自己の精神的性認識が加わり，統合された性の自己認識が完結する．

　大多数の者はこの3つが矛盾なく一致し，安定した認識をもつに至る．ところが，トランスジェンダー（transgender，性別越境者）の場合は，肉体的（外形的）性認識と社会的性認識とは一致するものの，精神的性認識（性自認）がそれらとズレてしまう．私の体は男／女であり，今まで男／女として生きてきたし，周りの人たちもそうみている，でも私の心は女／男，という具合に，逆になってしまうのである．

第8章　同性愛と排除

そうなると，生活の各局面で違和感が生じだし，現在の性とは別の性でありたかったと強く思うようになり，また，現在の自己の性を嫌悪するようになる．そして，それが高じると，現状の肉体的社会的性で生きていくことが耐えられないほどの苦痛となるのである．

このトランスジェンダーには，男の性から女の性に移行したいという願望をもつ「MTFTG (male to female transgender)」と，女の性から男の性に移行したいという願望をもつ「FTMTG (female to male transgender)」とがある．また，違和感の弱い程度から強い程度までさまざまであり，深刻な場合は医学的な治療対象とされ「性同一性障害 (gender identity disorder)」というカテゴリーが付与される．

2）性欲望

性自認は自らの性に対しての認識次元であるが，他の性的なるものは性欲望次元で展開される．

まずは，性欲そのものの存在の有無である．性欲がまったくなければ，性欲にまつわるさまざまな指向・嗜好も問題とはならない．しかし，「無性欲 (asexual)」な人間として生きていくことは，若い世代では，性欲があってあたりまえという世代ゆえに，ないことが苦痛となり，逆に，年寄りに対しては社会から無性欲の存在となることが期待されているがゆえに，年寄りのお茶飲み友だちはほほえましく肯定されても，年寄りのマスターベーションやセックスは，否定されることはなくても，けっして歓迎されることではない．

ほとんどの人は，多かれ少なかれ性欲をもつ．この性欲の対象が物であるならば「フェチシズム (fetishism)」というカテゴリーが付与される．人間でなく動物であるならば「獣姦 (zoophilia)」となる．人間であっても死んでいれば「死体愛 (necrophilia)」である．子ども（13歳未満）であれば「小児性愛 (paedophilia)」，少女・少年（13歳以上18歳未満）であれば「少女性愛・少年性愛 (phebophilia／ロリコン・ショタコン)」，年寄りであれば「老人性愛 (gerontophilia)」，そして，生きた人間であって異性ならば「異性愛 (heterosexual)」とな

り，同性ならば「同性愛（homosexual）」とされ，異性・同性の両方であれば「両性愛（bisexual）」とされる．さらに，フェチシズムから老人性愛までは「性嗜好（sexual preference）」というカテゴリーで一括され，「異性愛・同性愛・両性愛」は「性指向（sexual orientation）」として別のカテゴリーが用意されている．ただし，いずれにせよ性欲次元であることには変わりない．

　異性愛も同性愛も程度的概念であり，バリバリの異性愛からバリバリの同性愛まで性指向は連続体として現われる．したがって，男と男が抱き合っているところを想像するだけで気分が悪くなる，というバリバリの男性異性愛者もいれば，醜い女だったら美少年のほうに性欲が湧く，という同性愛に接近した男性異性愛者もいる．それを適当にカテゴライズして，「異性愛（者）」「同性愛（者）」と2区分化したり，「両性愛（者）」を加えて3区分化したりしているにすぎない．よって，同性愛者であるか否かの最終判断は本人の自己認識によって決定されるという，主観性に依拠せざるをえないのである．

　また，同性愛は，現在の日本では，精神医学的にも法律的にも「異常」とも「逸脱」とも規定されていないが，その行為に及べば「異常」であり「逸脱」であると，往々にして社会からみなされ，行為に及ばなくても，同性に対して性欲するということだけで「異常」とみなされる傾向にある．なぜならば，「逸脱」という概念は行為に対して付与される概念であり，よって，人が同性と性交したいと思っているだけでは逸脱とはならないからである．また，「異常」とは行為のみならず意識・性格に対しても付与される概念であり，よって，人が同性と性交したいと思っているだけで，その人は異常とみなされるからである．もちろん，思っていて実行したら，逸脱であり異常である．

3）性指向と性嗜好

　性の欲望は異性に向かうものという強烈な観念が社会を支配している．これを人によっては「異性愛強制社会（もしくは強制異性愛社会）」と呼ぶが，この観念に基づいての抑圧と排除は西欧社会では，わが国の男色（男性同性愛，少年性愛）の歴史と比べてみると，きわめて厳しい．性に対しての抑圧と排除が

男性同性愛者に対して最も強烈に行われたがゆえに，解放運動が沸き起こり，イデオロギー化・政治化したのは，性欲望次元では同性愛だけである．それゆえに，同性愛のみ他の性的欲望と峻別され，性指向という特別のカテゴリーが用意されたこともうなづける．他の性的欲望は，今のところ，イデオロギーとも政治ともなじみのないこととして，性欲の重層性のなかで埋没している．

　さて，この性嗜好は，欲望の対象だけでなく，欲望のあり様をも含んでいる．鞭・縛り・ローソク垂らし・首輪をつけて動物扱いする等の「サディズム・マゾヒズム（S・M, sexual sadism & sexual masochism）」，排便を見たり，大小便をかけたり，飲んだり・食べたりという「スカトロジー（scatology／coprophilia）」「覗き（voyeurism）」「露出（exhibitionism）」等々，さまざまな性欲が性嗜好として一括される．

　性指向は個人としては変えようのないものである．これに対して，性嗜好はいくらでも変えられると思われがちだが（だからこそ「嗜好」と命名されている），性指向同様，本人が意識してなったわけではないし，変えようのないことである．なぜ，少女が好きになったのか，その行為を我慢することはできても，少女に向かう性欲は変えようのないことである．性指向同様性嗜好も，本人にとっては変えることのできない性欲なのである．

　こうした性欲は既に述べたとおり程度的概念であり，ごく軽い傾向性から重大な症状を呈するに至るまでさまざまである．精神医学では，その最たる症状に焦点を当てるため，すべてが「異常」「倒錯」という診断がなされ，「〜フィリア」といった病名が付与されるのである．なお，これらを総括したパラフィリアと呼ばれる分類の他には性機能障害がある．

4）セクシュアリティの重層性とセクシュアル・アイデンティティ

　もし，人（たとえば，30歳のある男性）が自己のセクシュアリティを述べるとしたら，まず性自認の次元では，私は「肉体的にも・精神的にも・社会的にも男であり」，性欲望の次元では，私は「性欲旺盛で，自分より歳下の若い女性が好きで，色白でぽっちゃり系の巨乳が好みで，いくらかS気があり，ソフ

トSMが好きで，フェラチオが好きで，できればアナルセックスもしたい」と，かなり多様な性欲望を述べることになるであろう．このようにセクシュアリティは，1人の人間のなかにあって重層性をもって存在している．そして，多くの人の場合，この重層性と折り合いをつけて，日々の生活を営んでいる．それゆえに，自己の性的アイデンティティを自覚的に受け止めることには希薄である．なんとなく男であって，なんとなく女が好きで，なんとなく好みがある，という次第だ．

ところが，そうはいかない人たちがいる．さまざまなセクシュアリティのなかのひとつに同性愛というセクシュアリティのある人は，自己の第一セクシュアリティを同性愛と定める．そして，そこに自己のセクシュアル・アイデンティティを求める．

「問題」「危険」「病気」「異常」というレッテルを社会から付与されたセクシュアリティをもつ人たちは，重層性をもつ自己のセクシュアリティのなかから，「問題」「危険」「病気」「異常」というレッテルのともなったセクシュアリティを自己のセクシュアリティの第一と定め，自己のセクシュアル・アイデンティティをそこに求めざるをえないのである．求めたくないのにもかかわらず，求めてしまうのである．

それでは，こうした「問題」「危険」「病気」「異常」というレッテルを社会から付与されたセクシュアリティを複数もつ人は，いったいどうなるのであろうか．たとえば，このような人の場合はどうであろうか．

ある男は女になりたいと思っていて，そして男に愛されたいと思っている．オネエ言葉を使い，女装して男に性欲を抱く．さて，その人は自己の第一セクシュアリティを女装（もしくはMTFTG）と定めるか，それとも同性愛と定めるか．また，ある男は12歳くらいの少年を縛り，屈辱を与えてセックスするのが好きである．その彼は自己のセクシュアリティの第一義を同性愛と定めるか，小児性愛（もしくは少年性愛）と定めるか，それとも性的サディズムと定めるか．

その場合，一概にはいえないが，第1に「概念（言葉）」が流布している時

代状況に左右される．たとえば，わが国では，1960年の頃までは，トランスジェンダーも同性愛もサディズム・マゾヒズムも，さほど峻別されていない．そんな時代では，みな「変態性欲」というカテゴリーで済んでしまう．したがって，そのような時代では，自己の第一セクシュアリティは「変態」となる．また，1970年代の頃までは「女装」と「同性愛」の峻別は定かではなかった．当時のはやり言葉である「シスターボーイ」も「ブルーボーイ」も「ゲイボーイ」も，「女装」でもあり「同性愛」でもあった．そのような時代状況では，私は女装者か・同性愛者か，と迷うこともない．さらに，「トランスジェンダー」という言葉がわが国で流布したのは1990年代の後半からであり，それ以前はトランスジェンダーというカテゴリーがなかったため，FTMの女性たちは，自己を「トランスジェンダー」として認識することが出来ず，「タチ（男役）のレズビアン」として認識していた．

　第2に，「問題」「危険」「病気」「異常」という社会からのレッテルの激しいセクシュアリティを第一義的に定めてしまう，という傾向が伺える．問題性のないセクシュアリティは自己にとって自覚性が乏しいのだが，それは裏を返せば，問題性のあるセクシュアリティほど自覚せざるをえない，ということになる．「異常」と思えば思うほど，そのセクシュアリティが第一となり，そこにセクシュアル・アイデンティティを求めてしまうのである．

3　同性愛者への排除と同性愛者の対応

1）異常の自覚化と自己嫌悪

　多くの場合，同性愛者は，思春期に至り，自分の性的関心が同性に向いているのではないか，という自覚が現われだす．その始まりは「友だちと自分はどこか違っている」という自覚であり，この頃はまださまざまなセクシュアリティから性指向だけが突出するということはない．しかし，それが「自分は男／女なのに男／女が好きだ」という自覚が明確化されていくにつれ，「同性が好き」という「性指向」がさまざまなセクシュアリティのなかで突出してくる．

男子の場合，このすぐ後，単に好きというだけでなく，性欲をともなっていることに気づく．
　しかし，ここまではあんがいと本人は傷ついていなかったり，自己嫌悪に陥っていないことが多い．性的に同性が好きという認識は，それが社会的にどのような意味をもっているのか，という認識に即繋がるわけではないからだ．したがって，ここまでであるならば，同性愛は一般と性指向が異なるというだけのことであり，「変わってる」というだけのことである．
　ところが，その後，同性が好きということは，異常なことであり，気持ち悪いことであり，もしそのことを他の人に知られたらどんな差別・排除に遭うかわからない，ということがわかりだしてくる．同性愛者が自己嫌悪に陥るのはここからである．こうなると他のセクシュアリティは眼中になくなり，「同性が好き」という，その1点に自己の存在を集中させてしまう．
　青年期は精神状態の不安定な時期である．その青年期の最中に，逃れようのない自己嫌悪に陥ることになる．こうなると，今までの自己も人間関係も生活も一変してしまう．明るかった性格が突然暗くなり，笑わなくなる．人の顔色を伺うようになり，神経質になる．自分を隠すようになり，仲良しの友だちを避けるようになり，友達関係が変容する．しかも，同性の友だちが好きになってしまったら，打ち明けることも出来ずに，悩み苦しむ．楽しいはずの青春が灰色となり，勉学にも気が入らなくなり，怠惰な生活になっていく．それゆえに，成績は低下し，親とも対立しだす．さらに，男性同性愛者の場合，本人の自覚以前に「女のような奴」ということで，いじめに遭うということがしばしばある．
　このように，「同性が好き」という性指向が，青年期危機を発現させ，性格も人間関係も生活も変えていってしまうのである．同性が好きという性指向の次元の事柄が文化的圧力により，異常と排除の次元の事柄に変容してしまうのである．
　同性愛者は情報を得ようとする．この点では，現在は，以前に比べればきわめて恵まれている．インターネットは情報の入手ということで画期的な貢献を

果たした．今ではネットを検索すれば，いくらでも情報を得ることができるし，また，自分と同じ人が世のなかにはたくさんいるということがわかる．

　しかし，十数年ほど前まで，情報はきわめて少なく，しかも歪んだ情報が氾濫していた．心理学や精神医学の書には，「同性愛」は「思春期にはよくあること」と解説され，また「異常性愛」と解説されていた．結果，「そのうち治る」と思い込む（思い込みたい）．しかし，いつまでたっても治らない．周りの友だちで，同性が好きと言っていた人たちはいつしか異性と恋愛しだす（これは，女性同性愛者に多いケース）．自分ひとり未だに同性が好き．そうなると，後に残るのは「異常」ということになる．テレビからも，周りの人たちの会話からも，「同性愛者は気持ち悪い」というメッセージが伝わってくる．周りをみても同性が好きなんて誰もいない，自分ひとりだけ，と思うようになる．こうして，上記の性格変容・関係変容・生活変容が引き起こされるのである．

2）隠す，篭る，打ち明ける

　異常というレッテルを貼ることにより排除する社会では，異常というレッテルを貼られる危険性のある当事者は，当然のこととして自らを「隠す (closed)」．隠して生きていくことになる．隠して生きていくことは，隠した部分において，他者を排除し，自らを孤立化させることになる．自己防衛するためには，他者を入り込ませないようにバリアーを張る必要があるからだ．

　中学生，高校生，大学生は学校で隠す．社会人は職場で隠す．両者ともに親に隠し，友達に隠す．隠しながら，親との生活を送り，学校に行き，職場で働き，友達と交わる．そして，その際には異性愛者を装う．本来の自分を押し殺し，本来の自分とは異なる自分を演じなくてはならない．そうしなければ，「異常」「気持ち悪い」というレッテルを貼られ，排除されるからだ．

　排除された者は本来の自己を取り戻すための居場所を求める．こうして，同性愛者だけのコミュニティが形成される．しかし，そこは「コミュニティ」ともいえるが，他から隔離した（された）「ゲットー (ghetto)」ともいえる．異性愛者を排除しての「篭もりの場」であるからだ．

１人で隠していることは孤独で辛いことだが，同じ仲間とともに居場所（篭もりの場）を共有することは楽しいことである．しかし，両者ともに社会に対して隠すということでは変わりない．こうした状態から自らを解放しようとする試みが「カミングアウト（coming out）」である．異性愛者に対して自己の性指向を提示すること（打ち明けること）である．この自己呈示はきわめて危険をともなう．まかり間違えば，異常のレッテルを貼られ，差別され，排除される．

　それゆえに，慎重に打ち明ける相手を選ぶ．まずは信頼できる友だちであること．しかし，それだけでは危険．性に対して寛容な考え方をしている友達でなくてはならない．そうであるならば，たいがいは成功する．「前から，そうじゃないかなと思ってた」「ふーん，そうなんだ」と，あっけない返事が帰ってくることが多い．しかし，親に対しての打ち明けは，そうはいかない．友達なら選んで打ち明けられるが，親は選べないからだ．

　さらに危険なのは，好きになった人への打ち明けだ．これはほぼ100パーセント失敗する．「自分は同性愛者だ」という打ち明けと，「私はあなたが好き」という打ち明けとは，根本的に異なるからだ．相手が異性愛者である限り，求愛は拒絶される．ここですでに失敗である．さらに，寛容な人であっても，自分が性的対象になっているということで，否定性は高まる．結果，打ち明けた人の期待どおりの返事はまず望めないことになる．最初のカミングアウトの失敗は，カミングアウトに臆病となり，篭もりの場から抜け出すことを困難にさせる．

３）さまざまな誤解と排除

　男性同性愛者は常にアナルセックスをしていると思っている異性愛者はきわめて多い．しかし，男性同性愛者でアナルセックスをする割合はさほど高くはない．また，アナルセックス経験のある男性同性愛者でも，誰とでも・いつでもするわけではない．また，挿入することは可でもされることは不可という者も当然いる．異性愛者でもアナルセックスを行う．その比率は同性愛者のほう

が高いと思われるが，異性愛者は絶対数が多いので，人数としたら異性愛者のほうがアナルセックス経験者は多いはずだ．

　男性異性愛者の描くレズビアン行為（女性同性愛者同士の性的行為）とは，若くて美しい女性同士の性的行為である．男性異性愛者にとって，こうした妄想は性的な快感である．それゆえに，男性異性愛者は男性同性愛者に比べると女性同性愛者に対して寛容である．しかし，若くて美しい女性だけが同性愛者ではない．美しくない人もいれば，年寄りもいる．70歳代の女性同性愛者でも性欲があれば同性と交わりたい．しかし，男性異性愛者にとっては，こうした当然のことが頭に浮かばない．そして，もし浮かべたとしたならば，とたんに女性同性愛嫌悪者に変身する．

　同様のことが，女性異性愛者にも当てはまる．女性異性愛者は男性同性愛者に対して実に寛容である．男性同性愛者（「おかま」）を美化し彼らにつきまとう人という「おこげ」なる言葉すら存在する．彼女らにとって男性同性愛者とは美少年であり，つるつるの肌で，感受性が豊かで，芸術的才能の持ち主である．まさに，「ボーイズラブ」「やおい」（美少年同士の恋愛物語）のコミックに登場する主人公とその相手の少年・青年である．それゆえ，こうした女性異性愛者は，ブ男の同性愛者，デブ・ハゲ・全身体毛の同性愛者，高齢の同性愛者が，互いに裸で抱き合いフェラチオやアナルセックスをするといった光景は描かない．描いたとしても，そうしたことは一切拒絶して，美少年のソフトタッチな性的行為のみを思い求める．彼女たちが肯定し，賛美するのは美少年の同性愛者だけだからである．

　面白くも悲しい話がある．やおい系のコミック誌で男性同性愛者の情報を得た少年がいた．その少年は，「ゲイであるためには美少年でなくてはならない」と思い込んでしまった．それもそのはず，「ボーイズラブ」や「やおい」系のコミック誌に描かれている同性愛の少年はみな美少年だからだ．その少年は自分は美少年ではないと思っていた．そこで，「自分は男が好きなのに，ゲイになることができない」と悲嘆した．実際の男性同性愛者に出会うまで，その誤解は続いたのである．こんなことすらあるのである．

異性愛社会で,ときとして同性愛者は過剰な肯定性を付与されることがある.しかし,それらのほとんどは異性愛者の勝手な思い込みによる.若くて美しいレズビアン,美少年の感性豊かなゲイ,コミカルで面白いゲイ.こうした肯定は,ブスで高齢の女性同性愛者,ブ男で高齢の男性同性愛者,何のセンスもない・面白くもない・そして性欲だけは旺盛な男性同性愛者を「レズビアン(女性同性愛者)」から,「ゲイ(男性同性愛者)」から排除する.異性愛者の幻想に適合しない同性愛者たち,ということで.

4)同性愛コミュニティのなかでの排除と寛容性

　同性愛者が同じと思ったら大間違いである.すでに述べたとおり,バリバリの同性愛者から限りなく両性愛者に近い同性愛者までいるし,性嗜好もさまざまである.男性異性愛者が千差万別であるように,男性同性愛者も千差万別なのだ.ところが,異性愛社会では,男性同性愛者は,みな同じ「男性同性愛者」とひと括りにする.異性愛社会では,男性同性愛者とMTFTGとの峻別すら定かではない.

　そこで,同性愛者同士の差異化ということが起きる.性自認が男性である同性愛者,つまり男として男が好きという同性愛者にとっては,女性的な同性愛者は異質であり,異性愛社会に「同じ」と思われることを嫌う.男性同性愛者＝(イコール)オネエ言葉の女性的男性＝(イコール)女装者などと思われては心外である.それゆえ,一部の男性同性愛者は,オネエ言葉の女性的態度の男性同性愛者と自らを差異化し,時には彼らを嫌悪し,同性愛コミュニティからの排除を試みる.異性愛社会のもつ誤解・偏見に対抗するがために,多様な同性愛者を多様なままに内包することなく,結果として分断してしまうという意識と行為が出現するのである.

　異性愛者にもMの者・Sの者がいる.当然,同性愛者にもMやSがいる.ドM・ドSは同性愛者コミュニティでも少数派である.彼らはマイノリティのなかのマイノリティを形成せざるをえない.

　さらに,同性愛者のなかにも小児性愛(少年性愛)の者はいる.まだ陰毛が

生えそろわないほどの少年が好きというわけだ．こういう小児性愛同性愛者は，その存在が異性愛社会でも明らかになるにつれて，そして「児童ポルノ・児童買春法」(正確には「児童買春，児童ポルノに係る行為等の処罰及び児童の保護等に関する法律」)が施行されるに及んで，異性愛者のみならず同性愛者もその性嗜好を隠蔽するようになってきている．異性愛社会で少女性愛者が異常化されているのと同様に，同性愛者のコミュニティにあっても少年性愛は異常化の過程を歩みだしているのである．

とはいうものの，男性同性愛者コミュニティは，異性愛社会よりも性的に寛容である．「フケ専」と呼ばれる若い男性同性愛者は中高年同性愛者が好みであり，中高年になっても，それなりに若い同性愛者と性愛を楽しむことができる．かなり太目(メタボ)の男性でも，全身体毛の男性でもそれなりにもてる．異性愛社会であるならば，女性にはまずもてないだろうと思われるような顔や体型や様相の男性でももてるのである．「2丁目に捨てるゴミなし」という言葉があるが，それは新宿2丁目(日本最大の男性同性愛者コミュニティ)ではもてない男はいない，という意味である．

また，性的行為に対しても男性同性愛者は寛容である．セックスしたければ，素直に「したい」「やりたい」と言えばよい．「何よ，いやらしい，このスケベおやじ」などという下品な返事は帰ってこない．もし，嫌なら「すみません，好みではないので」という断りがくる．「好み・好みでない」という基準で判断し，そしてそのような会話となる．ただし，こうした世界がはじめての場合は，いささか問題となる．

再度，面白くも悲しい話をする．ゲイ雑誌で知り合い，ある同性愛の青年は，ある同性愛者と会うことになった．自分以外の男性同性愛者と会うのはこれがはじめてである．昨日は興奮して眠れず，胸ドキドキの状態．会ったら何を話そうか，嫌われないようにしなくては，等々，いろいろな思いが頭を巡る．ところが，会った途端に，その同性愛者は青年をラブホテルに誘った．「さ，早く，時間がないんだから」といった具合である．お互いに待ち合わせをして会うということは，一部の遊び慣れた同性愛者にとっては，セックスすることを

意味しているからだ．しかし，その青年は男性の態度にショックを覚え，「同性愛者は性に汚い・ふしだらだ」と思わずにはいられず，それがいつまでもトラウマとなって残ってしまい，自己の性指向すら嫌悪してしまったのである．

5）パートナー関係

現在のわが国では，異性に対してのみ婚姻が認められており，同性間の婚姻は認められていない．したがって，同性愛者は婚姻関係を結ぶことができない．たとえ結婚したとしても，それは内縁の関係であるし，たとえ内縁関係を長期に継続したとしても，異性間の内縁関係のような法的解釈をしてもらえることはない．

したがって，財産の相続，税金の控除，等々，夫婦であるならば当然の権利として与えられることが一切与えられない．それだけでなく，社会的慣例となっている，たとえばパートナーが入院の場合の病院との対応，パートナーが亡くなった場合の親類との対応なども正当化されない．親や親類縁者からも，仕事の関係者からも夫婦として認められないし，内縁関係とすら認められない．もちろん，親公認のパートナー関係をもちえている場合も多々あるが，たいがいの場合は，2人だけの閉じた関係か，もしくは同性愛者の仲間たちだけ公認の関係となる．

それゆえに，同性愛者は制度的保障の外で，また社会的承認の外で，自らのパートナー関係を構築していかなくてはならない．このことは，言い換えれば，制度に縛られることのない，社会的慣習に縛られることのない，自由な関係を構築することができる，ということを意味してもいる．もちろん，限定的で相対的な自由でしかないが．

性別によって，また収入の多少によって関係性が規定されるということはない，そんな関係がつくられる．ともに生活していても，財産は個人所有となることが多い．ベッドとテレビと電子レンジとエアコンはAさんの所有，たんすと冷蔵庫と洗濯機はBさんの所有，パソコンは各自持ちで電話はケータイ，といったように．ともに生活する以前からの持ち寄りの財もあるが，ともに生活

した後で購入した際でも，どちらかが購入し，その人の所有とするのである．なお，マンションを買うということでは，片方が購入し，他方は毎月家賃を払うという方式がよくとられている．これは，互いの経済的自立性を物語るものであると同時に，民法の規定を受けないため共通財とできないがゆえの生活上の工夫でもある．

　生活費は割り勘の場合もあれば，収入の多少による比例制の場合もあれば，各自が自分の食べるものは自分で買い，管理するという個別性の場合もある．冷蔵庫のなかは，Ａさんの食べ物・Ｂさんの食べ物が入っている．この場合は，空間を互いに共有しているというだけで，財はすべて各々の個人所有となる．

　したがって，互いに最低限の生活をするだけの経済力が異性愛者以上にパートナー関係として重要視される．自立している者同士の共同生活ということである．また，こうした傾向は男性同性愛者の場合に多い．なぜならば，彼らは２人の関係はいつか終わりがくるという前提で，２人の生活を構築しているからである．男と女が結婚した場合，離婚という可能性があるにもかかわらず，夫婦は死ぬまでともに，という観念が支配しているため，離婚という前提なしに夫婦生活が構築される．しかし，同性愛者の場合には婚姻という制度がないゆえに，そのような観念もない．そして，実際のところ，男性同性愛者のパートナー関係は，互いに若い場合はきわめて短期間に解消されることが多い．これは異性愛者の婚姻関係以上であるし，女性同性愛者のパートナー関係以上である（もっとも，異性愛者の恋愛関係も短期間に解消されるが）．

　また，性愛関係を伴わないパートナー関係もわずかではあるが存在する．ＡとＢが同居生活し，ＡにはＸという恋人がいて，ＢにはＹという恋人がいる，といった具合である．性的な心地良さと生活するうえでの心地良さは必ずしも一致しない，ということを男性同性愛者は理解しており，別々のパートナー関係をつくっているのである．

　このように，同性愛者は婚姻という制度から排除されているがゆえに，制度からの自由を獲得しえるし，社会的な通念からも解放されるのである．そこから，新たなパートナー関係が構築されつつある．新しい文化は，中心からでは

なく周辺から出現するのである．

4 まとめ

1）まとめ

　同性愛者のライフコースを思うに，思春期における性の自覚が，自己の人格や人間関係さらには人生行路までもときとして変えてしまう．社会的に差別・排除される存在は，その自覚化とともに，自らその差別と排除に囚われてしまい，差別・排除される前から，自己の人生を狂わせてしまうのである．思春期の青少年にとってはあまりにも残酷な青春時代であり，そこから脱するまでは自己嫌悪と孤独の日々を過ごさねばならない．このように，社会の差別や排除の眼差しは，直接的に当事者を差別・排除するだけでなく，当事者本人自身の内面化をとおして，本人自らが本人を差別・排除するのである．

　こうした状況のなかで生きている同性愛者は自己防衛のために，自己の性指向を隠し，同じ性的指向性をもつ者とだけ交わり，自己防衛の生活を送る．同性愛者のコミュニティは自己の性指向の解放であり回復であるというメリットをもつものの，カミングアウトしないでも生きていけるというデメリットも有しているのである．

　同性愛者の場合，異性愛者とは異なり，婚姻制度に守られてのパートナー関係は構築しえない．制度から排除されているということが新しいパートナー関係を構築する契機となっている．しかし，それは婚姻という法制度のみならず，結婚という社会的承認すらも犠牲にして成り立つことである．若い頃はパートナー関係であっても気楽であろうが，老後はどうなるのかと思うと，そこには，子・孫なしの独居老人という境遇が待ち構えていることになる．

2）クイアから変態へ

　セクシュアリティの重層性は異性愛者にも同性愛者にも性的重層性をもたらす．異性愛社会ではこうした重層性は性自認でトランスジェンダーの傾向性を

もつ異性愛者，小児性愛・少女性愛嗜好をもつ異性愛者，等々に対しての差別化・排除化をもたらしているが，同性愛コミュニティにあっても，こうした動向がみられる．

しかし，近年「クイア（queer）」という概念が導入され，同性愛とトランスジェンダーとの融合化を図るという試みがなされだしてきている．このクイアとは日本語では変態ということになるが，日本語の「変態」のほうが概念が広い．クイアは性自認次元と性指向次元の概念であり，性嗜好次元が含まれていない．また，イデオロギー性・政治性をもつ概念である．それに対して，日本語の変態は性自認・性指向・性嗜好の3次元のすべてを含んでおり，イデオロギー性も政治性もほとんどない．

実は，わが国では，1960年頃までは，同性愛者も女装者もSMの者もスカトロ嗜好の者も，少年性愛者も少女性愛者も，一緒くたになって，ひとくくりで「変態」という名称が与えられていた．誰もが変態であり，その下位概念として同性愛・女装・SM・スカトロ・少年少女性愛，等が存在していた．それが1960年代頃から概念が独立化していき，共通性よりも異質性が顕在化し，互いに別の存在と認識されるようになっていったのである．

ここいらで，アメリカ輸入思考はひとまず置いといて，日本製の「変態」を復活させる方向性をもってもよいのではないだろうか．また「hentai」という言葉を国際的に広めてもよいのではないだろうか．もしそうなれば，大半の者が多かれ少なかれ変態となるのであり，変態人間こそがセクシュアル・マジョリティになるのであるが．そして，すべてのセクシュアル・マイノリティにとっての最大のsocial inclusionになるのであるが．

（矢島　正見）

【文献】

矢島正見編著，1997，『男性同性愛者のライフヒストリー』学文社
矢島正見編著，1999，『女性同性愛者のライフヒストリー』学文社
矢島正見編著，2006，『戦後日本女装・同性愛研究』（中央大学社会科学研究所研究叢書16）中央大学出版部

1994,『同性愛者のライフヒストリーⅠ』, 1995,『同性愛者のライフヒストリーⅡ』, 1996,『同性愛者のライフヒストリーⅢ―ゲイ14名, レズビアン3名の個人史―』, 1997,『同性愛者のライフヒストリーⅣ―女性特集―』, 1998,『同性愛者のライフヒストリーⅤ―女性特集―』中央大学文学部社会学科・矢島ゼミナール・同性愛調査研究会

第9章 医療における排除
——後期高齢者医療制度を事例として

> **要　約**
>
> 社会的排除には多様な位相がある．本章では，2006年に立法化され，2008年に施行された，後期高齢者医療制度を事例としてとりあげる．この制度は施行時から恒常的に批判にさらされ，現在も政治的に争点化され続けている．持続的な高齢者医療制度の構築をめざしたとされながら，なぜこうした批判が力を得続けているのだろうか．この制度が構想・成立するにいたった経緯，そこに含まれる論点，その提示様式を検討することを通して，医療における排除の一側面を明示する．
>
> **キーワード**：社会的排除，医療費適正化計画，健康格差論，高齢者像，シティズンシップ

1　問題設定

　医療における「排除」の問題を扱う場合，基本的に2つの領域が区分できるように思われる．ひとつは，医療制度へのアクセスからの排除という領域と，アクセスは前提とされた上での排除である．前者の典型例は，外国人労働者，あるいは国籍非保有によるシティズンシップの被剥奪者に見られる医療制度へのアクセスからの排除であり，後者の典型はシティズンシップを保有しつつ，何らかの理由により，実質的な医療給付が限定あるいは制限されたりする場合である．近年のシティズンシップ論を踏まえて表現すれば，前者は「非―市民」あるいは「外からの排除」，後者は「部分的市民」あるいは「内からの排除」の問題領域ということができる（亀山, 2007：87）．

　本章で事例としてとりあげる「後期高齢者医療制度」とは，この区別を踏まえていえば「部分的市民」あるいは「内からの排除」のケースに該当する．し

かし，「後期高齢者医療制度」はすでに政治的に争点化したテーマとなっているとはいえ，「制度」として立法化されたものとして，基本的に医療制度への包摂を企図した形式性をもっている．問題が「社会的」なものとして設定・認識され，それにたいする対策が立法措置を通して施行されるという経緯自体は，たとえその実施化の過程において現実上の問題点を抱えていようと，「排除」ではなく「包摂」の営為というべきである．とすれば，「後期高齢者医療制度」を「排除」論の事例としてとらえるということは何を意味し，そのことの積極的意味はどこにあるというべきだろうか．

この問いを念頭に，以下では，まず(1)「後期高齢者医療制度」と社会的排除／包摂論を連結するための予備作業を行い，次に(2)「後期高齢者医療制度」の輪郭と概要を鳥瞰し，(3)そこに潜む社会的排除の諸相を摘出し，(4)理論的含意と実践的含意を提示する，という作業を試みたい．

2 社会的排除／包摂論と後期高齢者医療制度

1）医療における排除：健康格差論と社会資本概念

最初になされるべき作業は，まず「医療」がいかなる意味で社会的排除／包摂論と関わるかである．この点に関しては，〈健康―病気／障害〉という次元が想定される．排除―包摂という概念は，そもそもあるものからの排除，あるいはあるものへの包摂であるしかなく，その「あるもの」とは何らかの意味でのコミュニティ（「市民社会」）を意味する以外にない．とすれば，病気／障害を対象とする「医療」は，何らかの意味での健康／健常者からなる社会への包摂を企図して営まれる制度ということになる．医療社会学の理論的基礎を据えたとされるパーソンズは，医療を「社会統制」（social control）を担う社会制度のひとつとみなし，病気を「逸脱」の一類型ととらえたが（Parsons, 1951），この視点は「社会統制」が「社会的統合」のためのメカニズムであるかぎりにおいて，広義の「排除／包摂」枠組みを採用していたとみなすことができる．そしてこの視点は，同時に「健康／健常」者を社会のなかで何らかの地位―役割

を遂行する存在ととらえる限りにおいて，病気／障害者を社会的地位—役割の遂行者へと再統合する，という観点をも内包していたことになる[1]．

医療は健康／健常者社会への病気／障害者の包摂に関わる制度である．こうとらえた上で，次に「医療における排除」とは具体的に何を意味しうるのかが問われなければならない．まず最初に想定されるのは，医療サービスへのアクセスが閉ざされている場合であり，これには外国人労働者のケースのように政治的権利が認められていない場合と，権利は認められていても実質的に制限が加えられている場合とが考えられる．後者の典型としては，医療における「地域格差」が挙げられるだろう．

しかし，医療の領域で近年とくに注目を集めてきているのは，「格差」論を受けての「健康格差」論であり，「医療における排除」の現代的問題を象徴していると見ることができる．貧困，失業，家族／婚姻上の地位，エスニシティ，性別，年齢，さらにはこうした要素の複合物としての「健康格差」が急速に問題視されるにいたっており，「社会資本」（social capital）というキー・コンセプトが「社会医学」的視点をともなった「新公衆衛生運動」の中核に据えられるにいたっている[2]．本論もまたこうした広義の概念—地平を共有した上で，「後期高齢者医療制度」をとらえようとするものである．

2）医療制度における高齢者の位置：社会的入院という歴史的経緯

「医療における排除」の現代的典型として近年の「健康格差論」をとらえたとして，次に「高齢者」がいかなる意味で排除論として扱われうるのかが問題となる．加齢にともなって，「高齢者」と呼ばれる集群が罹病率・罹患率が他の年齢集団に比べて高いということ自体は「排除」を構成しない．高齢者医療の問題が「健康格差」の問題としてとらえられるためには，高齢という共通要素の上で，その内部における社会的・経済的格差が「健康格差」として出来するという事態がなければならない．そして，それが「排除」として析出されるためには，社会的・経済的格差が医療サービスの質とアクセスにおける格差に反映し，それが「健康格差」をもたらすという筋道が立証されなければならな

い．この視点が，後期高齢者医療制度をとらえる場合のメルクマールとなる．

　その点を確認した上で，日本における高齢者医療を考える場合に無視できない歴史的背景を指摘しておく必要がある．いわゆる「社会的入院」の問題である．この問題を社会的排除／包摂論の地平からとらえ返してみるならば，それを「医療」問題ととらえること自体にひとつの陥穽があることが理解されてくる．すなわち，医療的サービスよりもむしろ介護・福祉サービスが必要とされるであろう人びとが，それを無償で代替してきた家族制度の変容とともに受皿を失い，病院に長期にわたって収容されるという事態は，むしろ「福祉」制度の不備の結果とみなすべき事柄だという点である．医療史家の的確な表現を用いて表現するならば，日本においては医療制度が福祉制度の担うべき機能を代替してきた「福祉の医療化」という歴史的経緯をもっているという点である（川上，1965）．換言すれば，この文脈において高齢者は，「医療」からというより，「福祉」から排除されてきたとらえることができる．「医療における高齢者」を語る際に，「福祉」からの排除という視点が同時に要請されるというべきだろう．

3）排除論と高齢者

　最後に，「排除」と高齢者の一般的関係について言及しておきたい．「排除」には文化的次元がある．シティズンシップが認められていようと，高齢者は病気になりやすく，要介護状態に陥りやすく，そして死に近い存在とみなされている．退職とともに経済的にも，社会的ネットワークという点からも，下降線を描く存在とみなされている．こうした規定に対して，元気な高齢者が存在する，豊かな高齢者が存在する，社会的にも経済的にも現役時以上に活躍している高齢者がいる——こうした反論，修正はしかしある意味において認識を共有している[3]．ここで指摘したいのは，統計的割合の問題ではなく，社会的ステレオタイプの問題である．「高齢者」カテゴリーには特有のスティグマが付与されているという点である．そして「後期高齢者医療制度」をとりあげる場合においても，古典的な高齢者スティグマに加えて，社会保障サービス受給に

ともなって発生する現代的スティグマという問題が根底に控えている[4]．

制度あるいは政策は問題の「認識」を前提としている．そしてその「認識」は，単なる統計的な数値からは導きだせず，数値に対する「解釈」を通して「認識」として成立する．そうした「解釈」を規定する要因を探り出すことも「排除」論の重要な課題となるだろう．

3 後期高齢者医療制度の概要

1）法的根拠と制度改革の骨子
① 高齢者の医療の確保に関する法律

「後期高齢者医療制度」の直接の法的根拠は，「老人保健法」(1983〜2007)と呼ばれてきた法律を改正し，「高齢者の医療の確保に関する法律」(2008年4月より)として表記されるにいたった法律に置かれている[5]．「確保法」と呼ばれるこの法律は，その「目的」(第1条)を次のように記している．

> 国民の高齢期における適切な医療の確保を図るため，医療費の適正化を推進するための計画の作成及び保険者による健康審査等の実施に関する措置を講ずるとともに，高齢者の医療について，国民の共同連帯の理念に基づき，前期高齢者に係る保険者間の費用負担の調整，後期高齢者に対する適切な医療給付等を行うために必要な制度を設け，もって国民保健の向上および高齢者の福祉の増進を図ることを目的とする．

「高齢者の医療の確保」がそもそも立法化される前提には，「高齢者の医療」がこれまでのやりかたでは確保できない，あるいは確保が困難となるという認識がある．その認識の焦点が医療費問題にあることがここでは鮮明に示されている．もちろん条文には，医療費問題は「国民保健の向上および高齢者の福祉の増進」という目的に対する手段としての位置づけを与えられているが，「医療費の適正化」と表現されている医療費抑制，とりわけ高齢者医療費の抑制が

法制化の基本前提とされていることをまず把握しておく必要がある．
　この論点は，第2条「基本的理念」第1項においても以下のように，明示的に示されている．

　国民は，自助と連帯の精神に基づき，自ら加齢に伴って生ずる身心の変化を自覚して常に健康の保持増進に努めるとともに，高齢者の医療に要する費用を公平に負担するものとする．

「確保法」の理念は「自助と連帯」にあり，この条文においては，「自助」とは「健康保持増進」義務を，また「連帯」とは高齢者医療費の「公平な負担」を意味するものとされている．ここにおける「公平な負担」とは，「老人保健法」(1983) の眼目のひとつが1973年以来の「老人医療費無料制度」の廃止にあったように，これまで複数の医療保険に籍をおきながら老人保健制度から医療給付を受けていた高齢者（この文脈では75歳以上）に，窓口負担とは別に新たに保険料の徴収を貸す「後期高齢者医療制度」の創出に具現化されている[6]．
　②　医療制度構造改革試案 (2005)
　この「確保法」の趣旨を具体化するための政策として打ち出されたものが，2005年に厚生労働省より提示された「医療制度構造改革試案の概要」である．そこには「医療費適正化」の実質的成果をあげるための2つの具体的方法 ((1)生活習慣病や長期入院の是正，(2)公的保険給付の内容，範囲の見直し，診療報酬改定) が提示され，それを実現するための重点政策として「後期高齢者医療制度」の創設がうたわれ，その詳細は以下の9項目からなっている．
　1　高齢者の身心の特性，生活実態を踏まえ，高齢者医療制度を創設する．
　2　75歳以上の後期高齢者の医療に配慮した独立保険とする．
　3　65歳から74歳までの前期高齢者については予防を重視して，従来の保険に加入したまま負担の不均衡を調整する新たな財政調整の制度を創設する．
　4　後期高齢者の保険料で1割，国保・被用者保険からの加入者に応じた後期高齢者支援金（仮称）（約4割）および公費（5割）を財源とする．

第9章　医療における排除

5　所要の患者負担を設ける．
6　後期高齢者一人ひとりに応益＋応能の保険料負担を求める．
7　1人当たりの平均的な保険料は現行とほぼ同じで年間7万円程度とし，低所得者に対する適切な軽減措置を講ずる．
8　世代間の負担の公平を図るため，今後後期高齢者の保険料総額の割合を高め，現役世代の負担の軽減を図る．
9　運営主体は市町村とした上で，財政リスクを分散・軽減するため，次の保険運営の安定措置を講ずる．
- 2年を単位とした財政運営の導入
- 保険基盤安定制度（低所得者の保険料軽減分を公費で支援）
- 高額医療再保険制度（高額な医療費に係わる都道府県レベル，全国レベルの再保険事業）
- 財政安定化支援事業（保険料の未異能，給付の見込み違い等に対し貸付け・交付を行う基金の設置）
- 保険料の特別徴収（年金天引き）を実施する
- 後期高齢者の診療報酬について，終末期の評価，在宅での看取りまでの対応の推進，入院による包括的なホスピスケアの普及など，後期高齢者の身心の特性等にふさわしい体系を構築する．

従来の制度（老人保健制度）との変更点で重要なのは，まず(1)75歳以上の独立保険としたこと（第2項），(2)後期高齢者保険料を新たに徴収し，その割合を1割，支援金（4割），公費（5割）としたこと（第4項），(3)運営主体を市町村としたこと（第9項）である[7]．

2）医療費適正化計画と病床削減

しかし，後期高齢者医療制度の問題を考察する上で，保険制度改革あるいは受益―負担割合の議論よりもある意味で切実な論点がある．それが「医療費適正化計画」とこれにともなう病床削減である．

「療養病床再編成」と命名された項目において，以下の内容が明記されている．

A　一般病床 91 万床を将来的には 60 万床にする
　　B　介護療養型病床を将来的には 13 万床削減して全廃する
　　　医療療養型病床 25 万床は将来的に 10 万床削減する

　高齢者用病床を総計で 23 万床削減するというわけである（しかも介護療養型病床については 2012 年 3 月末までにという期限がつけられている）．こうした病床削減計画自体はすでに 1980 年代の医療法改正にともなう「地域医療計画」の策定に見られているもので，中長期的には医師数の抑制とならぶ医療費の「供給」抑制政策の中核をなす一環であり，高齢者医療費の増大という事態を受けていることは理解できる．また，社会的に諸外国との比較において常に日本医療の問題点として指摘されてきた「長期入院」の是正のため，という方向性についても理解可能である．しかし，5 年間のうちに 23 万床の高齢者用病床を削減するという施策は，これまでの医療政策をみても例をみない大規模かつ大胆な削減であり，その衝撃に見合うだけの受け皿対策がどれほどの具体性・説得性をもって提起されたのかといえば心もとない[8]．また介護療養型病床は医療費抑制のために医療保険から介護保険への一部肩代わり案として 2000 年の介護保険法施行に基づき創設されたものであり，それを全廃するということの整合性もまた当然問われなければならない[9]．

　とくに「社会的入院」といわれる事態の是正のためには，医療の必要度の測定が必要とされざるをえない．その基準とされたのが「医療区分」であり，これは医療の必要性の高いものを「医療区分 3」，低いものを「医療区分 1」として，中位に「医療区分 2」をあてるものである．この基準は 2006 年の介護報酬・診療報酬改定によって療養病床の患者に適用されることになったものであり，この区分において「医療区分 1」にあたる患者が「社会的入院」に該当するということが前提とされているが，この基準を用いた数値の解釈と応用に対しては根本的疑義が投げかけられている[10]．

4 社会的排除論からみた後期高齢者医療制度

　ここまで後期高齢者医療制度の概要をみてきたが，ではこの制度を社会的排除論からとらえた場合に何が指摘しうるだろうか．まず，この制度が「国民皆保険」を維持してゆくという前提のもとで提起されていることを押えておく必要がある．高齢化・超高齢化にともなう医療費増大による医療保険財政破綻を回避するために，何らかの医療費抑制策を講じなければならない，という基本認識は共有されていると考えていいだろう．この論点に立脚するかぎり，「自助と連帯」の理念，あるいはそのための何らかの「医療費適正化」戦略の必要性も否定することはできない．悪評の高い「後期高齢者医療制度」であるが，後期高齢者の保険料負担は1割であり，9割は「公費」であれ「支援金」であれ，後期高齢者以外の現役世代負担によるものであるという基本構造は，一般論として「排除」というより「包摂」を企図したものとみなすべきだろう．また，「施設収容から在宅へ」という長期的見通しと世界的動向の導入それ自体も誤っているとは思われない．「畳の上での死」は大多数の人びとの望むものであり，それを可能とするシステムの構築自体は，医療あるいは福祉サービスの質という観点からも否定しえないものといえる．とすれば，問題はその理念が具体的にいかなる施策によって現実化されていくのか，その過程によって具体的に「排除」ととらえうるいかなる問題が発生しているのか，あるいはしていくと予想されるか，に絞られることになる．以下においてその諸相を検討する．

1）独立保険という点について

　後期高齢者医療制度の最大の特色といいうるのは，年齢（75歳以上）という単一の基準をもとに，他の医療保険から切り離された独立保険制度として構想されている点である．では，なぜ「独立保険」という形式が採用されたのだろうか．裏返して表現すれば，従来の高齢者医療制度である「老人保健制度」の

どこに問題があったとされたのだろうか.

　厚生労働省の公式見解では[11]，3つの理由が挙げられている．現役世代の「拠出金」（老人保健制度への）が増大し続けるなかで，①高齢世代の保険料の扱いが不明確，②実施主体である市町村は医療費を支払うだけで，保険料の徴収を行っておらず，責任が不明確，③国保では，市区町村によって保険料に最大5倍の格差が存在，という3点である（2「高齢者医療の歩み（老健制度からの見直しの必要性）」より）．この同じページの上段にある年表イラストをみると，①は老人保健制度への「拠出金」不払い運動（平成11年）が直接の契機になっていることがうかがえる．拠出金を出している共済組合，政府管掌健康保険，健康保険組合，国民健康保険のうち，それ以前から高齢化の進展により財政悪化が言われ続けていた国民健康保険の問題を中期的な背景に，負担増から財政破綻にいたる健康保険組合の急速な増大が直接の引き金となったという構造である．この問題は②とも連動している．つまり，「保険」と「給付」という枠組みを取る限り，負担と給付との関係が明確化していなければならないのに，従来の老人保健制度ではそこが曖昧にされたまま，各種保険者からすれば言われるがままの「拠出金」を出さなければならない，という構造にあったということになる．

　新制度の狙いが，直接「医療費」総枠の抑制あるいは削減にあったというより，「支援金」の明示化，責任の所在の明確化にあったことがここに示されている．

　この論点は「拠出」を行う保険者への「説明責任」，さらには財政状況に対する「責任」所在の明確化をめざしたものとして，一般的な契約関係においては妥当な指摘である．問題は，それを高齢者医療という文脈においても要請することが妥当か否かである．後期高齢者医療制度を独立保険とするということは，罹病率の高い集団を標的にした保険システムを構築することを意味し，ある意味で「リスク集団」を他の医療保険から抜き出して純粋培養するシステムである．拠出─給付の論理が「保険」の基本であるとすれば，これは「保険」の基本的枠組みから逸脱しているといわざるをえない．「保険」は自己責任を

第9章　医療における排除

前提としているのに対し，社会保障は「連帯」を原理としている．「後期高齢者医療制度」の公費負担・支援金負担に関しては，独立型だけでなく「突きぬけ型」「リスク構造調整型」「一元化」などの他の選択肢が提起されながらも，最終的に現在の形式に政治決着されたという経緯がある．そのかぎりにおいて，新制度は妥協の産物という側面をそもそも合わせ持っているが，保険としての「独立化」という形式自体に，後期高齢者の自己責任化という論理が示されていることは否定しがたい．もし「連帯」原理に立つとするならば，日本医師会が主張するような「税方式」を取るべきだろう[12]．

2）受け皿対策なき病床削減

　病床削減それ自体は，直接後期高齢者医療制度と関わるものではない．前者は医療供給制度に関わる施策であるのに対し，後者は基本的に保険給付に関わる制度だからである．しかし，療養病床の大多数を高齢者が占めているという実態を考慮した場合，2006年の同時期に両者が立法化されたことを踏まえるかぎり，また「社会的入院」の是正が「確保法」の重点目標のひとつと位置づけられてきたかぎり，この2つを切り離すことはできない．

　この問題に関して重要な点は，「在宅医療・福祉」化への方向性，あるいは供給統制を通しての「医療費適正化」という考え方それ自体にあるというより，それを現実化するに際しての手続き上の問題であるといえる．すなわち，現実に存在している23万床もの削減というかつてない規模の変革を行うに際しては，周到な受け皿対策を準備・確保した上で行うのが筋道といえる．しかし，この点に関するかぎり，福祉の強化が明確な形で現実化する以前の状況を前提にしたまま，削減計画が数値目標として先行的に提示されるという経緯をたどっているといわざるをえない．周到な実態把握と厚い客観的データの上に，受け皿対策を明確にした上でのみ，「社会的入院」の是正というマクロの理念は現実的に受容可能な妥当性を持ちうるというべきだろう．その限りにおいて，今次の病床削減計画は「退院強制」という批判を浴びざるをえない側面をもつことを否定することはできない．医療における実質的シティズンシップを危う

173

くする可能性をもつという点において，この問題は高齢者医療における「排除」の位相を典型的に示しているものということができる．

3）「適正化」論理の優先のケース

「確保法」の理念には，「国民保健の向上および高齢者の福祉の増進」を目的とし，「医療費適正化」は手段としての位置づけを与えられていた．しかし，[1][2]でも見られたように，本来手段とされてきた「医療費の適正化」が，自己目的化しつつ政策化されてきている傾向は否定し得ない．この点を象徴していると思われる点として，3つの項目を指摘しておきたい．

第1は，「年金天引き」に関連した措置である．この形式自体は介護保険をモデルとしたものであり，退職者医療制度と含む他の医療保険への在籍を前提としていた「医療」領域に，これを適用することにともなう利用者の違和感に対する配慮において欠ける点があったとはいえ，後期高齢者医療を独立医療保険とするかぎり，本来その拠出方法に関わる事務処理上の問題に属するものである．問題はこうした「拠出の普遍化」による財政安定化という形式と連動する形で，ペナルティ（延滞者への「資格証明書」の発行）賦課がなされている点である．フリーライダーを許さないための方策として理解可能とはいえ，その結果として事実上「保険」の枠から零れ落ちる層を生み出すという点は看過されてはならない．

「負担」を負わない者には「給付」も与えないという思考は，自己責任論に依拠した論理を前提としており，普遍的シティズンシップの理念という観点からの撤退を意味するといわざるをえない．

第2は，後期高齢者の身心の特性を考慮して創設されたとされる「終末期相談支援料」である．この診療報酬創設における最大の問題点は，「後期高齢者」だけを対象としているという点である．誰でも人生のある段階において終末期，あるいは死を迎える可能性がある．にもかかわらず，終末期のリビングウィル作成が「後期高齢者」の場合にかぎって，診療報酬として認められるという制度を採用した点である．高齢者の終末期医療費だけを標的にしたかぎりにおい

て，この制度設計には「安楽死の勧め」という視点があったのではないかという疑念を払拭することは困難である．おりしも，尊厳死法制化運動とこれに対する反対運動が展開されている現実を踏まえるならば，この診療報酬創設は無神経のそしりは免れない．世論の猛反発を受けて，急遽「凍結」にいたったが，同時に高齢者医療制度に対する「医療費適正化」推進のなかに，こうした「排除」的思考が脈打っていることを明確に示した事案であったということができる．

　第3は，「長期入院」の是正とならんで医療制度改革のもうひとつの柱とされた生活習慣病対策，とりわけ特定健診の問題である．治療重視から予防重視へという方向性自体に問題があるとは思われない．問題はここでも，優先順位の逆転と特定検診からの高齢者の排除である．すなわち，特定検診・特定保健指導は，まず生活習慣病の予防の徹底を通して，生活習慣病患者・予備軍を25％減少させることを目的としており，医療費の削減を最終目標として設計されている．また，従来の健診が市町村を実施主体として，全住民を対象としていたのに対し，特定健診は各医療保険者を主体としている．それだけではない，この健診の実施率，生活習慣病の削減率に応じて，後期高齢者医療制度への「支援金」の多寡がリンクされるという〈ペナルティーインセンティブ〉の仕組みが採用されている．「医療費適正化」の論理を，健康の自己責任論とリンクさせる視点が貫徹されているというべきだろう．特定健診の対象が40〜74歳とされている点にも留意すべきである．従来の老人保健制度であれば，全住民が対象とされていたのに，保健事業から後期高齢者はある意味において排除されるにいたったとみることができるからである．

5　結語

　後期高齢者医療制度は，形式的には「支えあい」あるいは「連帯」原理を軸に構築された「包摂」の試みという側面を持ちつつも，その理念の具体化の位相において，「医療費適正化」という論理が優先され，結果的に後期高齢者の

社会的排除ととらえうる思考様式を内在化させていることは否定しがたい．独立保険化という形式自体にはリスク集団を各保険者から除外するという動機が見出され，長期入院の是正を担う役割を負わされた大規模な病床削減計画には「退院強制」の懸念を払拭するに足る受け皿対策が欠けており，さらに「予防重視」あるいは「高齢者の身心の特性への配慮」などの表層の下に，高齢者・地方公共団体・保険者に対する拠出—給付の自己責任論に基づく〈ペナルティーインセンティブ〉枠組みが貫徹している．

　人は病に罹り，老い，障害を負って生きてゆく，そうした「脆弱性」（vulnerability）を本来的に備えている（Turner, 2004）．「自立」あるいは「健康保持」がかなわない事態が，人間の存在様式には組み込まれている．社会保障，あるいは生存権・社会権規定とはそれを前提として構築されてきた．「自助と連帯」その２つの理念を肯定しつつも，資源の希少性を不動の立脚点とする発想自体を相対化しつつ，両者の妥当な組み合わせを豊富なデータに依拠した上で，粘り強くさぐってゆく試みが要請されるべきだろう．

（進藤　雄三）

【注】

1）もちろん，パーソンズは「病気」を通常の役割遂行からの一時的な離脱ととらえており，慢性病あるいは障害のケースを十分にとらえることはできないという批判がされてきた．この議論は，エスニシティ論における「同化―多文化主義」論争とほぼパラレルな関係にあるということができる．また病気が「医療」に関わるとすれば，障害は「福祉」に関わるということもできるが，ここでは障害もあくまで病気と関連づけられたものとしてとらえておきたい．

2）こうした研究の代表は，イチロー・カワチの近年の著作（カワチ，I. 他, 2004, 2008；ダニエルズ，N. 他, 2008），あるいは日本においても川上（川上他, 2006），近藤（近藤, 2005）などに典型的に示されている．また2006年の日本保健医療社会学会では，イチロー・カワチを基調講演者として招き，シンポジウムが開催されている．

3）ここであげた２つの常識的な視点は，老年学の領域では長年にわたって「離脱理論」と「活動理論」という形で提示されてきた（コッケルハム, 2008を参照）．しかし，この文脈において指摘したいのは，「活動理論」自体が「離脱理論」に

第9章　医療における排除

対する反証・反論として提示されてきたという経緯である．両者はいわば同一パラダイムの枠内で異なったパズル解きに従事しているとみることができる．
4）すなわち，「高齢者」は単に暦年齢上の一定の位置を占める存在であるよりは，「高齢者」向けの社会福祉サービスを受給するという「行為」を介して，社会的・文化的な「高齢者」として社会的に生み出されるという側面である．この視点は社会学のなかではジンメルの「貧困」分析において，最初に試みられたものであり，ポーガムの「降格」概念のなかでも採用されている（中村，2007：59-64）．この観点を日本における明治以降のなかで生成してきたネガティブな「高齢者」イメージの生成という点に関しては，拙稿を参照されたい（進藤，1994）．
5）「確保法」は，具体的には2006年に定められた「健康保険等の一部を改正する法案」に伴って制定されている．しかし，この法案は一部改正とされているが，健康保険法，国民健康保険法，老人保健法，船員保険法，介護保険法，社会保険医療協議会法，地方税法など7つの法律改正を含んでおり，同時に整理した「良質な医療を提供する体制の確保を図るための医療法の一部を改正する法律」（これは5つの法律の改正を含む）とともに，医療制度改革関連法と総称されているが，その規模の大きさと影響の及ぶ範囲と深さは，一部で皆保険制度の創設に匹敵するともいわれている．
6）かつての老人福祉法（1963）にも，近年の健康増進法（2002）にも，「自己責任」系の議論は連続しており，高齢化―超高齢化の予測のなかで将来的医療費の増大，財政の再構築の必要という長期的見通しが，「自己責任」あるいは「公平な負担」という議論を要請しているという点では質的な差異はない．
7）こうした論点は，後期高齢者医療制度が介護保険制度をモデルとしていることに由来する．この点に関しては伊藤（伊藤，2001）を参照．
8）厚生労働省は，その受け皿対策としては，基本的に「施設処遇から在宅へ」という方向性のもとに，「在宅療養支援拠点」支援，あるいはケアハウス，老人保健施設への転換をめざしているとされるが（辻，2008：71-101），一方で退院後の受け皿不足のゆえに大量の「医療難民」が発生するとの危惧も強いものがあることも否定できない（吉岡・川上，2008）．この計画がメディアで公表されると，各界から批判が相次いで政治争点化し，事実上棚上げ状態にいたった点からも，その危惧と反発が強かったことがうかがえる．
9）この点に関しては伊藤（伊藤，2001，2008）を参照．
10）そのひとつは，「医療の必要」の基準とされた「医師による直接医療提供頻度」の意味が，「医師による見直しの頻度」であるという点である（吉岡・村上，2008：134-135）．そしてもうひとつは，医療の必要度を軸にした「医療区分」と介護の必要度を軸にした「ADL区分」を掛け合わせた表を作成した場合，医療区分が1であってもADLが3（自立困難）の場合，医療処置時間およびケア時間の双方において，医療区分2でADLが1・2のケース，医療区分3でADL

が1のケースより多い，という結果である（吉岡・村上，2008：23）．「医療区分」1であっても，介護度が「社会的入院」とはいえないケースがあるという指摘である．
11) 以下の記述は，厚生労働省のホームページにある「長寿医療制度の概要」（PDF）に依拠している．
12) ここでの論点のポイントは，〈拠出―給付〉枠組みを前提とする「保険」原理と，普遍的給付を前提とする社会権・生存権原理との対立である．もちろん，後期高齢者医療制度における「支援金」と「公費」負担の存在を前提とすれば，この制度が「保険」原理に依拠しているとはいえない．にもかかわらず，「独立保険」とするという形式設計のなかに，「保険」原理のメカニズムの作動を組み入れようとする意図を否定することはできない．このことは，2年ごとの負担率の見直しによってその増大を見込んでいる点にも表れている．

【文　献】

Cockerham, 1996, *This Aging Society*, Prentice Hall.（中野進監修，2008，『高齢化社会をどうとらえるか』ミネルヴァ書房）
Daniels, N. et al., 2000, *Is Inequality Bad for Our Health?*, Beacon Press.（児玉聡訳，2008，『健康格差と正義：公衆衛生に挑むロールズ哲学』勁草書房）
伊藤周平，2001，『介護保険を問い直す』ちくま新書
伊藤周平，2008，『後期高齢者医療制度』平凡社新書
Kawachi, I. et al., 2002, *The Health of Nations*, New Press.（西信雄他監訳，2004，『不平等が健康を損なう』日本評論社）
Kawachi, I. et al. eds., 2008, *Social Capital and Health*, Springer Science.（藤澤由和ほか監訳，2008，『ソーシャル・キャピタルと健康』日本評論社）
亀山俊朗，2007，「シティズンシップと社会的排除」福原宏幸編，2007，『社会的排除／包摂と社会政策』法律文化社
川上憲人ほか編，2006，『社会格差と健康：社会疫学からのアプローチ』東京大学出版会
川上　武，1965，『現代日本医療史』勁草書房
近藤克則，2005，『健康格差社会：何が心と健康を蝕むのか』医学書院
中村健吾，2007，「社会理論からみた『排除』」福原宏幸編『社会的排除／包摂と社会政策』法律文化社
二木　立，2007，『医療改革：危機から希望へ』勁草書房
進藤雄三，1994，「高齢者処遇の史的展開」『施設居住高齢者の研究生活に関する学際的研究』奈良女子大学生活環境学部（平成3・4年度　教育研究学内特別教育経費）
篠崎次男，2008，『後期高齢者医療制度と医療費「適正化」戦略』自治体研究社

Parsons, T., 1951, *The Social System*.（佐藤勉訳，1974，『社会体系論』青木書店）
土佐和男編，2008，『高齢者の医療の確保に関する法律の解説』法研
辻　哲夫，2008，『日本の医療制度改革がめざすもの』時事通信社
Turner, B., 2004, *The New Medical Sociology*, W. W. Norton & Company.
吉岡充・村上正泰，2008，『高齢者医療難民』PHP新書

第10章 障害児・者に対する社会的排除とソーシャル・インクルージョンをどうとらえるのか?

要 約

　障害児・者に対する社会的排除からソーシャル・インクルージョンにいたる展開を,①セグリゲーション(分離)②インテグレーション(統合)③メインストリーミング④ソーシャル・インクルージョンの4つの段階で整理した.その際,アメリカのインクルーシブ教育の原理とその支援の在り方をふまえて論を展開した.

　わが国においては,20世紀末の「社会福祉基礎構造改革」以来鮮明となりつつある「普遍主義」という名の「逆選別主義」を超える思想が求められている.

　それが,イギリス流ではない,本章で展開したソーシャル・インクルージョンの原理であり,国連の「障害者権利条約」にも底通するこの原理をふまえた今後の展開が求められる.

　キーワード:セグリゲーション(分離),インテグレーション(統合),メインストリーミング,ソーシャル・インクルージョン,国連障害者権利条約,最も制約の少ない環境,共感(可能性),合理的配慮

1　問題提起

　この論文とほぼ同時期に,わが国の「障害者自立支援法」に取って代わるべき「障害者総合福祉サービス法」に関する著作を編集し,いくつかの文章を書いたのだが,そこでも,みんなの問題意識として,20世紀末の「社会福祉基礎構造改革」以来きわめて明確になってきた,「普遍主義」という名の「逆選別主義」を超える視点をいかに確立するのかが論じられた.

　このことを,アメリカの1980年以降の新保守主義の流れのように,よくも悪しくもすっきりと整理できれば楽なのだが,わが国の産業・労働政策と社会福祉・社会保障政策の総体としての動向が関係しており,アメリカのある意味

での，あけっぴろげ（手の内丸出し）の傲慢さ・強引さに比べて，わが国の場合はきわめてこっそりと（アカウンタビリティーなく）なされる一連の政策についての分析は，なかなかに手強いものがある．一体わが国のステークホールダーたちは，アメリカと違って自分たちの利益を主張するのに，なぜにこうも弱腰なのか．みんな，日本医師会のように，厚顔無恥を装って，自分たちは，立派なことをしていますといえばいいではないか．いやもっといえば，こんな立派なことをしているから，これだけ稼いでいますといえばいいではないか．おそらく，医師会も会員向けの経営分析と，マスメディア・市民向けでは違う言葉を使っているのであろうが，みんなご立派な赤ひげ先生である必要はないどころか，それで飯を食っているのをうやむやにするから，妥当な要求の場合でも，うまく市民等を巻き込めずにこっそりしなければならなくなるのだ．医師会にしてそうなのだ．他の専門職団体が，胸を張って，われわれは社会やコンシューマーにこんなに貢献をしているのだから，その貢献と責務の重さに見合う社会的地位と所得がほしいというのを見たことがない．

　確かに，それをいいにくい文化があるというのか，それをいえば足を引っ張るマスメディア等が問題なのはわかる．しかしそれ以上に，それは，われわれの専門性と所得にかかわる問題である．私にしても，大学教員時代の賃金をうしろめたくて人には言えなかった．「地域福祉論」「ボランティア論」等の楽しい（？）授業をやりながら1000万以上の年収をもらい，一方，私の教え子たちは，年収200～300万円台で障害者支援をやっているのだ．そして彼らの支援する相手はといえば，わずかな障害基礎年金の一部と食費等の一部を自己負担させられて，それでも，一部の年金暮らしの高齢者はもっと大変なのだ，といわれる始末である．

　つまりは，われわれの専門性の問題と，社会的・賃金格差のあり様の問題である．現状では，社会や人間を秘密主義にし，分断してしまう．この国で，その仕事に就くのに，その資格を取るのに，それでそれなりの仕事ができるのに，どれ位の年限と金と努力とレディネスとコネクションと運と経験が必要なのかを，ある程度明らかにしてゆく必要がある．そして，その格差はそれらを総計し

て，市民が一般的に納得いくものであれば，それをベースにもっとやっている人はもっともらえば良いし，それなりの人はそれなりで良いのではないか．そうすれば，基本ベースは上がらざるをえないし，もらいすぎは下げざるをえまい．現在そうでないのなら，所得税等でそのようにもっていけば良いだけだ．市民が一般的に納得のゆく格差を否定する必要はないし，そうでなければ，そこまで忍耐と努力をする人もいなくなってしまう．

　はじめに，こんなことを書いたのは，わが国のステークホルダー分析の困難さの言い訳であると共に，最近，社会的格差や社会的排除の問題を取り上げている一連のTV番組等を見ながら，このレポーターたちや解説者たちが，自分たちの立ち位置と，自分たちの共感可能性をどうとらえているのか気になったからである．自分たちの立ち位置と共感可能性が，この論の展開のキーポイントである．

2 障害者への隔離・分断による社会的排除から，ソーシャル・インクルージョンへの展開をどうとらえるのか？

1）セグリゲーション（分離）の段階からインテグレーション（統合）の段階へ

　セグリゲーション（隔離・分離）は何も，人里離れた施設や病院のことだけではない．2007年のカリフォルニア州のPAI（Protection and Advocacy Inc.）の報告書にもあるように，学校における，隔離室（お仕置き部屋）のようなセクルージョンの問題も忘れてはならない．

　暴力や拘禁拘束や隔離（過剰投薬を含む）は，3つの点で人間を蝕む．
1. それをされる人間に，自分はそうされざるを得ない人間なのだという意識とトラウマを生む
2. それをする人間に，自分はそんなことをする人間なのだという意識と良心の磨耗と，さらには，そうされる人間にはそうするしかないのだという自己正当化を生む

3．それを見ている人間に，仲間に何もしてやれない無力感と，自分もそうされるかもしれない恐怖感と自己抑圧，さらには，彼等はそうされざるをえない人間なのだという差別意識を生む

1950～60年代の黒人たちのSeparate but Equal政策に対する戦いや，その後の女性解放運動と，入所施設や精神病院の縮小・解体運動と地域統合運動とはその理念を共有している．それはSeparateを求める特権的・差別的社会意識と社会構造との戦いである．

その意味では，女性解放運動は，黒人解放運動と障害者運動の接点に位置する．黒人解放運動の場合は，その社会の一般的な市民社会生活への参加・参画と享受は，主に社会の特権構造と差別的意識との戦いであるが，女性の場合は，生理や妊娠・出産といった女性の特性に対する合理的配慮がなければ，一般就労や教育場面で，その社会の一般的な市民社会生活への参加・参画と享受が困難な場面が想定される．障害者の地域自立生活運動は，さらにその合理的配慮の日常的不可欠性とそれが欠けていることが差別であることを明らかにした．そこでは，公共機関や移動交通機関等の社会的・環境的バリアの問題に対する，ユニバーサルなバリアフリー対応と，それでもなお個別的に必要な合理的配慮が，障害者差別禁止法や国連障害者権利条約の一般的基準である．ここまで来れば，今後のより少数の人びとの権利運動は，その戦いの道筋が見えやすいだけでなく，そのことによって，すべての市民の参加・参画権が保障されることになる．

2）メインストリーミングからインクルージョンの段階へ

インテグレーションの段階では，まだお互いに緊張関係が存在し，グループホームや地域の障害者センターに対する反対運動（コンフリクト）も存在する．ところが，やがて障害者をお客さん・よそ者扱いする段階から，もともと障害者は地域市民・住民としてメインストリーミングされた存在であり，障害者だけでなく，誰もが使いやすいユニバーサルデザインとユニバーサルサポートのまち作り・地域づくりをという考え方が生まれてくる．では，このメインスト

第10章　障害児・者の社会的排除とソーシャル・インクルージョン？

表10-1　2つの人間・社会の原理

A原理	B原理
異化の原理 多元多様化の原理	同化の原理 一般化の原理
存在の原理 平等の原理	発達の原理 競争の原理
安全性の原理 コスモスの原理	効率性の原理 リスクの原理
分権化の原理 自治の原理	集権化の原理 統治の原理

リーミングの段階で十分なのであろうか．

ここには，ソーシャルインクルージョンの危険なありようの問題点も見えてくる．「さあ，共に生きる仕組みは出来ましたよ．どうして一緒に働いたり，学んだり，暮らさないのですか？」「一般的な市民に対する地域生活支援は準備されていますよ．なぜそれを使わないんですか？」というユニバーサルなあり方・生き方の押し付けがうまれる可能性がある．普通の市民でなければならないという訳だ．わが国のように，貧しい障害者支援の国の支援サービスの普遍化・一般化は，多様・多彩な人間のあり方を尊重しない・できないのだ．「違うこと」との関係のなかにしか，人間の豊かさは存在しないことが分らずに，「同じであること」で，安定・安心しようとしているともいえる．

実は，このことは，わが国に特有というわけではない．表10-1にあるように，この両者は，ある種のバランスの上に成り立っている．それぞれの社会や制度は，Bの（市場）競争原理主義とAの完全平等主義の間のどこかに位置づくといえるが，人間にとってはどちらの原理も大切である．

たとえば，乳幼児期には，ロジャースのいうところのUnconditional Respect（無条件の尊重）のA原理が重要であり，児童青年の教育の世界では，このA・B両者の兼ね合いが重要であり，大人の生産の世界ではBの競争原理が重要である．しかし，生産の世界で，真に競争が展開されるためには，まさに，綱渡りの曲芸師が大胆な試みができるような，やぶれないセーフティーネ

ット（万が一落っこちた場合の受け網）が必要であり，再チャレンジできる仕組みや，そのような人にスティグマをあたえない文化が必要である．

このように，1人の人生のライフサイクルにおいても，両方の原理が共存しており，ましてさまざまな人種・民族・宗教・性別・年齢・障害・疾病・志向性の人間が共生・共存する私たちの社会が一枚岩の原理でうまく機能する事などありえないのだ．そして，そのことを見事に具現したのが，ソーシャルインクルージョンの世界である．この世界を理解するには，インクルーシブ教育の世界を理解するとわかりやすい．

3）インクルーシブ教育とは

まずは，その一般的な定義を見ておこう．

〈インクルーシブ教育とは，すべてのこどもたちが最も統合された環境でその教育に参加・参画することによって，すべてのこどもたちが何らかの形で必要な個別支援（合理的配慮）を相互に活用しながら，すべてのこどもたちのエンパワーメントを最大限支援すること〉

このインクルーシブ教育には，Regular Inclusion（部分的インクルージョン）とFull Inclusion（実質的インクルージョン）があり，前者は3分の2以上の時間を普通学級で学び，あとの時間は個別教育を特別教室等で受けることであり，後者は，すべての時間を普通学級で学び，必要な個別支援はその普通教室でなされるというものである．

私は，ここであえてspecial needsやspecial supportsを特別なニーズや特別支援と訳さず個別ニーズや個別支援と訳した．それは，インクルーシブ教育の求めるものが，すべての子どものエンパワーメントであり，そしてすべての子どもには何らかの支援の必要性があり，さらにいえば支援者としての可能性もあるからである．支援のいらない子どもはいないわけで，それを特別な支援としてしまえば，特殊な子どもに対する特別な支援と化して，そのような特殊・特定の子どもにのみ，多くの支援や予算が支出されることに特定以外の本人や家族は納得しがたいし，それはそれ以上に，支援を受ける子どもと支援を

第10章　障害児・者の社会的排除とソーシャル・インクルージョン？

させられる子どもを分断してしまう．

　確かに，大人数のクラス（それ自体が大問題）に，個別支援をかなり必要とする子どもCが突然入ってきた状況を想定すれば，それこそインテグレーション初期の緊張関係のなかでの出会い・相互関係の形成段階ということだ．そしてやがて，もともと教室にいる視覚障害児Dの点訳資料や，聴覚障害児Eの手話通訳や知的障害児Fのサポーター等があたりまえにあって，彼らへの支援が自由になされながら，一般的な教育プログラムが展開しているメインストリーミング段階に至る．

　では，インクルージョン段階の教育とはいかなるものなのか．

　その原則は3つある．

　①は，the least restrictive environment（最も制約の少ない環境，以降LREと表記）の原則である．

　この原則を支えているのが，アメリカ連邦法の1973年リハビリテーション法504条項や1975年全障害児教育法である．

　ここでは，それをふまえたアメリカの修正障害者教育法（IDEA, 2004）の著名なREAを示したPart B 612項（州の無償提供責任）の5（最も制約の少ない環境LRE）A（一般的規則）を見ておきたいと思う．

　「公立・民間を問わず，施設等に入所する場合を含めてすべての障害児は，可能な限り障害をもたないこどもたちと一緒に教育を受ける．そして特別教室・特別学校や一般教育からの分離は，普通学級において合理的配慮を行っても満足のいく成果が得られない状況の場合にのみ起こりうる」

　ここで示されているのは，たとえ，特別教室や特別学校が効果的・効率的に障害児教育を提供できるとしても，それは，最も制約の少ない普通教室で，個別支援（合理的配慮）を提供しても，一定の成果が得られない場合にのみ考慮されるということだ．そして，たとえ，一定の成果が困難であったとしても，直ぐに，特別教室が選択されるわけではない．次には，普通学級ではその成果を得ることが困難で，他のシステムの方が成果を得られる場合，つまりは，本人のエンパワーメント支援となりうる場合にのみ，その場面においてのみ

Regular Inclusion（部分的インクルージョン）として他の形態での個別支援が提供される．

　これは，地域自立生活における後見的支援の原則と同じである．原則は本人の自己決定・自己選択の最大限の尊重である．ただしここにはより大きな原則がある．それは，経験や選択（肢）や決定に対する支援を奪われたり，強制的・誘導的な自己決定・自己選択がなされないように，本人に対するエンパワーメント支援が機能していることが大原則である．そして，そのような自己決定・自己選択に対する諸支援がなされてもなお，そのことが困難であり，かつ後見的支援の方が，本人のエンパワーメントに資する場合のみ，その部分，その場面に限定して「部分的後見支援」が提供されることになる．

　②に大事なことは，インクルーシブ教育においては，障害児に対する特別な支援という特別枠を超えていることである．

　それは，たとえば知的障害児Ｆをいじめ始めたいじめっ子Ｇも，学校から排除されるのではなく，支援の対象だということだ．これは何も，そのような関係が一般社会の縮図であり，特別支援学校の特殊な環境では経験できないから排除すべきではないということではない．一般社会の縮図を超える縮図を経験できるからにほかならない．いじめるというアクティングアウトでもって表現されているＧとそのクラスの問題から目をそらせば，教育や社会のもつ格差構造や差別構造から目をそらすこどもたちを育てることにしかならない．一時的にはＧと一緒にＦをいじめる子も出てくるかもしれない．しかし，間違わなければ，Ｆを助けるものもでてくるに違いない．Ｆの本人教育（エンパワーメント）計画（IEP）だけでなく，Ｇの本人教育（エンパワーメント）計画（IEP）やＧの家庭環境に対する配慮や支援，さらにはそのことに影響を受けながら成長してゆくすべてのクラスメイトの本人教育（エンパワーメント）計画（IEP）が本人・家族・担任等で話し合われ，作られ，実行され，モニタリングされていくことだろう．

　つまりは，インクルーシブ教育は，社会に巣立ってゆくこどもたちを，できる限り差別や偏見をもたない社会人として養成しているのだ．これは，社会を

第10章　障害児・者の社会的排除とソーシャル・インクルージョン？

インクルーシブ社会に変革するための壮大な試みである．

　③に大切なことは，支援する側と支援される側の役割分担や役割固定化を超えていることである．

　これは，インクルーシブ教育の実践環境から必然的に生まれてくる．というのは，すべてのこどもたちが，何らかの支援を必要としていることが真に認識されれば，支援をする者と，される者が固定化されることはあり得ないからである．勉強で行きづまっている子Kも，出来すぎて面白くない子Mも，他人の臭いや視線が気になる子Pも，両親の離婚問題や兄弟の不和に悩まされている子S，Tも，運動や図工や音楽が苦手で苦しんでいる子U，V，Wも，吃音の子Xも，いじめる子Gもいじめられる子Fもあるいは，成績の上がり下がりに怯える子Yもみんななんらかの支援を必要としている．たとえば，よく数学ができるZが，数学で困っているHのサポーターを買って出たとしよう．このZは数学だけでなく，勉強は何でも得意で，スポーツもなんでも万能だったとしよう．この場合Zは教員の手伝いはするが，いつも支援（ボランティア）をする側で，支援（ボランティア）をされる側には立ち得ないと思われるかもしれない．だが人間は関係のなかでのみ豊かになる．Zが，できない子Hを，かわいそうに思って手助けしようとすれば，それに敏感に反応して，その手助けを拒否する場面も現れよう．そのことが，Zが同情から共感へとその全人的な豊かな関係性を育むきっかけ（契機）となろう．その契機（支援）を抱くか，見過ごすかは，Zのライフサイクルの現時点とその関係性の深さやZを支援する教員の資質等に規定されてはいるが．

　表面的に見れば，支援をしているだけ，支援をされているだけに見えるかもしれないが，それは皮相な見方に過ぎない．たとえば，全介助の重度の障害者の支援をすることは，時にはその人間をコントロールできることでもある．コントロールすれば，しかし，哀れな全能感以外に獲るのも何もない．相手が何を思い，何を求めているのかを考えれば，これは無限の世界である．重度の障害者の場合，おのれをさらけ出さなければ，つまりは最も傷つきやすいあり方を示さなければ実際の支援というものは手に入らない．生きるために支援を必

要とするものはそれを強いられており，一方の支援する側は，その裸の相手に対して構える必要のない関係性におかれている．支援する側が同情から共感にいたるレールは，見事に引かれているといえよう．後は，その一歩，つまりは彼らの痛みを受けとめつつ，彼らに同情という自己防衛ではなく，共感という他者の生き様の受容と，自分自身の抱える悩み・苦しみ・弱さ・困難つまりは自分も支援が必要であるということをも受容し，素直に認め合える関係性が生まれ出るかどうかである．

共感は，自分の弱さや支援の必要性を認め，他者に弱さを押し付ける（投射する）ことなく，他者の主体的な生き方を尊重しながら，お互いにその弱さを認め合い，支えあう心である．同情している間は，自分自身の弱い一面を出せないだけでなく，形だけ助けるのみで，助けてもらえさえできない．いつもよくできるしっかり者の長女として，自分のわがままも甘えたい気持ちも出せずに，学校でもどこでも良い子を演じ続けざるをえなかったZもまた，役割関係の深まりのなかで，役割関係のゆらぎとの役割関係を超えた相互支援関係と自我役割の解放を経験することになる．時には相手にゆだね，時には打ちあけ，時には支援することを拒否することさえ可能となる．

共感を生み出す活動は，一緒に楽しみながら自己・権利実現（エンパワーメント）してゆける活動であり，参加する市民に強がりをさせず，みんなが無理をせずやれることをやり，適当に助けてもらいながら，自分らしくなれる活動であり，これらの①②③のインクルーシブ教育活動の原理・原則が市民活動に普遍化されることによって，ソーシャルインクルージョンの原理・原則として位置づくことになる．

4）インクルーシブ教育からソーシャル・インクルージョンへ

私たちの論の展開は，インクルーシブ教育の世界をどうしても必要としたことが，おわかりいただけたであろうか？

たとえ，イギリス流のソーシャル・インクルージョンが，アメリカ流の金融（株主利益中心）資本主義・市場原理主義とも旧ヨーロッパ大陸流の社会的保

第10章　障害児・者の社会的排除とソーシャル・インクルージョン？

護・公共原理主義とも異なる，市場原理と公共原理の統合をめざす第三の道だといわれても，おいそれと「はいそうですか」という訳にはいかないのだ．

たとえば，両者に詳しい渡部亮はこう述べている．

「いずれにしても，株式利益向上のいわば前提条件として，従業員や地域社会の利益を位置付けようとしている点に，英国政府案の特徴がある．英国社会法に関わるこうした判断基準を『包括性（inclusivity）の原理』と呼んで，従来からの単純な株式利益の極大化論や利害関係者利益の均等擁護論とは区別している．この辺に労働党政権の掲げる『第三の道』の片鱗がうかがえる」（『アングロサクソン・モデルの本質』ダイヤモンド社，2003年，p.306）

イギリスのインクルージョンの原理が，このアメリカ流の「単純な株式利益の極大化論」や旧ヨーロッパ流の「利害関係者利益の均等擁護論」ではない，「株式利益向上のいわば前提条件として，従業員や地域社会の利益を位置付けようとしている点に」あるとすれば，それに対して以下の3点が，それこそ前提でなければならない．

① 前にも述べたように大人の労働の世界では競争原理が重要ではあるが，それがイコール株式利益向上を前提条件とすることにはならない．それこそ，イタリアと共に協同組合やソーシャルファーム等の株式利益を超えたさまざまな就労と生産形態を産出してきた国として，多様・多彩な生産―労働モデルの展開を前提としたいところである．

② たとえばドイツでは，各事業所における「経営協議会」が，労働者の人事と労働条件・労働環境に対して大きな権限を有するのみならず，5人以上の常用の重度障害者が雇用されている事業所には「重度障害者代表」をおき，その雇用や労働環境や合理的配慮について協議できることになっており，それを規制緩和への逆行ととらえるアメリカとは違って，会社の基本に労使の合意を置くことは，企業の社会的使命からも，また長期的な経営戦略においても考慮すべき点である．

③ もうひとつはいうまでもなく，柔軟なセイフティーネットの構築である．「ハンモックのように居心地がよくて，綱渡りをする気にもなれない」セ

イフティーネットではなくて，何度でも新たなる挑戦を試みたくなるような「心を揺すぶる」セイフティーネットとは如何なるものかが，児童・青年段階におけるインクルーシブ教育のありようと共に，私たちの最大の課題であろう．

「the Least Restrictive Alternative（最も制約の少ない選択原則）」の編著者であるターンブルはこう述べている．
「知的障害者に対するケアと教育において，リーダーたちは，彼らを失敗という経験から守りうる特殊な教育環境を弁護し始めた．この振り子は，さらに失敗の危険をなくすというところにまで行きすぎた．その結果，彼らは自分をコントロールする感覚，自発的な選択行為によって身に起こる物事をやりくりしうるという感覚を失ってしまうことになったのである」（中園ほか訳，中央法規出版，1995 年，p.62）
まさに，そのとうりであり，それがセグリゲーションの世界が生み出す，人生の管理の病なのだ．そして同じことが，管理されたセイフティーネットにもあてはまる．そして，だからこうだという．
「最も制約の少ない選択原則の意義の一つは，各人の最も適した選択の幅に対する尊重と，各人の選択肢を価値ある社会的目標のためという例外を除いて狭くさせないというところにある」（p.63）
このきわどい，パターナリスティックすれすれの表現は，そのリアリティーとともに私たちの胸を圧する．「各人の最も適した選択の幅」や「価値ある社会的目標」とはいったい何なのか？　誰がそれを判断するのか？　それは，「障害者自立支援法」の第1条「……その有する能力及び適性に応じ，自立した日常生活又は社会生活を営むことが出来るよう」支援するのとどう違うのか？
「人はささいな選択に直面する場合，あきあきして満足や成長という経験を味わえない．また，手に負えないレベルの選択，すなわち統制を超越した選択に直面すると，欲求不満や恐怖さえも感じたり，失敗のリスクも生じてくる．

第10章　障害児・者の社会的排除とソーシャル・インクルージョン？

……しかし，ひどい失敗によってその選択自身が不可能となったり制約になってしまわないように，それらは，あらかじめ軽減されておかねばならない」(p.65) なんとこれでは，また元来た道を引き返しかねない．

表10-1にもあるように，乳幼児期においては，パターナリスティックな世界は必要不可欠である．彼らを絶対的に守りきる存在や安全で安定したコスモスがあることによって，つまりは丈夫で取りこぼしがなく，怖いものしらずの自由と好奇心を満たしてくれて，危険すぎる時には止めてくれるセーフティーネットがあるからこそ，縮こまっていじけてしまわずに，リスキーな試みや冒険も可能になる．

児童・青年期においては，そのセーフティーネットが絶対ではなくなることによって，子どもたちは，それなりの競争と協力の世界のなかで，徐々に自分なりの判断と責任の範囲を広げてゆき，やがては，家族や学校といったセーフティーネットから巣立ってゆく．

では，やがて大人になり，競争をメインとしながらも，信頼や協力も求められる世界で，自分なりの判断と責任で生きてゆくことが，困難な人はどうすればいいのか．そのセーフティーネットはどうあるべきなのか？

それなりの答えは，the least restrictive environment（最も制約の少ない環境）の原則や，地域自立生活における後見的支援の原則で展開したとおりである．すべては，同じ問と答えに行き着く．

このインクルーシブ教育における３つの原則（① the least restrictive environment の原則，② 障害児に対する特別な支援という特別枠を超えている，③ 支援する側と支援される側の役割分担や役割固定化を超えている）をふまえて，それを社会一般の展開としてとらえたのが，国連の「障害者権利条約」の理念，とりわけその第19条（地域社会へのインクルージョン）である．この障害者権利条約もまた，各国のさまざまな関係者が関与したがゆえに，きわめて妥協的な産物という見方もあろう．それでも，条約の協議・作成に参画した障害当事者や関係者から，その第19条のインクルージョン理念にきわめて高い評価がなされていることは重要である．

第19条　自立した生活及び地域社会へのインクルージョンには「この条約の締約国は，障害のあるすべての人に対し，他の者と平等な選択の自由を有しつつ地域社会で生活する平等な権利を認め，また，障害のある人によるこの権利の完全な享有並びに地域社会への障害のある人の完全なインクルージョン及び参加を容易にするための効果的かつ適切な措置をとる」とある．これは，「地域社会の中で，普通の市民として生きること」つまりは「共に学び，働き，遊び，暮らすこと」が，すべての障害者の権利であることを明確にしている．

　その第1条で，障害を「これらの機能障害と様々な障壁との関係の中で生まれる社会参加の制限・制約」ときわめて包括的にとらえ，そのなかにコミュニケーション障害等を含め，さらには第3条では，性別・年齢・障害を含むあらゆる人間の多様性と差異の尊重と，社会への完全かつ効果的な参加とインクルージョンをその一般原則としている．

　その第2条で必要な合理的配慮を怠ることは差別と見なしているが，第4条2で，経済的・文化的・社会的権利に関しては，各国の利用可能な資源の最大限の範囲とされている．しかし合理的配慮は，障害者の社会参加・参画に必要な，居住の自由権や移動の自由権，さらに教育・就労の権利を保障するために不可欠な社会権，つまりは保護的生存権（医療モデル）ではなく，自由権的社会権（自立生活モデル）を担保するものである．わが国の国際的な経済・社会的な位置を考えれば，ユニバーサルなバリアフリー対応と，それでもなお個別的に必要な合理的配慮を世界に先駆けて，真摯に展開する責務と力がこの国にはある．

（北野　誠一）

第Ⅲ部
応用編 Ⅱ

地域の排除と再生

第11章 「社会的経済」の担い手による「社会的排除との闘い」の展開と課題
――イタリアの社会的協同組合の歩みと岐路を題材に

要 約

　イタリアでは，社会的経済，とくに社会的協同組合を通じた「社会的排除との闘い」を，1980年代から展開してきた．7000以上の非営利的な事業組織（事業体の連合組織コンソーシアムを含む）が，「社会的排除」の解決を目的として活動を展開し，経済的アクターとしても，社会的アクターとしても，国や地方自治体の政策に一定の影響力を及ぼすにいたっている．しかしながら同時に，これらが社会的認知と制度化を得た現在，「排除との闘い」に関連する多様な政策的広がりは，新自由主義的な発想との親和性も有している．この点に着目しつつ，社会的協同組合の事例検討を通じて，イタリアの社会的経済が，地域社会の中でどう機能しているか，また上記の矛盾が，現場サイドでどのように対応されているかを示したい．
　キーワード：イタリア社会的協同組合，社会的経済，社会的排除と包摂

1 はじめに

　EUでは，域内の市場統合によって，グローバル化する社会のなかで，経済的な競争力を強化していこうとする一方，これまで自分たちが築いてきた「社会的なるもの」［労働者の権利保障，社会保障制度等］がないがしろにされる社会になってはならないという信念も，幅広く共有されており，こうした信念を具体化する目的で，「社会的排除との闘い」を，1990年代後半から重点施策としてきた．
　しかし，各種の「第三の道」批判，とりわけワークフェアをめぐる昨今の活発な議論を見ても明らかなように，「排除との闘い」に関連する多様な政策的広がりは，ヨーロッパが蓄積してきた社会民主主義の成果であると同時に，新

自由主義的な発想との親和性も有している．筆者は，この点に着目しつつ，EUモデルが，それぞれの地域社会のなかで，どう具体化されているか，またその具体化の中で，上記の矛盾が，地域社会の現場サイドでどのように対応されているかを調査・研究してきた．

その際，フィールドとして，イタリアに着目した．イタリアでは2003年，EUの決定を受けて，「貧困と社会的排除に抗するナショナル・アクション・プラン三カ年計画（2003年〜2005年）」を発表している．この報告書では，絶対的貧困層や高齢独居者が近年増加傾向にあること，所得配分，雇用保障の地域間格差が依然いちじるしいこと，若年層，障害者，移民，ホームレス，子どもたち等において，リスクが顕在化しやすい現状が指摘されており，同時にまた，これら「貧困」と「排除」の克服に際して，「非営利セクター」「社会的経済」の役割が強調されている．このことは，一面では福祉・教育・文化・環境といった生活領域における公共的分野からの，国家の撤退を意味するが，もう一面では，上記の分野に対する，市民社会の側からの「担い，創り，変える」行為が蓄積されてきたことを意味する．

こうした想定に立って，報告内容としては，イタリアにおける非営利事業組織あるいは社会的経済の代表的な存在としての社会的協同組合に着目をし，それらが，「社会的排除との闘い」を具体的にどのような形で担っているのかをまずは明らかにしたい．続いて後半では非営利事業組織が，自らを規定する社会的諸アクター（行政，市場）とどのような相互関係を構築してきたのかについて言及をしたい．

そのため，第2項では，イタリアにおける「排除」の概要と特徴をデータから把握する．続いて第3項では，イタリアにおける「排除との闘い」の主要な展開の場のひとつとして，「社会的協同組合」を取り上げ，事例によってその「闘い」の理念や手法の特徴を把握する．さらに第4項では，事例で見たような個々の取り組みがイタリア社会のなかで，市場の論理から一定の距離を持ちながら，「排除との闘い」をどう社会化していくのか，今後の課題にも触れ，まとめの言及としたい．

第11章　「社会的経済」の担い手による「社会的排除との闘い」の展開と課題

　結論としては，社会的協同組合を初めとする非営利セクターは，一方で「市場化」や「規制緩和」への「適応」やその「利用」を試みながらも，他方でそれらに対する「社会的介入」あるいは「再規制」という両ベクトルのアクションを取りながら，独自の福祉供給主体としてのあり方および，社会的排除との闘いの方向性をさぐりあててきたというのが報告者の立場である．以上のことは，現在，日本が抱えるさまざまな問題とその解決手法を検討していく際，多くの示唆を含むものと考えられる．

　なお，日本社会病理学会による第23回シンポジウムでは協同事業組織のネットワーク体であるコンソーシアムについても若干触れたものの，活字化するにあたっては，紙幅の関係上，論点を絞りこむ必要があった点，ご了承をいただきたい．コンソーシアムの議論については，田中（2008）を参照いただければ幸いである．

2　イタリアにおける排除の内実

　雇用や経済指標の厳しさは，直接「社会的排除」の厳しさに連動する．イタリアは，EU25ヵ国中，排除の経済指標においてけっして好環境にあるとはいえない[1]．とりわけ厳しいのが雇用である．

　社会的排除の重要な指標のひとつである若年失業率（対象は15〜24歳）は，24.0％（2005年）で，36.9％のポーランドは別格としても，スロベキア30.1％，ギリシャ26.0％に続く高さとなっている．とくに女性は，27.4％という高率となっており，男性21.5％との差は，他の若年失業高率国と比しても大きい（ただし2000年時点からの改善度を見ると，ドイツ，フランス，イギリス，オーストリア等，主要国ではいずれも若年失業率が上昇しているのに対し，イタリアはスペインとともに，若干ではあれ下降している）．

　男女間格差に加え，イタリアにおける社会的排除のもうひとつの特徴は，地域間格差の大きさである（表11-1参照）．たとえば長期失業（15歳以上の労働力人口の中で12ヵ月以上失業状態にあるもの）は以下の表のとおり，北東部が圧

表11-1　イタリア長期失業率（地域別，男女別）

(単位　%)

性別＼地域	北西部	北東部	中部	南部・島嶼部	計
男性	1.3	0.7	2.5	7.3	3.4
女性	2.9	1.9	4.4	13.6	6.0
計	1.9	1.2	3.3	9.6	4.4

出所）Ministero della solidarietà sociale, 2005: 43 より作成．

表11-2　イタリアおよび EU 主要国の貧困率[2]（社会保障移転前／後）および主たる所得手段

(単位　%)

国＼所得	すべての社会保障移転後	年金のみ移転後	当初所得	所得構造			
				労働所得	年金所得	利子所得	その他
ドイツ	16	24	36	-	-	-	-
スペイン	20	25	41	70	22	7	2
フランス	14	26	44	62	22	15	3
イタリア	19	23	45	66	28	5	2
イギリス	18	29	43	-	-	-	-
EU25ヵ国計	16	26	41	-	-	-	-

出所）EUROSTAT, 2007: 78 より作成．

倒的に低い失業率（1.2％）であるのに対し，南部・島嶼部ではその8倍の失業率（9.6％）となっている（Ministero della solidarietà sociale, 2005: 43）．

　こうした雇用情勢と直結するのが貧困率である．EU 主要国の貧困率は上記のとおりである（表11-2参照）．

　主要国のなかでイタリアは，当初所得においてはもとより社会保障関係支出の移転後もスペインと並んで高い貧困率となっており，所得構造も年金を主とするものが3割近くに迫る．また，年齢別に貧困率を見ると，貧困世帯に属する0-15歳の男女，および高校や大学に在学・卒業する16-24歳の男女の割合は，前者が26％，後者が25％となっており，同率が30％を越えるトルコやスロバキアにつぐ高さである．

　これを地域別に見ると，表11-3のような分布状況となる．北部イタリアは，

第11章 「社会的経済」の担い手による「社会的排除との闘い」の展開と課題

表11-3 イタリアの貧困率(地域別,年(2002〜2004年)別)

(単位 %)

年 \ 地域	北部	中部	南部・島嶼部	イタリア計
2002	5.0	6.6	22.4	11.0
2003	5.5	5.8	21.6	10.8
2004	4.7	7.3	25.0	11.7

出所)Ministero della solidarietà sociale, 2005: 20 より作成.

表11-4 イタリアにおける地域別領域別社会保障経費(人口ひとり当たりの額)

(単位 ユーロ)

分野 \ 地域	家族子ども	高齢者	障害者	成人	移民	依存症	複合	計
北西部	116.4	140.3	1891.8	8.4	44.6	0.8	6.0	104.1
北東部	127.4	194.2	3761.2	10.4	67.9	2.6	9.2	142.4
中部	111.5	94.6	1751.4	14.6	100.2	1.0	6.8	102.0
南部	36.5	52.1	419.0	4.4	53.5	0.5	2.4	38.7
島嶼部	57.8	100.1	910.4	15.4	73.3	1.5	2.2	72.0
イタリア平均	86.3	118.0	1568.6	9.8	67.0	1.2	5.4	91.3

出所)Ministero della solidarietà sociale, 2005: 87 より作成.表中のデータは2003年.

地方政府による行政面や大手および中小企業による経済的なパフォーマンスが良好な地域とされ,失業率,貧困率ともにきわめて低いのに対して,南部は,貧困率においては北部の5倍以上となっている(2004年).年齢別の失業率とあわせて考えると,たとえば「南部における若年層」に高い排除圧力がかかっていることがうかがえよう(田中,2005).

次に,こうした排除実態に対して,政策面での特徴,すなわち「排除との闘い」の量的様相を見ていこう.基本的なデータとしては社会保障支出があげられるが,EU諸国間でのイタリアの位置づけは,特徴あるものではなく,GDPに占める社会保障支出の割合では,2003年時点でEU平均値28.0%よりもやや少ない26.4%となっている.また上記の表11-4から,各基礎自治体における分野別社会保障支出の動向を見ると,「排除」の現れ方と同様,その対応面でも地域間格差が大きいことがうかがえる[3]).

表11-4によって人口1人当たりの社会保障支出額を見ると，とくに家族・子ども分野では，南部36.5ユーロに対し，北東部ではその3倍強の127.4ユーロとなっている．また障害者政策も，北東部の3761.2ユーロが傑出して高いのに対し，南部では，その約9分の1となっている．なお移民政策に傑出しているのは中部であり，他の分野において数値の大きい北東部を大きく上回る．中部，とくにその中心であるローマは移民の多い地域でもあり，そうした実態が地域ごとの社会政策にも反映されているからと思われる．たとえば移民の場合，地域社会との接点が多くなればなるほど，住民と移民との対話的関係づくりが当該社会にとっては切実な課題となるため，その課題を担う非営利団体や市民活動が活発化し，結果として当事者の権利擁護に対し，地域全体が関心を深めることにつながるケースも少なくない．

　しかしながら，当事者ニーズが量的に多く存在することが，政策的対応へと直結するものではないことも明らかであろう．南部イタリアは，貧困や失業を始め，多くの「生きにくさ」が集中するものの，その財政上の対応は潤沢とはいえない．南部には財政危機に陥る自治体が多く，これらの地域では国の管理のもと，社会保障費の支出削減が厳しい形で行われている．したがって排除の実態に見合った施策の展開が容易でない構造となっている．南部に限っていえば，経済的不利地というハンディに加え，政策の有効な展開からも隔絶されており，二重の排除のもとにおかれている地域が少なくないといえよう．

3　「排除」との闘いをめぐる政策的対応の特徴と課題

1）EUにおける「社会的排除との闘い」の課題

　次に上記のような排除の様相を受けて，これに対する政策的対応の質的特徴を見ていくこととしよう．イタリアにおける「排除との闘い」政策をめぐる計画・実施・評価は，EUにおいてマーストリヒト条約以降に掲げられた社会政策と連動するものだが，しかし，他のEU加盟国同様，イタリアにも，今日の「排除との闘い」を形成する歴史的な過程が存在する．本項では，イタリア独

第11章 「社会的経済」の担い手による「社会的排除との闘い」の展開と課題

自の流れとEUレベルでの社会政策の流れとの合流地点に浮上する諸特徴について見ていくこととしたい．

まずEUにおける「社会的排除との闘い」の位置づけだが，EUの目標は国際経済における競争力の向上とあわせて，「均衡のとれた持続的発展をもって経済的・社会的進歩を促進」することにあり，それは「経済的，通貨的連合の確立」と並んで，「経済的社会的地域間の格差是正のための結束強化を通じて」行われるものとされてきた[4]．しかしながら，経済環境の劇的な変化のもとで，「新しい貧困」と「社会的排除」の問題が浮上し，それに対する新たな対応が必要とされていることがEU域内から指摘され，人の自由移動，男女雇用均等，労使対話の強化，欧州社会基金の役割，社会保障等，9つの政策目標が掲げられた．なかでもとくに強く打ち出されたのが，「貧困と社会的排除との闘い」であった．これを受けて2000年のリスボン理事会では，「2010年までに，貧困根絶に対して決定的な影響力を生み出すこと」が目標に掲げられ，加盟国では2001年6月までに実態把握と行動計画策定を行った上で，2年ごとに「貧困と社会的排除に抗するナショナル・アクション・プラン」を提示することが義務づけられた．

ここで重視されたのが，以下の4点である．① 雇用への参加促進および尊厳ある生活保障をめざした社会保護システムの編成，② 排除リスクの予防のための「知識依存型社会」およびそれを支える情報通信技術の積極的活用，③ 最も脆弱な人びとに対する支援策の充実——とくに当事者が直面している課題に個別の事情を加味しながら対応できる社会的資源のコーディネート——および，地域間格差解消のための国レベルでの施策，そして ④ 当事者の社会参加を促進するため，NPOやNGOといった市民組織，行政，労使等，さまざまな社会的諸アクターの参加を組織すること．

イタリアも上記の義務付けを受け，2003年11月，「貧困と社会的排除とに抗する政策報告書」（社会的排除調査委員会）にて貧困と排除の現状分析と対応策を検討し，「貧困と社会的排除に抗するナショナル・アクション・プラン三カ年計画（2003年〜2005年）」（Commissione di Indagine sull'Esclusione Sociale,

2003)を発表した．その概要と特徴は，前述の4点に重なるが，特筆すべきイタリアの特徴として「イタリアの経済社会のサブシステムとしての非営利セクターによって構築された，広範にわたる連帯的運動を源泉とする，社会的排除に抗するための回答」があるとし，社会的協同組合やアソシエーションを取り上げ，第1に「水平的及び垂直的補完性」の創出主体として機能していること，第2に，非営利セクターが，問題に直面する当事者の立場に立った，高い質のサービスをいかに保障するか，その実践的方法論を，国，州，基礎自治体に対して明確に示したことに着目している点が挙げられる．これらの特徴の具体的様層については3)の事例検討で論ずることとしたい．

2)イタリアにおける「排除との闘い」の特徴

ところで，EUにおける上記4つの重点は，少なくともイタリアにおいてはすでに経験知として蓄積されており，既存の実態・実践やそこから引き出された課題を整理したという意味合いが強い．

たとえば①については，とりわけイタリア共和国憲法に明確に打ち出されている．とくに重要なのは，イタリア憲法の第2条から第4条である．第2条では，人格発展にかかわる不可侵の諸権利の存在と，その諸権利が行使されるための政治的・経済的・社会的連帯の必要性を謳う．また，第3条では全市民の平等，人格の発展，そして政治的・経済的・社会的組織への労働者の実質的な参加を阻害する要因を取り除くことを国の責務として謳う．第4条では，すべての市民の働く権利の保障を国の責務とし，社会の精神的・物理的発展のために各人がそれぞれの能力と選択において働く権利を行使することを求めている．個人および社会の発展のための，参加と労働の両権利は，まずもって憲法によって規定されたものである．しかしそれだけではなく，たとえば，カトリック界に多大な影響力をもつ教皇ヨハネ・パウロ2世が，1981年「働く人々が自分自身の労働に基礎をおいた『共同所有者』になること」を唱えて，雇用労働のみならず自主管理的な要素の強い労働を高く評価したことなども，イタリアにおける「社会的排除との闘い」の手法を規定する歴史的要因のひとつと

第11章 「社会的経済」の担い手による「社会的排除との闘い」の展開と課題

いえよう．

むろん，「排除との闘い」は，政権の動向とも無縁ではない．ナショナルアクションプランの制定，実施，見直しの一連の作業の間，すなわち2001年から2005年にかけては，新自由主義的な諸改革が行われた時期でもあり，労働者保護法制の後退（例として，不当労働行為の際，義務づけられていた原職復帰制度に金銭補償の例外規定を導入する等）はじめ，労働市場の「現代化」を目的として，これまで社会的排除対策として支出されてきた訓練費の見直しや，労働形態の多様化（多くの場合，労働条件を不安定化する方向での変更）等も見られた．また2003年の「福祉白書」では，福祉国家からの転換，家族による福祉供給体勢の強調などがなされ，「自己責任」の論理が台頭した時期でもあった．

以上のように，EUレベルでの社会民主主義的な方向付け，国レベルでのファシズムに対する反省に立った戦後イタリア社会の構築，近年の左派から右派への政権交代を受けての社会政策の揺れ，そして州や基礎自治体ごとの地方自治レベルでの取り組み等，多様なベクトルが葛藤・補完しつつ，実際の地域社会のあり方が規程されることが確認できよう．

そこで次に，上記のようにさまざまなベクトルの作用が混在する地域社会において，貧困・社会的排除との闘いのあり方を模索してきた市民活動や非営利的な事業組織がどのような機能・役割を発揮しつつあるのか，具体的な事例を通して見ていくこととしよう．

3）事例に見るイタリアの「社会的排除との闘い」の特徴

以下では事例を通じてイタリアにおける「社会的排除との闘い」の蓄積経過と到達点について概略を把握したい．

① 社会的使命の遂行と事業体としての高度化の両者を重視した事業展開
— ABACO社会的協同組合

第一に取り上げる社会的協同組合ABACOは，いわゆるB型とされるものである（田中，2004：56-85)[5]．事業内容はIT関連事業を中心に多岐に渡る．また，社会的排除の対象として同協同組合が運営・就労のメンバーとして受け

表11-5　B型社会的協同組合「ABACO」の概要

① 設立経過 • ローマ市街地の南端地域に位置する旧イタリア共産党支部から活動開始．社会資本整備に立ち後れ，ましてや若者たちが集う文化施設も不在のこの地域に，人びとが集える拠点づくりをおこない，情報関係の社会教育事業に1980年代前半から着手． • 1984年，9名で労働者生産協同組合を発足．1997年に社会的協同組合の法人格を取得． • ソフトウェア開発，ヒューレット・パッカードやエプソン，キャノン等ハードウェアの代理店業務，ITに関わる社会教育を主たる事業分野とする．
② 現在の事業内容 • 1991年以降，ラツィオ州，ローマ市をはじめ，他州においてもIT教育事業の仕事を受託．社会教育のみならず，外国人労働者むけの語学講座およびコンピューター教育，学校でのコンピュータ講座の受託等，教育事業分野が飛躍的に拡大．受講対象者別にオリジナルの講座テキストも作成販売する等同分野では多くの実績． • 収入源は社会的協同組合のネットワーク組織（コンソーシアム）CO.INや自治体からの受託，ソフト開発・販売，代理店業務
③ 組織的な特徴 • 1991年以降，成人刑務所，少年刑務所内でのIT教育を受託．あわせて拘留中の受刑者のための社会参加訓練として，複数の受刑者をABACOの職場で受け入れている[6]．こうした流れで，社会的排除の対象者のうち，企業への就職がきわめて困難な政治犯等の刑余者の受け入れも開始．事業分野としても高度な技術知識や教育的な技能が求められる． • 13名で構成．理事長，副理事長の他，8名の雇用組合員[7]と，3名の組合員． • 仕事内訳は，教育担当，物流，総務・経理，プログラマー，データ入力，画像処理専門家，コンピュータ技術専門家等 • 加盟のナショナルセンターは最初の二年のみlega，後にAGCIに変更．事業連合については，CO.IN（ローマを中心に展開するコンソーシアム）に加盟．政党による線引きを相対化した選択となっている． • 1997年にアソシエーション「Form & Inform」（教育と情報の意）設立．ここでは社会のニーズの把握，製品や教育サービスの開発・提案等を担い，事業の遂行は協同組合が行う．
④ 代表者Mauro MANCINI氏のライフヒストリー：大学農学部を中退し，旧共産党の専従となる．労働者生産協同組合発足時には党の専従と協同組合を兼任するも，後に党の専従は辞職し，現在は協同組合の活動に一本化．2003年当時50歳代半ば．

出所）筆者が2003年9月に実施した同協同組合に対するヒアリング記録より作成．

入れているのは，主として刑余者である．事業体としてヨーロッパ，アメリカ，日本の数々のハードウェア会社の販売代理店業務をこなす傍ら，ローマ市，ラツィオ州はもとより，アブルッツォ州やバジリカータ州等中部・南部の州と並んでヴェネツィア等北部の都市においても企業や福祉施設，公立学校でのIT

第11章 「社会的経済」の担い手による「社会的排除との闘い」の展開と課題

教育事業を受注している．また1997年以降は，大学におけるマルチメディア教育や，情報教育に携わる教員養成のコースにも仕事を広げている点など，近年の発展ぶりはいちじるしい．クライアントも営利企業，自治体，学校，非営利団体等多様な構成となっている．

上記のように，文化資源や社会資本に恵まれない都市部のペリフェリーであったこと，とりわけ若者にとって参加保障の資源がとぼしい地域であったことがABACO協同組合の活動の発端とされている．「社会的排除」への対応は1991年以降，受刑者や刑余者との出会いによって本格化した．しかし対外的には「社会的排除」との闘いを前面に出すよりも，むしろ市場的なアクターとしての側面が強調されている．

一方で「社会的排除」との闘いを掲げる社会的協同組合が，他方で80年代前半という早期の段階からIT事業に特化し，市場においてもクライアントを着々と獲得してきたこと，また教育ソフトの開発やテキスト作成等，ノウハウや教材を自ら開発・蓄積することによって子ども，外国人（とくに移民），高齢者，障害者あるいは社会から隔絶された人びとを対象とした情報教育サービスの充実を追求してきたことなどが，彼らの話の強調点であった．とくに事業上のイノヴェーションを重視している点，およびそのイノヴェーションを可能とする協同組合のネットワーク組織（コンソーシアム CO. IN）の結成等がABACOの「社会的企業」性を高めてきたようだ．

続いてもうひとつの事例を参照したい．

② アソシエーションから出発し，ニーズへの対応を社会化する事業展開
　　―A型社会的協同組合「A77」

「A77」は，前項の「ABACO」と対比すると，いわば「伝統的な社会的協同組合」である．

1970年代半ば，薬物依存症に苦しむ人びととの共生運動から始まった．自治体との結びつきも1980年初めから始まり，社会的認知や制度化が早かった事業分野のひとつといえよう．

「A77」の活動経過をたどると，依存症に苦しむ当事者を中心とした問題へ

表11-6　A型社会的協同組合「A77」の概要

① 設立経過
- 1977年任意のボランタリーアソシエーションとして誕生．若年層の社会からの疎外に対応することが目的．地域的にはミラノ市の郊外で文化的施設の不足等が課題とされていた．疎外との闘いの手段として共同生活を開始．働きかけの対象は主として薬物依存者．
- 1980年代，協同組合設立．職業教育事業等をアソシエーションから協同組合に移管．アソシエーションは従来どおり，ボランタリー組織として継続し，問題の発見や社会にむけた啓蒙を自主財源で担う．協同組合は，薬物中毒の予防と依存症患者の社会参加のプログラムをミラノ市とASL（地域保健機構／旧州立病院）から受託し，公的資金による運営体勢へと移行した．
- C.N.C.A.（共同生活セツルメントの全国連合会）とコンソーシアム"Farsi Prossimo"に加盟．
アソシエーションはボランティアを養成し協同組合の活動（とくに事業化される以前の実験的なプロジェクトやイノヴェイティヴな開発）を支援．事業遂行体としての協同組合と教育開発部門としてのアソシエーションといった棲み分けのもとで運営．

② 現在の事業内容
- 薬物依存者に対する共同生活と社会参加プログラムの提供／地域の社会的諸資源とのネットワークによる社会教育的な予防プログラムの提供／1989年からは制度的な対応が未開拓だったHIV患者の受け入れを開始．
- 上記の事業を支えるためのソーシャルワーカーの養成（福祉専門学校生，大学の福祉学部生，現職のソーシャルワーカー）
- 依存症に対するサービスは以下の4つの部門によって構成される．

> Communità terapeutica：薬物依存者のための治療的コミュニティの運営
> Centro orientamento：対象者に対する最初のコンタクトからサービスにつなぐまでの働きかけ．極力本人の意志で参加してもらえるよう情報提供．教育専門家と心理専門家が二人一組で対応．
> Centro psicoterapico：ASL（地域保健機構／旧州立病院）からの委託．本人のみならず家族をも対象とした相談・カウンセリング
> Progetto：新規事業開拓，サービス内容のイノヴェーション

③ 組合員構成
- 常時関わっているメンバー35人のうち25人が組合員．就労組合員は理事長を含めパートタイム．ボランティア組合員はコムニタに古くから関わる組合員．その他，EUのプロジェクトで受け入れている若手ボランティアが若干いる．
- 年間事業高：2002年度　894,119ユーロ．

④ 現在の課題
- 制度化に対する認識：サービスの質に関わる標準化，専門化，分節化が進行する傾向に対し，注意が必要とする．サービスの高度化によりロジカルで最大効果を生み出す「働きかけ」を追求してきたが，それは実際には「社会的弱者を排除する危険」を伴い，また人びとが生きているという事実やその人びとの全体性を見ようとする可能性を奪う危険性もある（A77理事長Matteo VILLAの見解）．したがって，多様なニーズに効果的に応えながらも，サービスの断片化を防ぐための「仕事のあり方」とは何かを模索している．

第 11 章 「社会的経済」の担い手による「社会的排除との闘い」の展開と課題

⑤ 協同組合におけるボランティアの位置づけ • ボランティアを組織のイノヴェーションと政策づくりの担い手として位置づけている．A77 においてボランティアは歴史的に連帯の文化を生みだし，人間（当事者）を中心に据えるという発想を重視してきた．「連帯と参加を，共同責任で作り上げてきた存在としてのボランティア」という位置づけを行っている． • 具体的な任務分担としては，古くからのボランティアは管理運営部門を担当．また若いボランティアでも企画や事業部門の責任者を担うケースもある．
⑥ 代表者の Matteo VILLA 氏のライフヒストリー：2003 年当時 36 歳．1988-89 年に 20 ヶ月にわたる良心的兵役拒否によって非営利部門での仕事を経験．A77 には 1990 年から参加している．理事長を務めるのは 3 年目だが，勤務時間を短縮し，ブレーシャの大学で社会学の修士課程に在学中．研究テーマは「労働市場の積極政策と社会的協同組合における労働参加支援との違い[8]」について．

出所）筆者が 2003 年 9 月に実施した同協同組合に対するヒアリング記録より作成．

の相互扶助的対応から発して，それを公的支援の対象としていく運動への移行が見てとれる．事業組織の担い手は，20 〜 30 代の若手が多く，理事長は 30 代半ばである．前項で見た ABACO の代表者とは対照的に，政治運動の経験はなく，良心的兵役拒否の際に社会的協同組合に関わったことがきっかけでこの道を選んだという．日本においても団塊の世代の，協同組合運動参加は活発だが，イタリアにおいてその後の世代継承が行われる背景のひとつは，この「良心的兵役拒否」である．

組織運動の特徴としては，思いきった責任移譲の体制，部署横断的なコミュニケーション機会の頻繁な設定等，柔軟な組織構成をめざしつつ，長時間協同組合にコミットするのではなく，ワークシェアリングしながら仕事との深い関わりを維持することが可能であるとしている点である．

また事業組織として制度化したことによる硬直化を回避するための工夫として，A77 においては母体としてのアソシエーションとの相互作用が重視されている．アソシエーションでは主として組織の創設世代が運営主体となっており，ボランティアの養成や，事業化される以前の実験的なプロジェクトの試行を担う．それが事業組織としての協同組合にバトンタッチされるなど，事業と運動との対話的な関係づくりが意識されている．

4 小括——イタリアにおける社会的協同組合の機能と課題

　前項でみた2つの事例から，最後に「社会的排除との闘い」の担い手としてのイタリアの社会的協同組合の機能と課題について言及し，小括としたい．1990年代以降，EUにおける「社会的排除」との闘いは，イタリアにおいては1970年代から，各種の市民活動団体（アソシエーション）や協同組合をはじめとする非営利・協同事業組織によって担われてきた．1991年に社会的協同組合法として制度化され，また，2000年には社会福祉基本法（法律328号）の中で政策的な位置づけを得，さらには「社会的排除の闘い」の有効な担い手として，公的部門との連携も深まってきた．公的部門との連携はさまざまな形が考えられるが，もっとも単純な形は事業の受委託である．とくに公的部門からの委託を中心に事業展開しているA型社会的協同組合においては，たとえば，2001年度の総事業高26億ユーロに対し，2005年度には41億ユーロとなっており，両者の関係の深まりはますます強くなっている．

　これは実質的な経済活動の担い手としても社会的協同組合が認知されてきた証であるが，もう一方で関係者のなかには「多くのサードセクター組織が享受してきた自治の低下を招いている」との危惧を抱く者もおり，あらためて社会的課題の把握と対応，社会や国等公的機関への働きかけといった市民運動的側面を兼ね備えた事業組織のあり方を再認識すべきとの声や動きがでてきている．

　その動きは次の2つの方向性において確認できよう．ひとつは，地域ごとに非営利・協同セクターをネットワーク化していくコンソーシアムである．2005年時点でイタリアには284近くのコンソーシアムが存在し，20から40の単位協同組合がこれら中間組織に加盟しながら，人材育成や政策形成はもとより，競争入札における共同受注など，小規模な社会的協同組合が単体では容易になし得ない課題を，ネットワーク機能によって克服する動きが強まった．

　今ひとつは，法人形態としては，営利的な企業であったとしても，実質的には高度の社会性を発揮する企業も少なくはなく，そうした企業との対等な連携

第11章 「社会的経済」の担い手による「社会的排除との闘い」の展開と課題

を深めようとする動きである．具体的には社会的協同組合を始めとする社会的企業の経験知を，通常の企業経営の場にも押し出していき，連帯経済の意義を共有しうるパートナーとしてそれらとの関係づくりを模索しようと制定運動をすすめてきた「社会的企業法」（2005年6月13日法律118号）である．

社会的協同組合というアイデンティティを維持しながらも，そのネットワークが培ったものをより広く，他の経済主体にも発信をしていく，その継続的な取り組みによって，ようやく「自治の低下」や公的サービスの縮減・外部化の受け皿を脱した，排除との闘いの担い手となりうるというのが，法制定を求めた運動団体の意図である．

しかしながら，同法については，むろん「諸刃の剣」とする危惧も存在する．同法によって，非営利事業組織が市場的論理との接点をこれまでと比べて多くもつことになるため，市場的論理に包摂されかねない，あるいは社会福祉サービスを営利企業に開放することにつながりかねないとする懸念である．地域ごとのネットワーク組織と，それを全国的につなぐ連合組織の強化と拡充の必要性はいうまでもないが，単位協同組合が，目の前の新たな事業パートナーから，「社会的企業」の理念と事業手法に対する共感をどう引き出すか，経営的力量のみならず文化的な力量が一層問われる局面に立っているのが，現在の社会的協同組合であるといえよう．

(田中　夏子)

【注】
1) イタリアの若年失業は歴史的に高率だが，加えて2001～2005年のGDP成長率も，加盟国平均は1.7％であるのに対し，イタリアでは，マルタ，ポルトガルに次いで1％を割り込み，最下位グループに位置する．歴史的な積み重ねと，グローバル化による経済的な競争力の減退との2方向からの作用が厳しい数値を生んでいる．
2) ここにいう貧困率とは，EUの指標として設定されている，等価可処分所得の中央値60％以下の世帯に所属する人びととの割合を指す．
3) イタリアでは財政力の弱い自治体が「破綻宣言」（地方自治統一法242条）を行っており，これらには，地方税の法定内での最大税率まで引き上げること，人

員削減と並んで，地方公共団体提供サービスを法定内で最低限とすることが義務付けられている．1989年から2003年までに破綻宣言をした基礎自治体は，南部のカラブリア州，カンパーニャ州を中心に415自治体に上るとされる（工藤，2006：540）．

4）このため，EUは「欧州連合の市民権の導入を通じて加盟国国民の人権擁護と利益を強化する」ことを目的として揚げ，とくに低所得区域に対して上記の目的が達成できるよう，スペイン，ポルトガル，ギリシャ，アイルランドからの要請で，欧州結束基金を設置し，衰退産業からの転換策を財政的に支援することとした．

5）社会的協同組合については，田中（2004）を参照．イタリアでは，社会的不利益をこうむる人びとを労働者として構成する協同組合を，以下のような規定のもと，B型社会的協同組合として制度化している．①一定の率の障害をもった労働者を有すること，②障害をもった人びとを職場で受け入れるための社会的諸経費は，税制優遇措置等を通じて，公的対応を行うこと，③こういった分野の協同組合に対して，自治体は緑化，清掃，情報化，管理といった分野で，積極的に業務委託（随意契約）を行い，また競争入札を実施するにしても，通常の公共事業で求められる「最低価格原則」を，必ずしも絶対的な要件とはしないこと（入札における総合評価制度の導入）等である．社会的協同組合ABその他あわせて2005年現在，7363団体があり，B型はそのうち32.8％，2415団体を占める（Istat, 2007）．

6）イタリアでは1980年代に司法改革が行われ，服役中であっても，日中は刑務所外の職場で過ごし，夕刻刑務所に戻るといったセミ・リベルタ（semi-libertà）の制度が存在する．また少年についても，裁判所の判断によって，代替刑として社会的協同組合における就労が認められる等の改革が進んだ（田中，1999）．

7）「雇用組合員」とはsocio lavoratore-dipendenteの訳．出資した組合員であっても，2001年の142号法により，就労組合員は「従属労働者」か否かを選択できるようになっている（大内，2003）．

8）近年，「ワークフェア」に対する批判が高まっているが，イタリアでは2000年当初からすでに，就労支援の現場において，「ワークフェア」に対する多様な見方がなされていた．たとえば，A77協同組合理事長のヴィッラ氏は，積極的労働市場政策（ワークフェア）は，その概念も政策も実態も多様ななかで，「社会的協同組合らしい労働市場への介入を構築する必要」を唱える．ヴィッラ氏はワークフェアを3つの視点で整理する．第1は，主な目的が，既存の労働市場構造のなかに失業者を投入（inserimento）すること，第2は，教育的なプロセスを踏みながら，認識においても実際の活動においても失業者を統合（integrazione）（システムの側にも部分的変化をともなう）していくこと，第3は，労働市場のあり方の批判的再構成をともないつつ，当事者の実質的な参加（partecipazione）

第11章 「社会的経済」の担い手による「社会的排除との闘い」の展開と課題

を生み出していくこと（報告者の 2003 年 9 月ヒアリングより）.

【文　　献】

Commissione di Indagine sull'Esclusione Sociale, 2003, "Rapporto sulle politiche contro la povertà dell'esclusione sociale", Milano.

EUROSTAT, 2007, "Living conditions in Europe-Data 2002-2005".

ISTAT, 2007, "Statistiche in breve: Le cooperative sociale in Italia Anni 2005".

工藤裕子ほか, 2006,「イタリアにおける国と地方自治の役割分担」財務総合政策研究所編『主要諸外国における国と地方の財政役割の状況報告書』財務省

Ministero della solidarietà sociale/Commissione di Indagine sull'Esclusione Sociale, 2005, "Rapporto sulle politiche contro la povertà e l'esclusione sociale, anno 2005".

岡　伸一, 1999,『欧州統合と社会保障　労働者の国際移動と社会保障の調整』ミネルヴァ書房

大内伸哉, 2003,『イタリアの労働と法　伝統と改革のハーモニー』日本労働研究機構

清水嘉治・石井伸一, 2006,『新 EU 論　欧州社会経済の発展と展望』新評論

田中夏子, 1999,「イタリア社会的経済の旅(4)拘留青少年たちの自助・協同組織『コムニタ・ラ・コリーナ』」『協同の発見』91 号

田中夏子, 2004,『イタリア社会的経済の地域展開』日本経済評論社

田中夏子, 2005,「イタリアに見る若者の社会参加」佐藤洋作・平塚真樹編著『ニート・フリーターと学力』明石書店

田中夏子, 2008,「社会的排除との闘いと非営利・協同事業—イタリアにおけるコンソーシアムの機能と課題」中川雄一郎他編著『非営利・協同システムの展開』日本経済評論社

第12章 共に生きる地域社会をめざして
―― 地域を耕す更生保護の諸活動

> **要 約**
>
> 　障害や疾病など特別なケアを要する人びとのすべてが，福祉のネットワークでフォローされるわけではなく，犯罪や非行をし，司法のネットワークに関わることによってはじめて福祉的なケアにつながるケースも少なくない．
> 　全国50庁の保護観察所では，犯罪や非行をした人びとの更生と社会復帰を支える社会内処遇を，国家公務員で専門職たる保護観察官と，地域ボランティア（非常勤国家公務員）の保護司との協働態勢で実施しているが，福祉的なニーズを要するケースに関しては，医療・教育・福祉等関係機関と緊密な連携を保ちつつ，処遇に取り組む必要がある．福祉的なケアを必要とする人を支えていくためのネットワークについて，現状を俯瞰し，解決すべき課題について考えていきたい．なお意見にわたる部分は私見である．
> 　**キーワード**：更生保護，社会内処遇，更生保護ケアマネージメント，福祉との連けい，ネットワーク

1　よりよく生活する上で重要なネットワークから零れ落ちてしまう人びとについて

　更生保護の世界で働いて15年以上になるが，「非行少年」「犯罪者」と呼ばれる人びとは，よりよく生活する上で重要なネットワークから零れ落ちているのではないかという思いを年々強く感じている．

　第1に，親族や近隣との紐帯が非常に脆弱であり，インフォーマルな相互扶助が期待できない状況に置かれていることが多い．両親からネグレクトされて育ち，少年院に入院したものの引受けを拒否される少年，受刑を反復し親族から見放されてしまった高齢受刑者など，生活を支え犯罪の抑止力となる社会的

な紐帯を見出すのが難しい者も少なくない．つまり，生活を支え人生を支えてくれる情緒的な紐帯を喪失していたり，インフォーマルなネットワークから零れ落ちてしまっているのである．

　第2に，これは当職が女子少年院に出向した際に強く感じたことであるが，学校教育から早期にドロップアウトし，生きていくために最低限必要な学力が身についていない少年が少なくないことがあげられる．少年院では少年に漢字や計算の学習や各種資格・技能の修得に取り組ませているが，多くの少年が少数や分数の計算で躓き，基本的な漢字の読み書きができないために各種資格取得の学習が難航する事例も少なくなかった．そんな彼女たちが，法務教官の丁寧な指導により小テストをクリアし，手作りの賞状を受取った時に見せたこぼれるような笑顔は今もって忘れがたい．小中学校での授業のみならず，特別支援学校・学級やスクールカウンセラー，スクールソーシャルワーカー，不登校児・生徒を対象とした特別のクラスなど，教育のネットワークは一見重層的に張り巡らされているように見えるが，そこに繋がっていくには保護者や周囲の良識ある大人たちの努力が必要で，少年院に入院する少年の少なからぬ親たちがそうであるように，生活に追われ子どもの生活に十分関われないなか，教育を受けるチャンスを奪われてしまっていることは痛恨の極みである．学力・学歴がすべてではないが，社会で安定した職を得るためには一定の学力・学歴が求められる傾向は厳然として存在し，社会で生きていくための教育や訓練のネットワークから零れ落ちている多くの少年の存在を見過ごしてはならない．

　第3に，家庭裁判所や少年鑑別所における調査・鑑別を経て，はじめて障害の存在が明らかになるというパターンが非常に多いことがあげられる．保護観察開始後，療育手帳の取得を支援した事例もあるが，その少年の保護者は，幼い子どもを抱えて夫からのDVに苦しんだ経験があり，少年の抱える障害に気付く余裕がなく，相談機関の存在すら知らなかった．わずかに小学校時代の保護者面談で教諭から障害の可能性を示唆されたが，具体的な支援につなげるために関係者が動いた形跡はなかった．発達の遅れや偏りといった障害をもっている子どもにとって，早期の療育は必要不可欠であるが，それが与えられない

第12章　共に生きる地域社会をめざして

ばかりか「育てにくい子」として不適切なケアを受けてしまうことも少なくないのである．発達の遅れや偏りのある子どもたちに対するケアは，法的な整備，ハード・ソフト面の整備が年々進みつつあるが，療育のネットワークから零れ落ちてしまう子どもたちの存在を見過ごしてはならない．

　第4に，問題行動が小学校前期など非常に早期から発現しているにもかかわらず，児童相談所をはじめとする児童福祉機関でのケアのネットワークから零れ落ちたまま，思春期になって家庭裁判所に事件が送致される少年が大半を占めているという現状が上げられる．児童相談所によっては，非行問題に特化したチームが結成され，積極的な介入がなされているので，そうしたケースはわれわれのもとに来るまでに問題を収束させているのかもしれないが，「せめてこの時に何らかの手当てがなされていれば」と思うケースは枚挙に暇がない．児童期におけるさまざまな問題行動に対して，適切なケアを身近な機関で受ける機会の充実が望まれる．

　第5に，社会保障のネットワークから零れ落ちている人びとの存在があげられる．教育の機会に恵まれなくても，親方のもとで地道に「手に職」をつけることができる人はまだ幸せで，「日雇い」や「飯場での住込み就労」「派遣労働」といった不安定な雇用形態のシステムに組み込まれ，スキルを身につけることができないまま年齢を重ね労働市場から排除されていくことを余儀なくされる人は少なくない．無年金，場合によっては無保険という人もあり，体を壊したり景気が悪化した時にたちまち行き詰ってしまう．

　第6に，介護保険制度など必要なサービスに対するアクセスがうまくできないために，自身の高齢化や家族の高齢化に伴い生じる諸問題に適切に対応できず，高齢化社会を支えるための社会のネットワークから零れ落ちている事例が散見される．『平成20年犯罪白書』では，高齢者による殺人事件は20年前より1.4倍に増加しているが，親族を被害者とした事案が多く，過半数が「介護疲れ」が原因となっていると報告されている[1]．

　非行少年・犯罪者への排除というと，あからさまな差別や排斥を想像する人は少なくない．しかしながら，必要な支援をきちんと受けられるよう，手をと

るようにしてリンケージ（連結）しないことや，自分自身が支援を必要としていることを気付かせ，適切にそれを表明する術を教える機会を逸していることもまた，社会からの消極的な排除ではないかと考える．そうして，この「消極的な排除」という問題を解決していくためには，更生保護関係者のみならず，後に述べるよう社会福祉士をはじめとする社会福祉分野での積極的な取組が望まれる．

2 更生保護の概要

　更生保護の目的は「犯罪をした者及び非行のある少年に対し，社会内において適切な処遇を行うことにより，再び犯罪をすることを防ぎ，又はその非行をなくし，これらの者が善良な社会の一員として自立し，改善更生することを助ける」（更生保護法第1条）ことである．

　更生保護事業の中心は保護観察である．保護観察は「指導監督」と「補導援護」の2つの要素から成り立っている．

　指導監督とは，保護観察における権力的・指導的な要素であり，接触を保ち遵守事項（約束事）をきちんと守らせ社会の順良な一員となるように必要な措置をとることである．ただ，やみくもに心理規制をかけるという意味ではない．平成20年6月に施行された更生保護法では第57条に規定されている．

　更生保護法第57条　指導監督の方法

　　保護観察における指導監督は，次に掲げる方法によって行うものとする．
　① 　面接その他の適当な方法により保護観察対象者と接触を保ち，その行状を把握すること．
　② 　保護観察対象者が一般遵守事項及び特別遵守事項（以下「遵守事項」という）を遵守し，並びに生活行動指針に即して生活し，及び行動するよう，必要な指示その他の措置をとること．
　③ 　特定の犯罪的傾向を改善するための専門的処遇を実施すること．
　2 　保護観察所の長は，前項の指導監督を適切に行うため特に必要があると

第12章 共に生きる地域社会をめざして

認めるときは，保護観察対象者に対し，当該指導監督に適した宿泊場所を供与することができる．

一方の補導援護とは，非権力的・福祉的な側面を持ち，更生保護法においては第58条に次のように規定されている．

更生保護法第58条　補導援護の方法

保護観察における補導援護は，保護観察対象者が自立した生活を営むことができるようにするため，その自助の責任を踏まえつつ，次に掲げる方法によって行うものとする．

1　適切な住居その他の宿泊場所を得ること及び当該宿泊場所に帰住することを助けること．
2　医療及び療養を受けることを助けること．
3　職業を補導し，及び就職を助けること．
4　教養訓練の手段を得ることを助けること．
5　生活環境を改善し，及び調整すること．
6　社会生活に適応させるために必要な生活指導を行うこと．
7　前各号に掲げるもののほか，保護観察対象者が健全な社会生活を営むために必要な助言その他の措置をとること．

さらに，再犯防止・改善更生の当面の障壁を取り除くための応急的・福祉的な支援としての「応急の救護」が，第62条において規定されている．

更生保護法第62条　応急の救護

保護観察所の長は，保護観察対象者が，適切な医療，食事，住居その他の健全な社会生活を営むために必要な手段を得ることができないため，その改善更生が妨げられるおそれがある場合には，当該保護観察対象者が公共の衛生福祉に関する機関その他の機関からその目的の範囲内で必要な応急の救護を得られるよう，これを援護しなければならない．

2　前項の規定による援護によっては必要な応急の救護が得られない場合には，保護観察所の長は，予算の範囲内で，自らその救護を行うものとする．
3　前項の救護は，更生保護事業法の規定により更生保護事業を営む者その

他の適当な者に委託して行うことができる.
4　保護観察所の長は，第1項又は第2項の規定による措置をとるに当たっては，保護観察対象者の自助の責任の自覚を損なわないよう配慮しなければならない.

　また，更生緊急保護（更生保護法第85条）と呼ばれる，満期釈放者や執行猶予・起訴猶予，少年院満齢退院者等，保護観察を受けていない者に対し，本人の申し出に基づき，身柄の拘束を解かれた後原則6月を越えない範囲において，緊急に保護措置を講じている．更生保護施設への委託や，帰住援護等一時的な保護を実施している．

　これらは，犯罪や非行をした者に限定した刑事政策の中に独自の福祉的措置を規定していると見ることができ，欧米諸国には見られない我が国特有のシステムといえる[2]が，その目的は最低生活の保障ではなく，刑事政策の一環としての再犯防止である．

3 「更生保護のあり方を考える有識者会議」と更生保護法の成立

　平成16（2004）年から17年にかけて，保護観察対象者や保護観察を過去に受けていた者の重大再犯事件が相次ぎ，50有余年にわたって続いてきた更生保護制度の機能，とくに再犯防止に関する機能不全が厳しく指摘された．そこで設置されたのが「更生保護のあり方を考える有識者会議」であり，17回にわたる会議の結果は，平成18年6月に報告書「更生保護制度改革の提言〜安全・安心の国づくり，地域づくりを目指して〜」として法務大臣に提出された．この提言に基づき，保護観察の充実強化をめざした法的整備が進められ，平成19年6月，犯罪者予防更生法と執行猶予者保護観察法を整理統合し，保護観察の機能を充実強化した法律「更生保護法」が公布された．再犯防止を改善更生と一体のものとして目的に明記した上で，遵守事項の内容を整理・充実し，弾力的な設定を可能にした．社会復帰のための環境の生活調整の充実や被害者等が関与する制度の導入，実効性の高い官民協働の実現がうたわれている．な

お同法は平成20年6月1日に施行された[3]．

4　更生保護の新しい施策

　再犯・再非行を防止し，社会を犯罪や非行から守り，非行や犯罪をした人びとの立ち直りを支援するために，新しい施策が次々と導入され，その一部は平成20（2008）年6月1日の更生保護法の施行を契機に充実強化されている．また，被害者等施策が整備され，更生保護は犯罪被害を受けられた方やその御遺族・御家族への支援の一翼をも担うことになった．

①　覚せい剤事犯者に対する簡易薬物検出検査および覚せい剤事犯者処遇プログラムの実施

　平成16年4月から，覚せい剤事犯で受刑し刑事施設を仮釈放された者等に対して，本人の自発的意思に基づく簡易薬物検出検査を活用した保護観察処遇を実施している．概ね1月ごとの簡易薬物検出検査を支えに覚せい剤を使用しない結果を積み重ねさせ，断薬の努力についての達成感を与え，対象者の断薬意思の維持および促進を図り，その改善更生に資することを目的としている．受検者と非受検者の仮釈放取消し率を比較すると，受検者の仮釈放取消率は非受検者の約半数となっており，再犯抑止効果が認められる．この効果は，検査の際に保護観察官が実施する丁寧な面接によるものであると当職は考える．薬物への渇望のほか心身の不調，家族関係や就労の悩みなどに対して保護観察官が定期的な面接でしっかりと寄り添い，その都度アセスメントを繰り返しながら必要に応じて社会資源を投入することで，不安定になりがちな仮釈放後の生活を支える意義は大きい．

　平成20年6月1日から，これをさらに充実させた「簡易薬物検出検査を活用した保護観察処遇」「覚せい剤事犯者処遇プログラム」が実施されている．後者については，特別遵守事項として義務化され，リラプス・プリベンション（再発防止）の観点から編集されたテキストによる学習と，簡易薬物検出検査を組み合わせた処遇が展開されている．

② 所在不明対象者対策

更生保護施設を出奔した仮釈放者が愛知県で幼児を刺殺した事件を契機に，所在不明者対策が強化された．夜間や休日に警察の職務質問等によって保護観察対象者の所在が判明した場面を想定し，休日等閉庁時に不良措置を迅速に実施できる態勢が各保護観察所・地方更生保護委員会で整えられている．

加えて，保護観察所における環境調整（更生保護法施行後は生活環境調整）段階において，仮釈放となった場合本人が確実に帰住予定地に定着できるかどうかを慎重に見極め，地方更生保護委員会における調査，仮釈放審理においてもこの点がより重視されるようになった．保護観察から離脱した所在不明状態は，再犯の危険性がきわめて高い状態であるので，これを未然に防ぐことが肝要である．

③ 就労支援事業

保護観察対象者や更生緊急保護対象者等の再犯防止と円滑な社会復帰のため，平成18年度から，法務省と厚生労働省が連携し，総合的な就労支援対策が行われている．具体的には，「職場体験講習」「セミナー・事業所見学会」「トライアル雇用」が実施されているほか，就労時に必要な身元保証人が確保されない時に，身元保証を行うことにより，雇用主に安心感を与え，非行・犯罪歴のある人たちの雇用を促進するようにしている．いずれも，前歴を開示することも含めて本人および保護者（少年の場合）の意思確認が十分になされ，その上で，本人の申し出を受けてさまざまな調整を行う．職安の専門相談員を含めて就労支援チームが構成され，チームで支援が行われるのが大きな特徴である．非行・犯罪の前歴者を雇用しその生活を支える民間ボランティア「協力雇用主」は，これまで多くの犯罪をした者，非行のある少年に就労の受皿を提供していただき，大変有難く，きわめて重要な存在であるが，一部の善意の事業者に支えられているのが現状であり，今後は社会一般の理解と協力を得て，社会全体で協力雇用主を支え，就労受皿を確保する制度とする必要がある．

④ 性犯罪者処遇プログラム

本件処分の罪名に，相手の意思を無視して行う性的行為が含まれる者，罪名

のいかんにかかわらず犯罪の原因・動機が性的欲求に基づく者（下着窃盗など）を対象に行われる専門的なプログラムである．仮釈放者と保護観察付執行猶予者が対象で，認知行動療法をベースに，性犯罪を起こす危険の高い状況を振り返らせ，それを回避する具体的な対策を考えさせたり，被害者の感情を理解させ，再発予防計画を立てる．「導入プログラム」「コアプログラム（5課程）」，そして平素の保護観察のなかで行われる「指導強化プログラム」，家族への支援としての「家族プログラム」によって構成されている．対象者に一方的に常識を説くだけではなく，指導者と本人が共同で目標を達成していくことに主眼が置かれており，一部の庁ではグループワーク方式が採用されている．当職が担当したケースは，公然わいせつを繰り返し，数回の罰金刑を経て保護観察付執行猶予の処分を受け，この性犯罪者処遇プログラムに参加したが，「自分は長年変態と呼ばれ，自分の性癖を恥じることしかできなかったが，プログラムを受け，努力すれば再犯は防げるということを学んだ」と話していた．なお，仮釈放者については，矯正施設での指導を引き継ぐ形で実施されている．

⑤　しょく罪指導プログラムを活用した保護観察の実施

被害者を死亡させ，または加療6か月以上を要する傷害を負わせた事件の対象者に対して，4課程からなるプログラム（課題作文中心）を受講させ，罪の重さを認識させ，悔悟の情を深めさせることにより，再び罪を犯さない決意を固めさせ，慰謝の措置に対し，被害者や家族，遺族の心情に配慮しながら誠実に取り組むことができるよう指導するものである．

⑥　暴力的性向を有する特定の仮釈放者および保護観察付執行猶予者に対する処遇の充実

仮釈放者および保護観察付執行猶予者のうち，暴力的性向があり処遇上とくに注意を要する者の生活状況を綿密に把握し，暴力行為を助長すると思われる問題性に的確に対処することにより，その再犯防止および改善更生を図るもの．保護観察官による直接的関与，多面的な生活状況の調査と密度の濃い処遇，再犯防止の観点を踏まえた迅速かつ積極的な措置が眼目である．なお，平成20年6月1日から「暴力防止プログラム」が導入され，特別遵守事項として受講

を指定された者を対象として，「自己の暴力について分析する」「怒りや暴力につながりやすい考え方を学ぶ」「危機場面での対処方法を習得する」「対人関係のスキルを学ぶ」「再発防止計画を立てる」という，認知行動療法等を活用した専門的処遇を行うことになっている．

⑦ 「自立更生促進センター」の整備と「沼田町就業支援センター」の運営

先述した応急の救護（従来の救・援護），そして満期釈放者等を対象とした更生緊急保護の受け皿となるのが，全国103ヵ所（H 21.8現在）の更生保護施設であるが，これに加え，全国数ヵ所の保護観察所に対象者のための宿泊施設を整備し，現状では受入先がないため満期釈放となっている刑務所出所者などを仮釈放として受入れ，保護観察による直接の指導監督と充実した就労支援を行うことにより，その確実な改善更生と円滑な社会復帰を図る「自立更生促進センター」および「就業支援センター」の整備が進められている．少年院仮退院者等の青少年を対象とする「沼田町就業支援センター」がすでに北海道雨竜郡沼田町に開設され，農業を通じた改善更生と就農のための農業実習を中心とする処遇が実施されている．1年間の実習終了後，沼田町での定住と就農の継続も視野に入れた支援を行うこととしており，沼田町と連携して運営されている．

⑧ 更生保護における犯罪被害者等の方々のための制度の実施

平成19年12月1日より，犯罪被害に遭われた方やその御家族・御遺族の方々を支援する制度がスタートした．加害者の仮釈放・仮退院について意見を述べることができる「意見等聴取制度」，保護観察中の加害者に被害者等の心情を伝える「心情等伝達制度」，加害者の保護観察の状況等を被害者等が知ることができる「加害者の処遇状況等の通知」，専任の担当者（加害者のケアを行わない被害者担当の保護観察官および担当保護司）に不安や悩み事を相談することができ，必要に応じて各種の支援につなげることができる「相談・支援」の4本の柱から成り立っている．

5　社会内処遇としての更生保護

　更生保護（保護観察）は社会内処遇と呼ばれており，対象者と呼ばれる人びとの生活の基盤を地域社会に求め，保護観察官をはじめとする専門家の援助と，保護司をはじめとするボランティアによる支援，そして地域住民の理解という3つの力でもって，その人たちの立ち直りと社会の安全を実現していこうとする制度である．

　社会的包摂（ソーシャル・インクルージョン）という言葉が生まれるずっと以前から，更生保護の世界では犯罪や非行を行った人びとを地域社会に受け入れる役割を担ってきたのである．保護司が犯罪や非行をした人を暖かく我が家に迎え入れることは，その人たちが地域社会の一員として再統合されていくひとつのステップになってきた．そして保護観察官もまた，ある時は処遇の専門家として家族調整や関係機関との連携に努めながらその人たちの「居場所」づくりに奔走し，ある時は「社会を明るくする運動」等の犯罪予防活動を保護司とともに展開し，地域社会の理解を得るよう努めてきた．

　しかしながら，昨今は，犯罪や非行をした人びとを専門機関や専門家，とくに医療機関に委ね，「病名」を付けてそれでよしとする社会の風潮が強くなっているような危惧感を感じる．専門機関や専門家に対する社会の期待が高まっていることについては真摯に受け止め，専門的な処遇力を向上させる努力を惜しむべきではないが，犯罪や非行をした者1人1人を地域のなかで支えていくという視点を忘れてしまってはいけない．真の更生は，専門家に囲い込まれた狭い施設ではなく，地域社会のなかでこそ実現するのである．

　ところでハーシーは，非行や犯罪の抑止力となるものとして，「社会的な絆（social bond）」を挙げている（ハーシー，1995）[4]．そこで挙げられているattachment（本人にとって重要な人物に対する愛情や尊敬などの情緒的繋がり）やcommitment（成功目標やこれを実現するために少年に期待されている態度や行動への同調），involvement（社会的に是認された行動，すなわち勉強やスポーツなど

へのかかわり），belief（規範や権威の正当性に対する信頼）を，対象者が日常生活のなかで獲得できるよう支援していくことが，援助の鍵のひとつになると考える．たとえばattachmentの対象となりうる存在（家族など）を見極めることで，こじれた関係の調整の端緒をつかむこともできるし，就労支援を行うことでinvolvementが実現することもある．処遇に当たっては，地域社会での生活者としての対象者・家族とその人たちを取り巻く状況を全体として理解しながら，対象者とその家族を包括的に支えていくという視点が重要である．対象者やその家族のなかには，地域社会のなかで孤立していたり，福祉や医療のネットワークから零れ落ちている人も少なくなく，そうした点にも十分な配慮が必要である．

　なお，ここである事例を紹介したい．当職がまだ駆け出しの頃担当したある少年は，地域社会で窃盗事件等を繰り返し，3度目の少年院送致となっていた．近隣家庭が軒並み被害に遭い，実父がその都度謝罪と弁償に出向くも，感情が険しい被害者も少なくなかった．一家は地域社会で孤立し，実父は本人の引受けに自信を無くしていた．そんな折，地域で大きな災害が発生した．その際，実父は自分たち家族を白眼視していると思い込んでいた近隣住民から思いがけず温かい心遣いを受け，地域の人びととともに本人を見守っていくことを決意し，本人の引受けを決断した．避難所を指定帰住地として仮退院を果たした少年は，実父をはじめとする家族，保護司をはじめとする地域の人びとに見守られて更生の道を歩みだした．「被害の大きさに呆然としていた時，今まで我々を責めていた近隣の人たちが『毛布はあるか，水は足りているか』と声をかけてくれたことが本当にありがたかった．地域でもう1度いろいろな人に助けてもらって本人を見ていきたいと思った」と実父は述べ，それ以後実父の態度はずいぶんと和らいでいった．地域の人びとのちょっとした一言が専門家と呼ばれる人びとの多くの言葉に匹敵する力をもつものであることを実感し，そうした地域の力を引き出すことのできる保護観察官でありたいとこの時に強く感じた．

6 「更生保護ケアマネージメント」への提言

　当職は，保護観察処遇はカウンセリングだけに依拠した「小さな処遇」に落ち着くのではなく，ケアマネージメントやコミュニティワークの視点を盛り込んだ処遇を行うべきだと考える．

　ケアマネージメントという言葉は，介護保険の導入とともに人口に膾炙したように思われるが，ともすれば経費節約のためにサービスを効率良く利用者に提供することのように誤解されることもある．ケアマネージメントの本来の意義は，生活に困難さをもっている人に対し，さまざまな種類の支援を適切に組み合わせひとそろいのパッケージとして提供し，その人のセルフケア能力を高めるとともに，地域におけるフォーマルネットワーク，インフォーマルネットワークを整備することで，地域ケアシステムの向上を図ることにある[5]．

　更生保護の世界においては，従来からも福祉・医療機関との連携については，「社会資源の活用」として重視されてきたが，これまでは社会資源は特定の保護観察官につく属人的なものと認識され，一種の職人技のように認識されてきたきらいがある．更生保護法の下位法令においては，それら社会資源に関する情報を十分に把握し，これらを整理した資料の整備に努めるよう規定されているが，私はさらに一歩進んで，更生保護にケアマネージメントの視点を導入することを提言したい．保護観察官は事件主任官ではなく地区主任官であり，ひとつの事例を通して地域を耕していくことで担当する地域の力を高めていくことに配慮すべきである．対象者と呼ばれる人を取り巻く家族システム，地域システムに目配りし，インフォーマルケア，制度の双方からアプローチする視点が重要である．高齢者福祉，障害者福祉の分野で積み重ねられてきたケアマネージメントの知見をもとに，独自の「更生保護ケアマネージメント」ともいうべき理論の構築が必要だと考える．

　保護観察処遇は，一般のカウンセリングや高齢者・障害者支援とは異なり，裁判所の決定や判決確定，あるいは仮釈放の要件として，いわば本人の意思と

は関係なく公的な権限によって援助関係が始まるが，時に援助を求めない人に対する動機付けやニーズの引き出しにこそ十分配慮すべきである．また，重篤な状態の人ほど長期間のケアが行われる医療機関とは異なり，更生保護官署が関わることができる期間は法律で厳密に定められており，受刑を繰り返す人ほど仮釈放期間は短くなる傾向がある．ゆえに，保護観察期間が終了した後もケアを受けられるよう関係機関に「つなぐ」機能が求められる．病院に行きなさい，福祉の窓口に行きなさいという「指示」だけでは不十分で，一緒に窓口に出向き，関係者と折衝するなかで確実に「リンケージ」（連結）することが重要である．過剰飲酒や違法薬物の使用，暴力といった自他を傷つけるアクティングアウトを防ぐための綿密なリスク管理も必要である．そうした意味で，先述したような専門的処遇プログラムによる積極的介入と濃密な処遇は有効である．

　保護観察官は，対象者の処遇にあたり，面接や各種書類の精査によるアセスメントを行い，保護観察の実施計画を立てていくが，その時に重要なのは，「非行や犯罪をせず地域社会の一員として生活していくために必要な支援はなにか」という視点である．ハンディを抱え，受刑を繰り返し，家族からは見捨てられて……という困難なケースは，ともすれば社会での暮らしをイメージすることを困難に感じさせるが，更生意欲など本人の健康な部分にも注目し，ハイリスクなケースほどきちんと手を入れていくことが必要である．

　当職は，新しい地区を担当した際には，まず地域の保健所や福祉事務所との連携態勢作りを心がけてきた．ある時は精神保健相談員の方と一緒に自転車で精神疾患を抱えるケースの家庭訪問に出向き，ある時は母子保健を担当する保健師さんと若年で妊娠したケースの処遇にあたり，またある時はかつて虐待があったハイリスク家庭のサポートのため，本人の了解を得たうえで，保健所や学校，民生委員など多くの人びとの参加を得てケア会議を開いてきた．

　窃盗事件で保護観察決定となったある女子少年は，少年鑑別所で知能検査を行ったところIQが60台であった．保護観察決定後児童相談所と連携して療育手帳の取得を支援し，家庭の事情もあって知的障害者福祉施設に入所するこ

第12章 共に生きる地域社会をめざして

とになった．彼女は障害のことを伏せて就職するためすぐに解雇されることが続いていた．そして本人を交えて施設スタッフとケア会議を繰り返し，障害と保護処分歴のことを開示したうえで就職活動を支援することとし，当時始まったばかりの「就労支援事業」を活用することとなった．本人は障害を了解して採用してくださった協力雇用主のもとで順調に就労を続け，正社員になった後，大阪府社会福祉協議会の社会貢献事業の協力を得て，施設からアパートでの自立生活に至った．金銭管理については専門の福祉スタッフが本人の了解を得て関与した．この時にコミュニティソーシャルワーカーとして関わってくださった地域の特別養護老人ホームのスタッフの方が更生保護制度に非常に理解を示してくださり，刑務所や少年院でヘルパー2級の資格取得をめざす職業訓練が実施されていることを説明し協力雇用主への登録を打診したところ，「たとえ前歴があっても，意欲があるなら」と対象者の受入れを決断してくださった．

保護観察対象者は，単に非行や犯罪の前歴があるというだけではなく，貧困や疾病，家庭内葛藤など，対象者の力だけではいかんともしがたい多くの問題を抱えていることが少なくない．それゆえ，地域社会における重層的なサポートネットワークを構築することが肝要である．立ち直りを支える地域社会づくりをめざし，まさしく地域を耕し，人と人との繋がりを編み上げるようなソーシャルワークこそが，「社会内処遇」を行う保護観察官には求められる．

さらには，個々の処遇場面だけではなく，非行や犯罪を行った者を社会に包摂していくというソーシャルインクルージョンの視点から，更生保護に対する地域社会の理解を深めていくための活動も重要である．更生保護の分野では，犯罪予防活動の一環として，毎年7月を強調月間として「社会を明るくする運動」が行われてきた．地域に密着した多彩な取組みが全国で展開されてきたが，単なる啓発活動から一歩進んだ，地域住民の参加を促し，地域を耕すような試みこそが求められているといえよう．そうした点で，非行や犯罪の原因を分析するだけではなく，解決への具体的な手立てを探る「公開ケース研究会」や，広報映画を活用したフィルム・フォーラムなど，住民の主体的な参加を求めるものが有効だろう．当職は，「社会を明るくする運動」が50周年を迎えた平成

12年度，地域の多くの団体と協働し，少年を対象とした「いきいきサッカー教室」を企画・推進したが，準備過程において地域社会におけるネットワークが生まれ，たとえば近隣の児童養護施設で生活するこどもたちの学習を支援するために青少年ボランティアであるBBSが名乗りを上げるなど，次々と新しい活動が生まれたことを経験している．地域社会におけるニーズを積極的に掘り起こし，ネットワークを織り上げていく過程において，人と人とがつながり，対象者の更生を支えていけるしなやかな地域社会の実現がなされるものと考える．関係者を理解者に，そして社会資源に変えていくための情熱と綿密なコミュニティワークの力量が一層求められるだろう．

7 更生保護と福祉との連携
──社会福祉士・精神保健福祉士として思うこと

当職は平成19年3月，知的障害者のケアを主とする社会福祉法人の人権研修の講師として話をする機会があった．保護観察中の少年がこの法人が運営する知的障害者通勤寮に入所し，通勤寮スタッフと連携して処遇にあたったことが縁となったものである．当時は大阪府で知的障害者の男性が歩道橋から幼児を投げ落とす事件があり，「何とかしなければ」という雰囲気が漲っていた．触法の知的障害者のケアを行う専門施設を整備する行政サイドの動きを評価する一方，特定施設にそうした人びとを集めることが「囲い込み」になるのではと危惧する声も出された．いずれにせよ，非行や犯罪をした障害者の処遇を特定の専門施設・専門家に丸投げするのではなく，障害者福祉そして司法福祉全体の底上げを図ることで実現していくことが求められているといえよう．

そして，非行・犯罪歴や障害といった何らかのハンディを抱えた人へのケアが迅速になされるかどうかは，制度やハード（施設）がいかに整備されているかという条件だけではなく，ケアに関わるスタッフの意識や，地域住民の連帯によるところが大きい．当職はかつて社会福祉の研修で，ネットワークはくまなく，強靭に，そして確実にニーズをキャッチできるようにすべきということ

を学んだ．大阪保護観察所勤務時代に特筆すべきは，大阪府社会福祉協議会社会貢献支援室との連携である．社会貢献支援員やコミュニティソーシャルワーカーの方と連携したことで，疾病や障害を抱えた対象者に対する新たな支援の方策が見出されることが多くあった．

近年，福祉の分野においても，矯正・更生保護の分野におけるソーシャルワークに対する関心が急速に高まっている．矯正の分野においては，従来型の刑務所のほかPFI刑務所（社会復帰促進センター）に社会福祉士や精神保健福祉士が配置され，専門的なスキルを用いて受刑者の社会復帰を支援している．障害を抱える受刑者へ手厚い処遇を行う「特化ユニット」も，PFI刑務所である喜連川社会復帰促進センターや播磨社会復帰促進センター等に整備されている．また，更生保護の分野においては，触法精神障害者の社会復帰を支援する「社会復帰調整官」として精神保健福祉士・社会福祉士が数多く採用される一方で，保護観察官のなかにも資格の有無を問わず医療や福祉とのよりよい連携を模索する動きが広まっている．障害や高齢といったハンディを抱えた者の社会復帰を支援する「地域生活定着支援センター」の設置についても各都道府県ですすめられている．

さらに，平成21年度から，社会福祉士の養成課程において新たに「更生保護制度」が必修科目（15時間）となり，更生保護施設が実習指定施設となった．社会福祉士の職能団体「日本社会福祉士会」においても，平成20年度より「リーガル・ソーシャルワーク研究委員会」が立ち上げられ，矯正や更生保護の分野におけるソーシャルワークの可能性が模索されている．当職は更生保護作業部会の責任者として，更生保護施設や保護観察官，各種福祉施設への調査研究を行った．この調査研究において，保護観察処遇における福祉的なニーズについて，現役の保護観察官（管理職含む）にアンケート調査を実施したところ，「疾病や障害，高齢といったハンディへの対応」「収入が得られない者への経済的な手当て」「緊急時の医療」「更生保護施設内での処遇が困難で，かつ自立が難しいケースへの対応」についてとくに多くの回答が寄せられた．保護観察所が限られた人員と予算措置で行っている「補導援護」や「応急の救護」で

はフォローしきれない難しい問題であり，福祉との連携を実効あるものとするニーズには切実なものがある．社会福祉士の資格をもつ職員に保護観察官に対しては「社会福祉に関する情報について収集及び職員への提供を行い，職場で共有化するための中心的な役割を担って欲しい」「地域の社会資源とのパイプ役を務めて欲しい」「処遇に困った時の相談支援をして欲しい」などの高い期待が寄せられている．また，更生保護施設職員からも「自立が難しいケースへの援助」「被保護者のための社会福祉に関する専門の相談コーナーの設置」「福祉の窓口や社会資源との円滑な橋渡しやネットワークの整備」「社会資源マップ作りや社会資源に関する情報提供」「処遇施設としてのさまざまなプログラムの充実への貢献」「障害や疾病などのハンディがあるケースに対応する専門施設の運営」「社会福祉士養成のための実習を受け入れる際の後方支援」などの要望が出されている．

　福祉制度の手続の難解さを乗り越えるための支援や，地域社会に点在している社会資源を的確に把握し，ニーズに応じて効果的なネットワークを築き上げるための手立てこそが希求されており，今後社会福祉士が更生保護の分野で，あるいは公的扶助など更生保護と接する分野で活動する際には，福祉専門職以外にはわかりづらい，福祉の諸制度や社会資源について，わかりやすい方法で提示し，その活用方法について具体的に助言を行うことが求められる．また，社会福祉士の専門性のひとつであるコミュニティワークに対するスキルも，社会内処遇を担う更生保護制度にとって非常に有効なものである．個別処遇における多機関連携も，コミュニティワークの視点をもって関わればさらに地域社会を耕すような動きが展開できる．関係者を理解者に，さらには社会資源へと発展させていくような試みこそが求められている．ある保護観察所では，「後方支援」と称して，選考採用で保護観察官となった社会福祉士が，庁内で抽出された困難ケースの処遇に関与し，福祉的な視点から新たな見立てを行うことで，効果的な処遇を実施することに協力している．

　また，更生保護施設においては，自立困難な高齢者や障害者をどのように地域生活に繋いでいくかという課題を抱えている．更生保護施設が障害者や高齢

者の受入れを困難視するのは，更生保護施設内での生活を支えることの難しさもさることながら，地域生活への移行の難しさによるところが大きい．居宅であれ病院や福祉施設への入所であれ，地域での生活にスムーズに移行できるのであれば，中間施設として更生保護施設が機能する余地はあるだろう．そして，地域生活への移行に関しては，やはり福祉の専門家である社会福祉士の力量に寄るところが大きい．今般，障害や高齢といったハンディを抱える受刑者について，福祉や医療機関とのコーディネイトを行うことで円滑な社会復帰を図る地域生活定着支援センターが都道府県ごとに設置されることになった．

　更生保護制度は平成21年度に発足60年を迎える．これまでも，カウンセリングやケースワーク，グループワーク，コミュニティワークなどの理論や技術を，更生保護制度のなかに生かしていくよう先人たちの努力が重ねられてきた．更生保護においては，法の執行というかたちで処遇者との関係がスタートし，再犯を防止し国民の安全を守るという刑事政策上の大きな使命がある．遵守事項を守るよう指導監督すること，遵守しなかった者に不良措置を採ることはそうした刑事政策的な色彩がきわめて濃いもので，社会福祉士にとってやや違和感があるかもしれない．しかしながら，生活に窮して半ば刑務所志願的に軽微な犯罪を繰り返すケースがあることもまた事実で，その人たちの生活基盤を整えて社会復帰させることも更生保護の重大な使命である．そして，この作業は，更生保護官署単体でなしうるものではなく，福祉や医療などさまざまな機関が連携し，地域を耕すような作業の積み重ねで実現するものである．その意味で，更生保護の仕事のなかではいまだ馴染みが薄いケアマネージメントの手法を，今後社会福祉士が中心となって，積極的に取り入れていくことが必要であろう．

　非行少年や犯罪者の処遇の実際があまり知られていないが故に，「非行少年・犯罪者」を目の前にして戸惑いを覚える福祉関係者も少なくない．また，その人たち自身，自らのニーズを十分自覚していなかったり，主訴をきちんと伝えることができず，福祉の窓口で揉めることが多いのもまた現実である．行政の窓口や病院の相談室，福祉施設の窓口でその人たちに応対する社会福祉士が，「非行・犯罪」という事実だけに目を奪われるのではなく，その人たちが

抱えている生きにくさ（障害，疾病，家族関係の破綻など）に注意を払い，そのなかでなお残された立ち直りの要素（更生意欲，支援を求める力，保護観察官や保護司による援助態勢など）に目を向け，保護観察官や更生保護施設職員と協力してその人たちと関わろうとするかどうかで，その人たちのその後の人生は大きく違ってくるのは間違いない．

　時々誤解されるのであるが，保護観察官や更生保護施設職員は，何もその人たちの人生を福祉に丸投げしようとしている訳ではない．今回の調査で実に多くの保護観察官が連携のポイントとしてあげたのは「出来ることと出来ないことをきちんと伝えあうこと」であり，「顔の見える連携に努めること」であった．「できること」はともかく，「できないこと」を伝え，その上で問題の解決を図っていく動きを起こすには，根底に両者の信頼関係がなければできない．保護観察官や更生保護施設職員は，担当する地区や更生保護施設所在地の福祉事務所等に足しげく通い，膝を突き合わせて話し合うことを重ねて，そうした信頼関係を作り上げてきた．それは，制度と制度の狭間に橋を架けるような作業であり，機関と機関，人と人との出会いを縦糸に，「再非行・再犯に陥ることなく，その人が地域の中でよりよい人生を送ることができるために全力を尽くす」という目標を横糸に，まさしく地域社会で援助のネットワークを編み上げていく活動であるといえる．

　更生保護の一連の改革は，強くしなやかな保護観察処遇をめざしている．一方で，家族療法や地域福祉といった，一見刑事政策とは距離があると思われている分野で「resilience（しなやかで，回復力に富むという意味）」がキーワードとなっている．犯罪や非行をした人を受け止め，地域社会に再び戻していくためのしなやかで回復力に富むネットワークを作っていきたいと思う．

（正木　恵子）

同様のテーマでの発表履歴
2005年日本社会福祉士会全国大会「回復と成長を支える地域内ネットワーキング
　～司法福祉（更生保護）の現場から～」

第12章　共に生きる地域社会をめざして

2007年司法福祉学会「福祉的なケアを必要とする人を支えていくためのネットワークについて」
第4回犯罪社会学会公開シンポジウム「矯正保護とソーシャルインクルージョン」
2008年,「更生保護分野における社会福祉士への期待」『月間福祉』2008年6月号,全国社会福祉協議会
2008年,「加害者臨床」『更生保護における加害者への指導監督・補導援護　現代のエスプリ』491号,至文堂
2007年,「更生保護における『見立て』について」『そだちと臨床』vol.3,明石書店

【注】
1)　『平成20年版　犯罪白書』法務総合研究所
2)　橋本　昇,2007,「更生保護と福祉との連携について」『更生保護』平成19年6月号
3)　岡田和也,2007,「保護観察の充実強化　保護観察対象者の改善更生と再犯防止の実現」『法律のひろば』平成19年8月号
4)　ハーシ, T., 1995,『非行の原因：家庭・学校・社会へのつながりを求めて』（森田洋司・清水新二監訳）文化書房博文社
5)　野中　猛,1997,『図説ケアマネージメント』中央法規

第13章 バリアフリー・ツーリズムの手法による地域再生

> **要　約**
>
> 　地域格差が拡大するなかで，観光振興は地方経済を活性化させる柱のひとつとして期待されている．しかし，経済活性化とさらにはさまざまな人びとがインクルージョンされ社会を担う主体となりうるためには，潜在的な経済力として機能し全体経済を底支えしつつ地域社会全体を活性化させるソーシャル・キャピタルの形成による社会的経済の構築と全体経済の波を相対化し地域の主体性を担保しうる地域の論理の構築が重要である．そのためには，地域に根付き人びとの営みによって蓄積されてきた独自の生活文化や社会経済構造に視点を向け，新しいつながりの形成を可能にする仕組みや基盤の検討が必要である．本章では，地域社会にこれらの仕組みとその基盤を構築し地域社会全体を活性化しうる可能性を秘めている地域観光開発の手法としてバリアフリー・ツーリズムに焦点をあて，その実践を担う市民活動の事例を元に観光振興と地域の社会的経済の展開について考察する．
>
> **キーワード**：バリアフリー・ツーリズム，ソーシャル・キャピタル，地域経済，観光振興，社会的経済，市民活動，地域社会の生活の論理

1　はじめに

　観光立国という言葉が叫ばれて久しい．そこに込められた意味にはおそらく2つの方向性があるだろう．ひとつは，観光を日本の産業振興の基盤に据え，グローバリゼーションが進む世界の観光市場での優位性を確保し，地域経済の落ち込みを防ごうとする方向性である．もうひとつは，国民の生活の質の向上を指向するものである．

　2007年の観光立国推進基本法の施行，続いてこれを施策化した国土交通省

の「観光立国推進基本計画」，2008年の観光庁の設置は，この2つの方向性を政府として推進させようとするものであった．

　観光を日本の産業振興の基盤とする方向性は，その後もさまざまな形で展開されてきている．しかし，今ひとつの方向性である国民の生活の質の向上の側面においてはどうであろうか．

　「観光立国推進基本計画」に立ち戻ってみると，この計画の基本方針では，憲法25条の規定を受けた形で「国民の観光旅行の促進は，国民が健康的でゆとりのある生活を実現する上で必要不可欠なものである」と位置づけている（国土交通省，2007：1）．この基本方針では，観光や旅行は，国民の生活の質の向上のための不可欠な要素とみなされているものの基本的人権としての位置づけには至っていない．しかし，それに準ずるものとして法制化し，観光を国民に等しく開かれた生活資源として位置づけたものと解釈できる．

　この方針は日本の高度経済成長と豊穣な消費社会の実現のなかで生まれた「観光の大衆化」の延長線上にある．観光の大衆化の流れは，国民の多くを観光という生活資源にアクセスすることを可能にした．その過程で，観光消費は一部の階層に限定された特権的なものから拡大する中流層のライフスタイルへと変化し，「余暇時代」の到来といわれたように，余暇行動が「人並み」の生活のひとつの表徴となった．

　今や旅行は，自己実現を図り人生を充実させるための必須要素ともなってきている．観光は日常生活の一端に組み込まれ，文化的生活を享受し，「スローイズム」という言葉に表されるような人生の価値観にまで及ぶ意味空間を構築するまでに至っている．言い換えれば，今や観光という生活資源は人びとが「享受すべき望ましいもの」であり，その消費は国民が等しく享受することができるという社会的言説が日本社会のなかに作り上げられたともいえる．

　しかし，社会的言説としては一般化したものの，観光は，現実にはすべての国民に開かれた生活資源には至っていない．たとえば，障害者や高齢者についてはそのアクセスに制約があったことも事実である．

　観光のバリアフリー化は，この制約を環境工学的に解決し，観光を等しく開

かれた資源にする試みであった．しかし，こうした試みにもかかわらず，観光立国が推進するもう一方の方向性，つまり産業基盤振興という原理が強く働くとすれば，障害者や障害のある高齢者は観光産業市場の顧客から排除されかねないリスクを背負わされることになる．

日本のツーリズムの歩みを振り返ってみると，こうしたリスクは，観光の大衆化が進展してきた過程においても見られた．この大衆化を進展させたマス・ツーリズムは，商品の画一性と効率性を追求し大量の旅行客輸送を可能にしたが，そこでは障害者や高齢者は，個別の対応が必要でありコストと手間のかかる旅行者と考えられていた．また，彼らは少数であり大量消費の対象とはならないために，必要な介助や支援はいきおい消極的にならざるをえない．

観光の「社会的言説化」の過程とその現実については改めて検討すべき点も多いが，いずれにしても観光が，国民の新たな生活権の一部として社会的言説化した今日の状況の下では，その権利に浴せない人びとの存在に改めて光をあてることは「社会的排除」という視点からみれば大切なことである．

しかし，観光が権利化していく動向のなかでは社会的排除の問題に対して政府も手をこまねいているわけにはいかない．そのため観光を含めた社会生活への対策として，障害者や高齢者のハンディが越えられないバリアを問題視し，その除去に向かうことになる．その方向のひとつとして日本では，物理的なバリアフリー化が「ハートビル法（高齢者，身体障害者等が円滑に利用できる特定建築物の建築の促進に関する法律）」（1994年施行）や「交通バリアフリー法（高齢者，身体障害者等の公共交通機関を利用した移動の円滑化の促進に関する法律）」（2000年施行）の制定・施行のなかで図られていくことになる．さらに，この両者を統合・拡張する形で作られた「バリアフリー新法（高齢者，障害者等の移動等の円滑化の促進に関する法律）」（2006年施行）では，知的障害・発達障害・精神障害のある人びとも政策の対象として明確化され，物理的なバリアフリー化に限定されずより広い対応が求められるようになってきている．

このような動向のなかでは，今後は企業のあり方や責任もより厳しく問われ，従来の観光のバリアフリー化の視点に留まらない，障害者や高齢者もインクル

ージョンすることが可能な方策が一層求められよう．しかし，観光立国推進基本法が課題とする国民の生活の質の向上というもうひとつの方向を実体化させるためには，行政や産業界だけにゆだねるわけにはいかない．国民の生活の質の向上という視点に立つとすれば，経済政策や観光産業の動向と浸食を相対化することのできる主体の発掘と育成が日本社会として必要になってこよう．

　それは，日本社会における行政や企業体と国民との両者の関係についての考え方を転換させることでもある．その転換の鍵を握り，新たな社会への移行を担う主体が「産・官」に対置する「民」の存在である．この両者による日本社会の統治のあり方は，これまで「タテのガバナンス」といわれてきたように，官主導・民依存型の関係のもとで自らの生活の充足を図ってきた．しかし，森田洋司が指摘しているように，日本社会では，「私事化（プライバタイゼーション）」の進行につれて「民」の果たす役割が国民生活の質の向上と国民の自己実現にとって不可欠なものと見なされるようになってきた．NPOなどの市民活動や住民間の協力や，「産・官」との新たな関係の構築による「ヨコのガバナンス」と「新たなる民」の必要性と社会モデルの転換が謳われる所以である．

　しかし，森田は，日本社会で進行する私事化の動向が，個人の幸福追求価値を正当化し，人びとに共同体の呪縛からの自由や解放をもたらした反面，その歪みとして人びとの連帯感や社会の紐帯の弱体化，孤立化，中間集団の脆弱化と求心力の喪失，個人が抱えるリスクへの集団的対応の脆さももたらしてきたことを指摘している．そして，これらのネガティヴな側面を回避し，「新たなる民」を育成するためには，私事化のポジティヴな側面を最大化しつつネガティヴな側面を社会がどれだけミニマイズできるかにかかっていると主張し，個人的な利害の突出や「欲望自然主義」とも呼びうる社会から公共性や「公共善」に開かれた社会へと転換を図るための「シティズンシップ」の育成が課題であるとしている（森田，2006：161-169，2007：14-17）．

　そのためには私事化の動向が進行する社会のなかで，住民それぞれが抱く私的欲求や地域内のさまざまな集団・団体，事業所が主張する私的利害を越え，あるいは利害の衝突や地域社会の分断を避けるためには，これらを包み込むよ

り大きな価値や信念，あるいは目標や規範が必要となる．

　たとえば，市民活動が，直接的には障害者や高齢者の観光へのアクセスを図るための支援活動を展開していたとしても，結果として，これらの活動が広く住民のセーフティネットを張ることにつながり，リスクを軽減し，地域の安寧や福利を増進し充足した人生を送ることにもつながれば，さまざまな立場や利害関係にある住民であっても，共通の土俵につくことができよう．本稿では，NPOなどの市民活動団体によるバリアフリー・ツーリズムの実践を検討し，その活動が支援・非支援当事者の問題を超え，さまざまな立場にある住民を公共善の実現へと動員し，地域経済さえをも活性化していく地域内の潜在的な力を形成する可能性に着目して分析を進めていくこととする．

2　バリアフリー・ツーリズムの実践とソーシャル・キャピタルの形成―

1）バリアフリー・ツーリズムと地域社会の「生活の論理」

　身体的なハンディが排除の契機になる要因であることは事実としても，旅行に行けないという状況は，さまざまな要因が絡み合った結果としてある．また，その状況は個人によって異なる．排除がさまざまな要因の累積の結果であれば，それへの対処は身体的なハンディという最大公約数的な要因の確定とその除去だけに求めることはできない．

　物理的な移動環境の改善を中心にしたバリアフリー化によって多くの人びとの外出や移動が可能になるのは事実である．しかし，現実の状況から考えると，必要なことは，最低限のバリアフリー化に加えいかに個別対応に適した支援の仕組みを構築するかである．

　たとえば，観光のバリアフリー化では，施設のバリアフリーの度合いの状況調査と情報提供が不可欠なものとされ，バリアフリー化の手法として一般的に取り入れられてきている．エレベーターやスロープ設置の有無の調査やトイレマップなどは近年増えつつある．しかし，実際の利用に際しては障害やその程度によっても利便性や制約度は異なり，代替手段や人的介助の必要性もそれぞ

れに異なっている．

　しかし，一方的な情報提供のみで終わる観光地も少なくない．多様なニーズとさまざまな障害者や高齢者を情報資源から排除することなくバリアフリー化を進めるにあたっては，一方では，このような個別のニーズをどうすくい上げ情報提供の場へとつなげていくかが課題となる．同時に観光現場の局面での障害者や高齢者のニーズについても，状況を調査する側や提供する側の一方的な認識や思いこみ，あるいは一般論による施策のみですますのではなく，多様なニーズに即した認識が求められてくる．現状では，障害者や高齢者の視点から構築された情報提供の場，あるいは障害者や高齢者のニーズに応じた楽しみ方の提供や商品開発ということもまだ少ない．

　このように，観光のバリアフリー化を考えるとき，個別性の原理を収益性の原理と組み合わせつつどのように組み込むかは大切な視点である．このように考えるとすれば，一般に観光振興や地域振興で使われている「消費者」という概念は，はたして適切なのか，支援に要する追加費用を支払える人びとのみを対象とするバリアフリー化ではなく，さまざまなハンディを負っている人びとに開かれたバリアフリー化をどのように達成することができるのか，その場合，観光のバリアフリー化を地域振興や地域の活性化につなげるためには，どのような地域資源や社会的な仕組みを地域社会の中に埋め込むことが必要なのかは改めて検討すべき課題となってこよう．

　そのためには，収益構造を中心に観光の振興や地域の活性化を組み立てる従来の地域づくりの発想を超え，地域社会が成り立っている観光経済構造以外の生活構造や社会・文化構造に視点を当て，バリアフリー・ツーリズムがどのような効果をもたらすのかについても視野に入れて推進していかなければならない．それは，観光振興による地域の活性化を従来の観光産業や観光行政の立場からだけでなく，地域住民の立場から見直すことであり，誰のための地域振興なのかを改めて問い直す作業でもある．

　田中夏子は，イタリアの社会的経済の実践事例を調査し，地域経済の活性化の道筋を検討している．その場合，田中は，地域住民による「生活の論理」に

第13章 バリアフリー・ツーリズムの手法による地域再生

着目し，そこで形成されている地域社会の論理が全体社会で進行するマクロな経済構造の論理を相対化する力を胚胎しており，地域社会の社会的経済の仕組みを構築しつつ地域社会の経済活動を活性化する力を秘めていることを指摘している（田中，2004：3-55）．

この視点は，観光振興による地域の活性化を考える場合にも有効な視座を提供している．バリアフリー・ツーリズムは，その運用の仕方によっては地域経済の収益構造の圧迫要因となる可能性が大きく，また，利用者にその負担を転嫁するとすれば，その負担に耐えうる利用者だけに観光資源へのアクセスが限定されかねない危険性を孕んでいる．

しかし，バリアフリー・ツーリズムという手法は，観光分野に固有の手法として編み出されたものでなく，市民が日常生活の諸資源にアクセスし，健康で文化的な生活を送り自己実現を図りつつ生きがいのある人生を享受するという国民の権利性に関わる社会装置である．今日におけるバリアフリーの手法は狭く福祉領域に限られたものではなく，ユニバーサル・デザインの理念と結合しつつ，障害の有無，年齢層の違いなどを越えた生活資源の一環として位置づけられつつある．

周知のように，ユニバーサル・デザインは，障害のある人びとへのバリアフリー装置として生まれてきた．しかし，その後，この考え方は，福祉の領域を越え社会の公共性の強い生活領域へと展開され，誰しもが排除されることなくアクセスできる環境工学的な設計や日常の生活用具のデザインとして発展してきている．こうした経緯もあって，今日では，バリアフリー・ツーリズムの手法のひとつとして観光のユニバーサル・デザイン化を進める動きもあるように，バリアフリーとユニバーサル・デザインには共通するところも多い．

そのひとつとして，両者ともに福祉資源として生まれてきた経緯はあるものの，今日では市民生活のなかに組み込まれ，障害者や高齢者だけなく妊産婦や乳幼児連れの親子，キャスターを引いて旅行や買い物時に移動する人びとなど，さまざまな市民の生活の利便性を高め，生活を豊かにするための「公共性」の強い生活資源となっている．

また，両者が公共性の強い領域で展開され，社会的なコストは高いものの，国民生活をより豊かなものとする生活資源と結びつき，社会の「潜在的経済」の機能を果たし，その活動が経済効果や雇用効果を生み出す装置となりうることも共通する特徴である．言い換えれば，「社会的経済」の制度や仕組みと親和性の高い領域であるともいえる．

　そのために，これらの実施主体や担い手は，行政だけでなく，市民団体，コミュニティ・ビジネス，社会的企業，CSRなどを理念として標榜する一般企業，ソーシャル・ファームなどの福祉団体，あるいは社会的協同組合など，さまざまである．いずれにしても，これらの活動は，営利を第一義的な目的としたものではなく，公共性を目的とする活動主体である．

　本章で地域観光を取り上げ，その振興と地域づくりを考えるにあたってバリアフリー・ツーリズムの手法に着目するのは，上記のようなバリアフリーの特徴とともに，既述のように，この手法が実践されていく過程で，「私事化」し揺らいできた地域社会の人びととの結びつきのなかに，新たに「ソーシャル・キャピタル」を生み出す可能性を秘めており，それらが地域で生活する住民の満足度を高め，地域社会へのアイデンティティをも高める可能性を秘めているからである．

　たしかに，バリアフリー・ツーリズムは，ツーリズム領域のごく一部の手法に過ぎない．しかし，この手法には，そこで日常生活を営んでいる地域住民自体の生活の論理によって全体経済を「相対化」し，地域の潜在的な経済を活性化し，地域社会の公共性の局面を成熟させるための社会的資源と経済資源をも生み出す可能性が秘められている．

　こうした活動は緒についたばかりであり，バリアフリー・ツーリズムの可能性を全面的に引き出し成功している地域事例は，現段階では見あたらない．しかし，その萌芽と模索を試みている地域や団体は現れてきている．

　ここでは，一例として，三重県のNPO組織（NPO法人伊勢志摩バリアフリーツアーセンター／三重県鳥羽市．以下，センターと略す）を取り上げ検討してみよう[1]．

2）NPO法人伊勢志摩バリアフリーツアーセンターの活動

　センターの活動は，①地域に訪れる観光客に対しては，無料で行う観光バリアフリー情報の提供，相談，アドバイス，宿泊先紹介や，窓口での車いすとベビーカーの貸し出し，必要に応じた観光地（伊勢神宮参拝など）でのボランティア支援などがある．②地域での活動としては，宿泊・観光施設のバリアフリー化の状況調査や評価，コンサルティング，自治体職員や観光事業者へのセミナーやワークショップの開催，地域内のイベントでのボランティア活動，啓発活動などを行う．③活動対象地域は，鳥羽，伊勢，志摩市の複数の市にまたがり一行政区に縛られない広域的な範囲を設定している．

　こうした活動が評価され，センターは，2008年には国土交通省から「第一回バリアフリー化推進功労者大臣表彰」を受賞している．その受賞理由の中でセンターは「日本初のバリアフリー観光の案内システム」を「地元の障害者を含む市民」で立ち上げたこと，「伊勢志摩をバリアフリー観光の先駆者として急速に推進し，障害者や高齢者の集客を劇的に伸ばし」たことなどを評価されている（国土交通省ホームページ）．

　ここで，センターの活動の特徴や成果，地域の社会文化的背景を以下にまとめてみよう．

1）個別支援の原則と障害者の活動参加：ニーズは個人によって異なることを前提として，個別相談，紹介，介助などを行う．センターでは，これを「パーソナルバリアフリー基準」という言葉で表現している．また，事務局のスタッフやボランティアには障害者が参加し，支援活動の一端を障害者自身が担う仕組みが作られている．

2）協力体制やネットワークの形成：観光関連会議への参加，他のNPOとの合同イベントの開催など，行政，事業者，その他の組織と積極的に関係をもち，行政からの助成金や委託事業などは収入の重要な一部となっている．観光関連事業者との関係では，貸し出し用車いすの購入費用を旅館組合が負担するなどの協力支援がある．また他地域への活動の普及，協力も行っており，佐賀県嬉野市や福島県福島市では同様の組織や勉強会が発足

している．

3）地域社会の観光促進への貢献：センターが支援，提供するのは，市場でやりとりされる商品やサービスそのものではなく，それらに対するアクセス資源である．センターのこれらの活動によって，旅行者は個々のニーズに対応した地域の観光商品を購入することができる．他方，地域全体では，アクセス資源の提供の結果として観光客が増加するという直接のメリットに留まらず，観光客に満足感や安心感を提供することによって観光地としての付加価値を向上させているという点で利益を得ている．また，聞き取り調査の中で，行政（伊勢市観光課）は，センターが活動を始めてから障害のある観光客からのクレームが減少していると述べているが，このことは，事後クレームとして行政に向けられていたものが事前に解消され減少することで，観光地としての質の管理や運営コストの低下が図られていると見ることも可能である．

4）地域内の利害調整と協調体制構築機能：地域全体の観光振興に対して果たすセンターの役割について域内観光事業者や関係者の認識が浸透することによって，センターの目標とその活動が地域全体にかかわる課題として共有される．その結果，センターが，個々の業者や施設の利害を超えた協力体制の構築の触媒的な役割を果たすことも可能になる．たとえば，自分の施設に宿泊が困難な観光客であっても，断らずにセンターを介することで他の施設へと誘導する傾向が増えて来ており障害者への宿泊拒否が減少している．こうしたセンターの機能は活動の目標として明示的に掲げられているわけではないが，センターが触媒的な役割を果たすことによって地域の観光産業市場を個別利害の競争の場と化すことを回避させ，全体の共益性へと誘導することにつながっているといえる．

5）バリアフリー化の理念と目標への地域住民の理解の広がり：センターのスタッフは，以前に比べ，まわりの人たちから「がんばっているね」と声をかけられることも増え，市民が違和感なくセンターの活動を受け入れていることを感じるという．「バリアフリー化推進功労者大臣表彰」の受賞

第13章　バリアフリー・ツーリズムの手法による地域再生

や，その活動がマスコミなどで報道されることなども住民への理解と信頼を深める要因となっていることは確かである．しかし，それとともに，センターが外部の観光客に対してだけでなく，地域でのイベントやボランティア活動など地域住民に向けた活動を行っていることも大きい．それは，センターの存在が，障害者や高齢者に限定された活動ではなく広く地域住民の生活全般にわたる福利と安寧に結びついていることを認識させ，住民間の結びつきと信頼関係を強化する一助ともなっていることを意味している．

6）主体性の保持：センターを成功事例の参考とするひとつの大きな理由は，センターが活動に際して保持している独立性や主体性にある．もとより，公共的な利益を図るNPOの場合，財政的な自立性を保つことは容易なことではない．とくに福祉的な活動を展開している団体では，日本だけでなくヨーロッパをはじめとする海外においても，収入に占める行政からの補助金などの比率は一般に高い．しかし，海外では，たとえばイギリスのCAN（Community Action Network）にみるように，行政への財政依存率が高いことと団体の活動の自立性や主体性の低いこととは必ずしも一致しない例もある（イギリス・イタリア街づくり視察実行委員会，2006：10；スモーリー，2003：23-29；ブリティッシュ・カウンシル，2001：17）．

　CANでは総収入における財政依存率は高いものの独自の事業収入を確保しているが，センターではそのような事業収入は確保されておらず経済的基盤は脆弱である．そのため，行政の補助金などへの依存率は高い．しかし，センターは，活動の展開やその姿勢のなかで，行政に隷属しないNPOとしての体質を蓄え，行政と連携しつつ，ともに地域の公共善を図るヨコの関係を形成していく姿勢を持っている．たとえば，自治体の枠を超えた活動とそれを支える市民を巻き込み，一地方自治体の行政の枠組みを超えた組織構成と活動の展開をしていること，行政と連携しつつもバリアフリーについては行政に対しても先導的な役割を果たしていること，各自治体側もセンターの存在と活動を高く評価していること，各地域の活動

にはNPOのメンバーや利害当事者だけでなく，住民を広く巻き込んで活動していること，それゆえに地域住民の理解と支援が得られていること，活動の中で現れたニーズや行政への要求は公共善を具現化するものとして主張していく姿勢を保とうとしていることなど主体性や自立性を担保する要素が，萌芽的ではあるが，地域での聞き取り調査から浮かび上がってきた．

7）公共善を指向し活動を聖化する潜在的な地域文化の存在：周知のように伊勢市やその周辺地域は，古来「お伊勢参り」のメッカとして栄えてきた街であり，地域住民の生活も大なり小なり伊勢神宮を中心として営まれることが少なくない．言い換えれば，さまざまな地域から参拝に訪れる旅人を迎えることが地域の人びとの考え方や生活とその活動の大きな柱となっている街である．迎え入れる対象は，世代や性別，特定の価値や信念あるいは私的な利害を超え，ときには善悪をも超越したすべての人びとである．地域はこれらの多種多様な人びととその人生の安寧と福利を支えるためにあるという価値の「ユニバーサル化作用」を伝統的に備え，営利活動も伊勢詣でに関わる活動であれば公益性を帯びたものとして「聖化」される性格をもつことにもなる．また，神宮とその作用をめぐる信仰を媒介として作り出される「地域共同体意識」と他者への「信頼性意識」，地域とその営みへの「アイデンティティ」の形成や参画への動機付けなども無視できない要素である．

　また，「お伊勢参り」へ来る人びとは，古くは「講」という互助組織に支えられていたことにも注意しておかなければならない．パットナム（Putnam, R. D.）は，日本の「講」の相互扶助システムが，後述するソーシャル・キャピタルとして機能することを指摘している（パットナム，2001：209-210）．現代の伊勢市や周辺地域に見られる「価値のユニバーサル化作用」に「講」の風習がどのように影響しているのかは，今後の検討課題である．しかし，古くは伊勢神宮を中心とした地域や経済は「講」というソーシャル・キャピタルによる信頼経済をひとつの基盤とし，地域外

第13章　バリアフリー・ツーリズムの手法による地域再生

の農山村や都市圏との間に広域にわたる経済的な循環システムを形成していたことは確かである．

センターの活動の特徴と成果には，こうした「伊勢神宮」の存在と「お伊勢参り」の風習の中で培われた地域文化の存在とその潜在的な機能が基盤にある．しかし，本稿が着目しているのは，「伊勢神宮」や「お伊勢参り」というこの地域に固有な文化装置ではなく，これらの文化装置が潜在的に果たしている価値の「汎化」と対象の「普遍化」，目的や利益の「公事化」などの「ユニバーサル化作用」と「聖化作用」，地域社会への「共同体意識」，地域活動への「アイデンティティ」の形成作用と「信頼感」の醸成作用にある．

これらの作用は，この事例では，宗教とその信仰を基盤として形成されている．しかし，こうした作用を形成する文化装置は，現代社会に生きる人間の生存に関わる事象や住民の生活の安寧や福利をめぐってさまざまなものに見出すことができよう．ツーリズムの手法としてもバリアフリー・ツーリズムだけでなく，近年では，エコツーリズム，アグリツーリズム，スローツーリズムなどの展開の中に，こうした要素は胚胎している．

8）活動の社会的基盤：特定の地域を取り上げ，社会的経済やソーシャル・キャピタルの形成過程と必要な要素を明らかにするためには，地域の文化構造だけでなく社会・経済・政治にわたる地域の社会構造は重要な要素であるが，これらについての実証的な研究の蓄積は少ない．しかし，田中は，社会的経済の研究にとってこれらは不可欠なものであり，それぞれの地域の社会的経済システムの形成と展開は各地域の特徴に強く影響を受けることを，イタリアの事例を取り上げ主張している（田中，2004：86-93）．センターの位置する地域については，こうした研究は未だ無いが，ここでは社会構造のひとつとして人口構造を取り上げ検討してみる．

伊勢市・鳥羽市・志摩市は，多くの地方都市同様，高齢化の進んだ地域である．たとえば，2008年（10月）の65歳以上の人口比率は，それぞれ24.6%，29.2%，31.1%であり，三重県の平均値23.1%を上回ってい

る．現在，日本の市町村では，地域の活性化と並んで高齢化への対応は行政課題の柱として位置づけられており，住民のニーズとしても高いものであるが，この地域でも同様に直面している課題といえよう．本章で検討しているバリアフリー化も，こうした地方行政や住民のニーズの流れのなかで生まれてきたものである．

とくに2006年「バリアフリー新法」の制定・施行以降，市町村では，国が定める基本方針に基づき重点整備地区を設定し，バリアフリー化に係る事業を重点的かつ一体的に進めるために基本構想を策定し実施する地域が増えてきた．この基本構想は，行政主導ではなく当事者の参画を図るように制度設計され，従来型の施策とは異なった手法を用いようとしているところに特徴がある．たとえば，施策は，計画段階から高齢者や障害者などの当事者参加を促し，さらには具体的な施策の展開でも，これらの住民からの検証や提言を受けて新たな施策や措置を講じることを重要としており，施策の展開を段階的・継続的な発展（「スパイラルアップ」）過程のなかで進めていくことを国と地方公共団体の責務として求めている．

さらに，バリアフリー化の促進に関する国民の理解・協力を求める「心のバリアフリー」を国（地方公共団体）や国民の責務としている．もちろんバリアフリー化はあくまでも手法に過ぎないが，これを高齢者，障害者のためのものだけに留めず，それ以外の住民を含めた国民全体の生活の安寧と福利に係わってその質的な向上を図る共通の手法として位置づけることによって，国民生活の望ましい状態という価値や規範を普遍化し，国民の道徳的意味空間へと浸透させることで人びとの反応パターンを構造化させようとするユニバーサル化作用として機能するものとなっている．

センターの進めるバリアフリー・ツーリズムの手法が地域内外にわたるさまざまな個別の利害を超えて幅広いネットワークと協働関係を構築している背景には，この地域の人口構造とこれらをめぐる日本社会の制度構築の動向がある．さまざまな市町村がバリアフリー化を組み込みつつ観光を地域経済の活性化の手法として取り入れている社会的な背景にも，こうし

た人口構造の変化とそれに対する対応が底流として存在している.

　社会的経済やソーシャル・キャピタルの形成過程を,住民の生活の論理の構築という視点から解明していくためには,地域の生活と人びとの営みの内側から多面的,重層的に考察していく必要がある.今後のこの領域の重要な研究課題である.

3)ソーシャル・キャピタルの形成

　上述のセンターの事例が,障害者や高齢者への支援と同時に,観光促進への貢献や地域社会の社会的・文化的な構造に支えられながら成果を出していることは,センターの活動によって形成される地域内・地域外にわたる協力関係やネットワークが,地域の社会経済的な循環を促すひとつの資本となって機能していることを示している.

　パットナムは,こうした自発的な市民参加の組織や活動に支えられたネットワークにソーシャル・キャピタル(社会関係資本)が形成される可能性を見ている.ここでいうソーシャル・キャピタルとは,資本といっても経済的な資本でもなく,また,社会関係といっても組織体などの制度化された地位・役割関係などではない.また,単に社会関係が結ばれていたとしても,それがそのままソーシャル・キャピタルとなるものでもない.そこには,人びとの関係性に潜む信頼関係とそれに根付いた協力的な態度や相互的なやりとりといった質的な関係性と公共的な意味空間へと人びとを動員する規範の形成が不可欠であり,これらが関係やネットワークのなかに備わったとき,これらは社会的なものでありながら資本となりうる.言い換えれば,質的な関係性と規範は,人びとの協力的な態度を引き出す潤滑油となり,ときには集団間の利害調整や問題解決をより容易なものとし,集団や社会の凝集力を高め,社会的コストの低減や生産性の向上に寄与する可能性があるがゆえに,資本と見なすことができるのである(パットナム,2001：207-220,2006：14-17).

　社会的排除の議論においても,近年では,ソーシャル・キャピタルの重要性が認識されてきている.たとえば,バラとラペール(Bhalla, A. S. & Lapeyre,

F.）は，弛緩した社会関係を修復し社会的結束を強化する上でも，あるいは貧困や排除の過程に含まれる個人のリスクや脆弱さを緩和したり処理する上でも，ソーシャル・キャピタルが有効な働きをもつとして重視している（バラ&ラペール，2005：50-58）．

上述のセンターの活動がソーシャル・キャピタルを形成していく可能性をもっているのは，質的な関係性や規範などのソーシャル・キャピタルの基盤を成す要素を組織体のなかだけに構築するだけではなく，また，所在する地域や自治体内にとどめず，広く地域外へも広がりをもたせ関係の構築に努めているからである．

つながりや協力，あるいは信頼関係は，人びとのアイデンティティを所属集団へと動員し社会や集団の凝集性を高める反面，ネットワークを閉鎖的にする場合もある．その場合，直接にネットワークにアクセスする一部の人びとだけにしか利益はなく，閉鎖性ゆえに逆に社会全体の紐帯を傷つけ分断をもたらす可能性もあり，それは資本にはなりえないことにも注意しておかなければならない．パットナムは，このような側面をソーシャル・キャピタルの一形態として「結束（ボンディング）型」とし，一方で広くネットワークを形成していく「橋渡し（ブリッジング）型」ソーシャル・キャピタルの形態と区別している．彼は，こうしたソーシャル・キャピタルの多様な側面を整理しつつ，ソーシャル・キャピタルがネットワークに直接参加する個人のみならず，集団の他の個人にも恩恵を与えるような公共財としての側面をもつとき，それが資本としての財たり得るものとなり，社会や集団の活性化に結びつき，豊かな資本としての機能を発揮すると考えている（パットナム，2006：19-20）．

近年では，日本においても，ソーシャル・キャピタルが注目され，その形成にNPOなどの市民活動が大きな役割を果たすと考えられてきている．たとえば，内閣府では，ソーシャル・キャピタルの形成という視点から改めて市民活動のあり方を調査分析し，市民活動の一層の推進を促す報告書を作成している（内閣府，2003）．現実には，関係性や信頼を指標として測ることは容易ではなく，ソーシャル・キャピタルの要素や測定指標についての議論も多様である．

しかし，これらの実証的な課題は今後の研究課題ではあるとしても，地域社会にとってソーシャル・キャピタルが重要であることについての認識は内閣府が着目したことに象徴されるように，日本社会においても高まってきている．

それは，ソーシャル・キャピタルが，一人ひとりの社会への参加への動機付けの強さと，その参加の質に強く関連をもちつつ社会の活力と生産性と結びついている点にある．そして，その質が担保された時，ソーシャル・キャピタルは公共財としての特性を発揮し，人びとをそれぞれ公共的な次元に結びつけ，他の人びととの困難な状態に関しても自分たちの問題であるという関与の姿勢を強める．ソーシャル・キャピタルは言い換えれば，よりよい社会実現への資本ともいえる．

バリアフリー・ツーリズムの実践を，このようにソーシャル・キャピタルの形成という視点から捉え直してみると，この実践は，単なる旅行支援というレベルを越え，地域社会に新たな公共性の地平を開く実践として位置づけることができる．バリアフリー・ツーリズムの可能性の発掘と新たな位置づけと，それを担う市民活動のあり方への検討は，地域社会における新たなる公の構築の可能性を探る作業でもある．

3 地域の相対化の論理

1) マイナー・サブシステンスと地域の主体性

ソーシャル・キャピタルが社会関係を基盤として形成される社会的な資本だとすれば，経済的な資本とはどのような関係にあるのだろうか．また，ソーシャル・キャピタルを基盤とした地域社会は，全体社会の経済システムとどのような関係や距離にあるのだろうか．

この点に関して，田中夏子は，バニャスコ（Bagnasco, A.）の分析枠組みを援用し「インフォーマル・エコノミー」に着目している．経済資本を中心として展開されるフォーマル・エコノミーに対して，バニャスコのいう「インフォーマル・エコノミー」は，全体市場やグローバルな市場の影響に対して「一方

的に浸食されるばかりではなく，姿を変えて保持されたり，選択的に再生される」ものとして位置づけられている．また，彼はこのインフォーマル・エコノミーのひとつの形態として「営利を目的としない，個人あるいは集団による経済活動（社会サービスの相互扶助的な提供など）」である「コミュナルな経済」を挙げている．田中は，このインフォーマル・エコノミーを支える原理を地域の人びとの中にある生活の論理に見出し，この論理がグローバリゼーションを進行させる資本の論理や全体経済に対する地域社会の対抗的な力を生み出すものと考えている（田中，2004：12-27）．

しかし，地域社会の論理は常に全体社会に対立するものではない．ある場合には拮抗し，ある場合には相対化し，あるいは融合されることもある．

観光市場に視点をあてて考えてみると，地域と外部の観光資本の関係は地域が弱者の立場にあることが多い．しかし，実際は対等に協力をしあうことも反目しあうこともあり，地域によってもまた経年変化のなかでもさまざまに変化しているのが実情である．このように，地域社会の生活の論理は，常に全体市場や資本の論理と対抗しているわけではない．地域の人びとの生活の論理に立ったさまざまな関係が全体経済との間で展開されていると考えるのが観光をめぐる現状にむしろ即した見方である．

それでは，この生活の論理を動かしている要素には，どのようなものがあるのだろうか．とりわけ，NPOなどのように公共の利益や目的を図る団体の活動やソーシャル・キャピタルの生成と機能を考えるとき，人びとを結びつけ活動へと動機付けながら地域経済のフォーマルな構造を支えている要素について検討をする必要がある．ここでは，バニャスコのいうインフォーマル・エコノミーの働きをするものとして「マイナー・サブシステンス」に着目してみる．

この概念は，松井健によると「最重要とされている生業活動の陰」にある，副次的な，時には副次的な意味すら与えられない生業活動をいう．これらの活動による経済的な意味は高くはないが，かといって収入に意味がないわけでもない．しかし，マイナー・サブシステンスの意義は，単に経済的意味に還元できないところにある．その活動は当事者たちにとって「遊びの色彩が濃く」，

「趣味としての性質」といった要素もたぶんに含まれ，時として当事者たちの「意外なほどの情熱」を引き出し，個人に喜びと誇りさえももたらすものとなる（松井，1998：248-254）．

それは，生きがいや楽しみや自己実現といったものにも通じる．たとえば，センターの事例では，スタッフやボランティアの人たちの多くは，旅行者への支援や地域社会への貢献を行うと同時に，自分自身の人生を充実させ自己実現を図っていこうという気持ちを抱いている．

このような例は，日本の各地でも見られる．たとえば，農産物を観光客に販売する農家の人びと，まちを案内して歩くボランティア，伝統的な物づくりの現場を見せたり昔話を語る行為などもこの例にあたるといえよう．

地域社会の生活の論理とは，このようにフォーマルなシステム，インフォーマルなシステム，マイナー・サブシステンスなど，地域社会とそこに生きる人間の多元的で重層的な営みの上に構成されているものと考えることができる．

2）おわりに——生活の論理の多元的重層性の解明に向けて

これまで見てきた人びとの生活の論理の多元的重層性を考えるにあたっては，ターナー（Turner, V. W.）が社会を2つの次元で説明する際に提示した「構造」と「コミュニタス」の枠組みが参考になろう．ターナーによると，「構造」とは，地位と役割のセット，その一定の配列から構成されるものであり，そこでは人は地位と役割に即して「自分の果たす役割のうちに分節化されてしまう」．しかし，対照的に「コミュニタス」においては，人はお互いに自由で平等な仲間として認識され，「全的な人間」として出会う．ターナーは，この2つの次元が弁証法的に循環することで社会が成り立っているという（ターナー，1981：218-219，239，263）．

本章では，ターナーの「構造」を「フォーマル・エコノミー」に求め，「コミュニタス」を2つにさらに区分し，経済システムを構成する「インフォーマル・エコノミー」とさらに人間の主体のシステムを構成する「マイナー・サブシステンス」に求めた．

ターナーは，この「構造」と「コミュニタス」の区分をベルグソン（Bergson, H.）の「開かれた道徳」と「閉ざされた道徳」の概念に結びつけ，対応するところがあることを指摘している（ターナー，1996：150）．高橋由典は，さらにこの道徳のレベルを社会の状態のレベルと結びつけ，地位と役割のシステムとしての「構造」を「閉じた社会」，「コミュニタス」を「開いた社会」として対応させている．彼によれば，「構造」が「閉じた社会」となるのは，地位と役割のシステムが静的で，集団の内と外の区別を原理として秩序と規範を作り社会を維持するものと考えているからである（高橋，2006：842-844）．

　こうした考えに沿うと，「開いた社会」をめざす「コミュニタス」は，ソーシャル・キャピタルが集団を開いたものとしてネットワークを広げていく際の基盤になっているともいえよう．

　たとえば，観光政策において，法や制度，あるいは行政や事業者などが「構造」にあたるとすれば，「インフォーマル・エコノミー」や「マイナー・サブシステンス」を通じて培われる関係性や価値観，公共性に関わる規範，人びとのこれらへのアイデンティティ，そこから得られる充足感，自己実現感，達成感などはNPOやボランティア活動が形成していく「コミュニタス」的なものである．

　地域観光の現場で，センターのような市民活動を通じてソーシャル・キャピタルが構築され，その開かれたシステムのなかで広がりを展望し，地域や自治体あるいは集団や団体の枠組みを超えてソーシャル・キャピタルの輪が広がるとき，当該社会の中に「コミュニタス」的なものが機能しているといえる．逆に，「コミュニタス」の出現が押さえられる社会ほどその社会は閉じたものとなる．そのような社会では，バリアフリー・ツーリズムは単なる物理的なあるいは環境工学的なバリアを解消する手段に留まり，ソーシャル・キャピタルを形成することもできないし，障害者や高齢者を社会的にインクルージョンすることもできない．バリアフリー・ツーリズムを担うNPOや行政や旅行産業も表層の形式的な連携だけが進むことになり，さまざまな立場にある人びと，あるいはさまざまな問題を地域生活のなかで抱えた人びとをお互いに結びつけた

り，地域社会へのソーシャル・ボンド（社会的な絆）を形成しながら社会的な排除への歯止めを埋め込むことができなくなる．

しかし，「構造」と「コミュニタス」を対抗的なもの，あるいは相互に相容れないものとしてではなく，ターナーがいうように両者をひとつのシステムとしてとらえるべきであろう．「コミュニタス」は時には潜在的な機能を果たし，時には拮抗しつつ全体を新たな方向へと転換させる原動力となる（ターナー，1981：263）．その相互作用をいかに有機的に結びつけつつ人びとのマイナー・サブシステンスを高めていくかが大切なことである．地域の人びとの生活の論理を多元的，重層的なものとしてとらえ，さまざまな人びとを社会的にインクルージョンしながら地域社会を担う主体として育成していくことがソーシャル・インクルージョンの理念に他ならない．それは国民一人ひとりの主権が確立され，認められる社会を作っていくという実践的な営みによって確立されるものでもあり，これからの社会がめざすべき方向でもある．

（中子　富貴子）

【注】
1）センターの概要については，センターから提供を受けた資料，ヒアリング（センター事務局：2008年2月〜2009年6月，伊勢市観光交通部観光企画課：2008年2月，鳥羽市観光戦略室：2008年7月，志摩市観光戦略室：2008年7月）を元にしている他，センターのホームページ http://www.barifuri.com/（2009.06.25），書籍（中村，2006）を参考にしている．

【文　　献】
バラ，A. S. ＆ラペール，F.，2005，福原宏幸・中村健吾監訳『グローバル化と社会的排除』昭和堂
ブリティッシュ・カウンシル，2001，『英国の市民社会』
イギリス・イタリア街づくり視察実行委員会，2006，「The another way」日本型CAN研究会，2006年第1回研究会報告資料
国土交通省，2007，『観光立国推進基本計画』
国土交通省ホームページ　http://www.mlit.go.jp/kisha/kisha08/01/010304/01.pdf（2009.06.25）

松井　健，1998，「マイナー・サブシステンスの世界―民俗世界における労働・自然・身体」篠原徹編『民俗の技術』朝倉書店：247-268
森田洋司，2006，「イタリアの社会的経済制度としての社会的協同組合」『大阪地域における中小企業問題と地域再生に関する研究』（科学研究費補助金　研究成果報告書）：161-169
森田洋司，2007，「生徒指導の今日的課題とその克服―ソーシャル・インクルージョンの視点に立った生徒指導」文部科学省『中等教育資料』2007年3月号，No.802：14-17
内閣府国民生活局，2003，『ソーシャル・キャピタル：豊かな人間関係と市民活動の好循環を求めて』
中村　元，2006，『恋に導かれた観光再生』長崎出版
パットナム，R. D.，2001，河田潤一訳『哲学する民主主義』NTT出版
パットナム，R. D.，2006，柴内康文訳『孤独なボウリング―米国コミュニティの崩壊と再生』柏書房
スモーリー，J.，2003，「CANの地域における障害者・高齢者への支援活動」（日英高齢者・障害者ケア開発協力機構日本委員会『日英協同で進める地域における障害者・高齢者支援講演会』報告書）
高橋由典，2006，「体験選択と開いた社会性」『社会学評論』56(4)：830-846
田中夏子，2004，『イタリア社会的経済の地域展開』日本経済評論社
ターナー，V. W.，1996，冨倉光雄訳『儀礼の過程』新思索社
ターナー，V. W.，1981，梶原景昭訳『象徴と儀礼』紀伊國屋書店

第14章 山村集落の過疎化と山村環境保全の試み
── 「棚田オーナー」制度を事例に，社会的排除論との接点を探りつつ

> **要約**
>
> かつてロストウは「成長が社会の正常な状態となる」「離陸 (takeoff)」を語ったが，農業・農村を排除しつくして，将来の日本社会が安定的に存続するとは思えない．今日われわれは，「着陸 (landing)」を課題にする時代に生きている．本章では山村集落過疎化の実態，および，それへの住民の山村環境保全的対応のひとつである「棚田オーナー」制度の現状を報告する．それによって，農村の社会的排除（包摂）研究の可能性を探る．
>
> **キーワード**：過疎（問題），農山村（問題），都市・農山村交流，「棚田オーナー」制度，社会的排除（包摂）

1 はじめに

本章は，山口県T町M地区（2005年10月，合併により，山口市T町）の集落過疎化，および，それへの住民の主体的対応（また，山村環境保全の試み）のひとつである「棚田オーナー」制度の現状を報告する．T町は人口7,683人（2005年度国勢調査），高齢化率38.4%（2006年6月30日，住民基本台帳）の過疎の町である．山口県の中央部に位置し，総面積の89%が山林で占められる．東大寺再建用材を求めて，1186年俊乗房重源上人が当地に入っており，この山村の歴史は古い（山本，2006）．

「棚田オーナー」制度は，1992年高知県梼原町ではじめて試みられたが（朝日新聞2006年7月12日夕刊・西部本社「ニッポン人脈記―百姓のまなざし③」），今では全国75ヵ所（ただし，うち7ヵ所は現在中止）で活動が試みられており，各地に広がっている（土地改良事業体連合会，2006）．

「棚田オーナー」制度については，農村計画学，建築学，家政学，地理学な

どの分野で多少の研究が見られるが、社会学による研究（徳野，2005；山村，2003）はまだ少ない．なお，「棚田オーナー」制度という言葉は国内では定着しているが，英語母語者によれば，ライステラス・パートナーシップ・プログラムぐらいが適切な英訳らしい（真島・吉田・あん・千賀，2002）．それぞれの先行研究は，よって立つ discipline は異なるが，おおよそ次のような問題意識を共有している，と思われる．

すなわち，(1)過疎地域や中山間地域では，過疎・高齢化の進展にともない，地域住民の力のみでは，農地を維持し，地域の維持・活性化を図る事が困難になってきている．(2)そこで，都市（地域外）住民の協力を求めて，農地を維持し，地域活性化を図ろうとの試みが現れてきた．「棚田オーナー」制度もそのひとつである．(3)ただし，「棚田オーナー」制度はある程度普及し，順調に進められているようにも見えるが，実際には種々の課題や困難を抱えている．

柳沢（2002）の「棚田オーナー」制度全国調査からの指摘にもあるように，「成功事例として紹介されているいくつかの事例を除けば，必ずしも事業が順風満帆に進行しているものだけではないことは事実」なのである．本章の問題意識もこれら先行研究（たとえば，前田・西村，2001a，2001b，2002）と同じである．

2　「棚田オーナー」制度

「棚田オーナー」制度とは，都市住民等の参加により棚田を守っていく仕組みである．具体的には，(1)地域の非農家や地域外住民にオーナーになってもらい，(2)棚田で一定区画の水田を割当て，(3)それに対して，会費を徴収し，(4)収穫物等をオーナーに手渡すという手法を取っている（土地改良事業体連合会，2006）．

本章で報告する M 地区の棚田オーナー制度の場合，6人の地権者（農家）が 2002 年より「M いしがき棚田会」を結成して，31 組のオーナーに田を貸し付けている（2006 年時点）．オーナー田は一区画の面積が 100 ㎡（約 30 坪 = 1

a) ～200 m²で, 料金は32,000円（100 m²）～54,000円（200 m²）である.

オーナーは田植え, 草刈り, 稲刈り, 籾すりなどの作業を「Mいしがき棚田会」の農家とともに行う. 苗の準備, 水管理, 施肥等は「Mいしがき棚田会」の農家が行う. オーナー田は, 最低限の農薬（除草剤1回, 病害虫防除1～2回）を使い, 完全無農薬ではない.

オーナーは収穫した米をすべて持ち帰る事ができる（万一, 台風等で収穫がなかった場合でも, 100 m²あたり30 kgの米は保証されている）. この集落では, 1反あたり6～8表の収穫が普通なので, 100 m²で50 kg弱の収穫が見込める. 加えて, オーナーにはT町産野菜詰め合わせ（年2回）やT町およびJA防府の広報誌（年1回）が送られ, そば打ちや輪飾り作りなどのイベントに参加できるなどの特典がある.

「Mいしがき棚田会」の年間活動スケジュールを示せば, 大枠, 以下のようである. オーナー決定（3月）, オーナーへの現地説明会（4月）, 田植え（終了後, 交流会, 5月）, ホタル祭り（6月）, 草取り・そばの種まき・かかしコンテスト（8月）, 稲刈り（9月）, 籾摺り（終了後, 収穫感謝祭, 10月）, しめ縄づくり・そば手打ち体験（12月）.

なお,「棚田オーナー」制度全国調査によれば, オーナー組数は平均33.2組, オーナー田の面積は100 m²が半数以上, 行事は「田植え」「稲刈り」が中心だが,「田の草取り」「脱穀」などが含まれている事もある. また, 行事が稲作体験のみに偏らないように, ホタルがり, 夏祭り, キノコ採り等のレクリエーションを含む場合が多い（柳沢, 2002）.「Mいしがき棚田会」の活動は, この全国調査とほぼ対応する内容をもつ.

3 集落過疎化

T町の人口は16,770人（1960年）から7,683人（2005年）と, この45年間で50%以上の減少を示す（国勢調査）. しかしこのような減少は町全体の平均の数字であり, M地区を取り上げると, 過疎の進行はさらにきびしい. 表14-1

表14-1　M地区の世帯数と人口の推移

年	世帯数	人口	人／世帯数
1960	233	1,106	4.7
1970	182	680	3.7
1980	167	537	3.2
1990	139	391	2.8
2000	128	295	2.3

出所）国勢調査（町役場資料）

に示すように，人口は1,106人（1960年）から295人（2000年）とかつての4分の1程度に落ち込んでいる．また急激な人口減少に起因して，小世帯化も顕著であり，1世帯あたり人員は4.7人（1960年）から2.3人（2000年）と半減している．

このような状況に対応して，M地区内のA集落の世帯構成と水田の有無・耕作状況（2005年8月調査）を示せば以下のようである（ただし，調査不能が1戸あり，それを含まず）．

独居（5世帯）……81歳女性，80歳女性（田所有・当人が耕作），83歳男性（田所有，貸している，当人は農業はやめている），77歳男性，72歳男性（田所有・当人が耕作）

夫婦のみ（5世帯）……夫79歳・妻73歳（田所有・夫婦で耕作），夫71歳・妻60歳，夫67歳・妻70歳，夫69歳・妻61歳，夫・妻（高齢だが年齢不明）

親子2人（1世帯）……父78歳・娘47歳（田所有・父が耕作）

夫婦と老親（1世帯）……夫72歳・妻68歳・親96歳

夫婦と子（1世帯）……夫58歳・妻56歳・長女23歳

2地域居住・独居（1世帯）……62歳男性，東京から退職後郷里のA集落にUターン．妻は近隣の市（妻の出身地）に居住のため，2地域を行き来し

第14章　山村集落の過疎化と山村環境保全の試み

て生活.
（以上の世帯には「Mいしがき棚田会」メンバーの2世帯（後掲の農家2, 農家4）は含まない）

このような高齢・極小世帯化した家族構成に起因して，A集落の耕作放棄地は，1975年，1985年とゼロであったが，1990年36a，2000年52aと1990年を境に増大した（農業センサス）．1990年頃から耕作放棄地の増大は全国的にも見られ，1990年から2005年の間で倍増し，2005年時点でほぼ埼玉県の面積に匹敵する36万6千haに広がり，さらに増加している（農林水産省統計部，2007）．耕作放棄地とは，「以前耕作したことがあるが，調査日前1年以上作物を栽培せず，しかも，この数年の間に再び耕作するはっきりした意志のない土地」（農業センサス）である．「Mいしがき棚田会」はこのような状況に対応すべく，2001年に「棚田オーナー」制度の立ち上げについて，役場経済課およびT町農業公社から打診を受け準備を進め，2002年3月活動を開始した．

4 棚田オーナー制度を担う人びと(1)
――「Mいしがき棚田会」農家

「棚田オーナー」制度はM地区内の隣接するA集落，B集落で実施されている．「Mいしがき棚田会」は両集落の6戸の兼業農家（下記の農家1から農家6）によって構成されている．6戸の世帯構成を示せば，以下のようである（2006年現在）．

農家1……4世代世帯，9人家族．母78歳・夫56歳（農業を主に担う）・妻55歳・長男30歳・長男の妻30歳・長女29歳・長女の夫29歳・長男の子6歳と3歳．
農家2……3世代世帯，4人家族．母82歳・夫59歳（農業を主に担う）・妻57歳・次男27歳．

農家3……夫婦と子世帯．5人家族．夫64歳（農業を主に担う）・妻59歳・長女35歳・次女31歳・次男23歳．

農家4……夫婦世帯．2人家族．夫75歳（農業を主に担う）・妻64歳．自営業を営む．町内別居の既婚の次男36歳（農業を主に担う）と共同で仕事を行なう．

農家5……夫婦世帯．2人家族．夫73歳（農業を主に担う）・妻63歳．

農家6……親子世帯．2人家族．母75歳・子54歳（農業を主に担う）．

ここに示された世帯状況から，次の事がいえる．

(1) A集落の世帯構成（前節参照）に較べて，「Mいしがき棚田会」の農家は明らかに家族規模が大きい．平均世帯規模は，A集落（「Mいしがき棚田会」農家2世帯を除く，14世帯平均）1.7人，A集落の田所有世帯（5世帯平均）1.4人，「Mいしがき棚田会」農家4.0人となる．

(2) 農業の担い手の年齢を較べると，A集落の田耕作者（前節参照）に較べて，「Mいしがき棚田会」の「農業の主な担い手」は明らかに若い．平均年齢は，A集落の田耕作者76.4歳，「Mいしがき棚田会」農家の「主な担い手」63.5歳（農家4の別居次男を入れれば59.6歳）．

(3) 加えて，細かいデータは省略するが，1戸あたり水田耕作面積を較べると，A集落の田耕作世帯に較べて，「Mいしがき棚田会」農家の規模（面積）が大きい．1世帯平均の水田耕作面積はA集落田耕作世帯30a，「Mいしがき棚田会」農家72aである（2005年聞取り調査による）．

棚田オーナー制度は過疎・高齢・極小世帯化した集落の中で，相対的に家族労働力に恵まれ，年齢的に幾分若い，またそれゆえに，やや広い農地を耕作できる農家層によって担われているのである．このような知見は，九州の棚田集落でもほぼ同様の指摘がなされている．すなわち，棚田（や農地）の維持は，（とくに農家4に端的だが別居子も含めての）家族構成や地域互助という社会学的問題が大きく関与するのである（徳野，2005：106）．

5 棚田オーナー制度を担う人びと(2)
──棚田オーナー(都市住民)

「Mいしがき棚田会」の棚田オーナーの属性を見ると，(1)県内市部居住者がほぼ全員であり，(2)ホワイトカラー層，(3)同居家族で参加が中心で，(4)代表者(ないしそれに準ずる方)の年齢は60代がもっとも多く，ついで50代，といったところである(表14-2)．このような属性は，全国の棚田オーナーと共通の部分が多い．ただし，県内居住者がオーナーの100パーセントを占めるのは，やや特色といえるかもしれない．県外の大都市圏からのオーナーによって成り立っている事業も少なくないからである(注：山陰から九州にかけての事業では，県内居住者のオーナーが多く，新潟県や山形県の事業では，関東地方居住者のオーナーが多い(柳沢, 2002)．オーナー制度発祥の地である高知県梼原町でもオーナーの50%は県外居住者である．奈良県明日香村や兵庫県大屋町の事業では地元県と隣接県でほぼ100%を占める(前田・西村, 2002)．福岡県浮羽町，兵庫県加美町の事業では県内居住者がほとんどである(中島, 2000))．

柳沢(2002)は前述の全国調査から，「計画通りにオーナー登録が進行していない事業も少なくない」と指摘するが，「Mいしがき棚田会」に関しては，オーナー募集は比較的順調に進んでいる．2006年のオーナー31組の内訳は以下のようであるが，リピーターがほとんどである．

　6組……「Mいしがき棚田会」発足から継続(5年連続)，3組……4年目，
　3組……3年目，13組……2年目，6組……1年目

なお，1年目のグループ6組は以前の抽選もれのなかから参加希望のグループに打診して，意欲ある方に参加してもらっている．棚田オーナーにリピーターが多いのは，前田・西村(2001a)の奈良県明日香村の事例でも指摘されている．

表14-2 棚田オーナーの属性 (2005年度オーナー)

NO	年齢, 性別	住所	職業	参加形態
1	30代 M	山口市	専門職（教員，医師など）	同居家族
2	50代 M	宇部市	管理職	同居家族
3	40代 M	宇部市	自営の商工業	別居家族の子や孫など
4	60代 M	防府市	管理職	同居家族
5	50代 F	小郡町	主婦	友人知人
6	50代 M	徳山市	作業系の勤人	同居家族
7	60代 M	宇部市	無職	同居家族
8	60代 M	防府市	管理職	同居家族
9	50代 F	防府市	専門職（教員，医師など）	同居家族
10	60代 M	山口市	専門職（教員，医師など）	同居家族
11	40代 M	防府市	専門職（教員，医師など）	同居家族
12	50代 F	防府市	作業系の勤人	友人知人
13	60代 O	下関市	管理職	別居家族の子や孫など
14	50代 M	小郡町	自営の商工業	友人知人
15	30代 F	防府市	主婦	同居家族
16	60代 F	宇部市	主婦	別居家族，子や孫など
17	40代 M	下松市	作業系の勤人	同居家族
18	60代 M	防府市	その他	同居家族，別居の子や孫など
19	60代 M	岩国市	専門職（教員，医師など）	同居家族，別居の子や孫など
20	40代 M	宇部市	事務系の勤人	同居家族
21	60代 M	防府市	管理職	同居家族
22	30代 F	山陽小野田市	主婦	同居家族
23	40代 M	山口市	専門職（教員，医師など）	同居家族
24	30代 M	防府市	?	同居家族
25	50代 F	下関市	専門職（教員，医師など）	同居家族，別居の子や孫，友人知人
26	40代 F	防府市	専門職（教員，医師など）	同居家族，別居の祖父母

注）調査実施は2005年9月．図14-1も同じ調査による．

第14章　山村集落の過疎化と山村環境保全の試み

図14-1　オーナーになってとくによかった点（いくつでも選択）

とくに良かった点

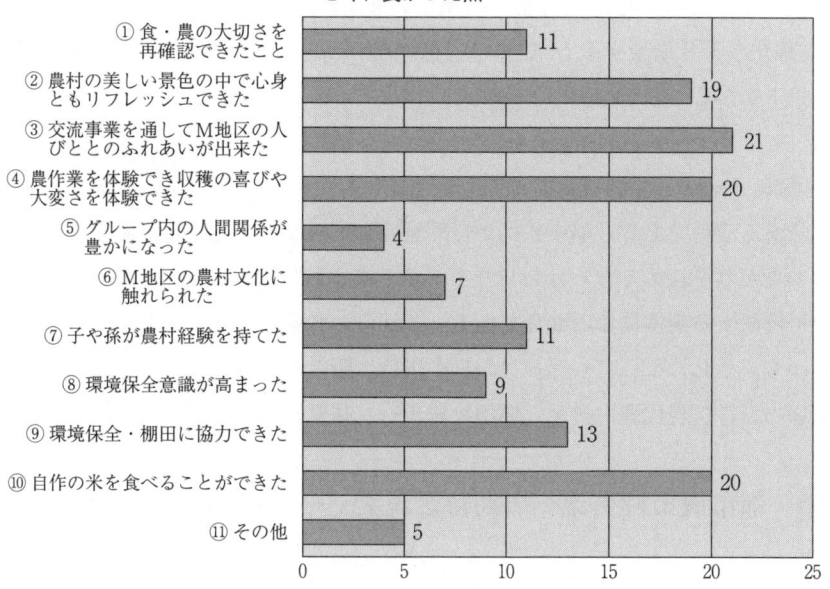

- ① 食・農の大切さを再確認できたこと　11
- ② 農村の美しい景色の中で心身ともにリフレッシュできた　19
- ③ 交流事業を通してM地区の人びととのふれあいが出来た　21
- ④ 農作業を体験でき収穫の喜びや大変さを体験できた　20
- ⑤ グループ内の人間関係が豊かになった　4
- ⑥ M地区の農村文化に触れられた　7
- ⑦ 子や孫が農村経験を持てた　11
- ⑧ 環境保全意識が高まった　9
- ⑨ 環境保全・棚田に協力できた　13
- ⑩ 自作の米を食べることができた　20
- ⑪ その他　5

6　「棚田オーナー」制度の意義と困難

　「棚田オーナー」制度はもちろん，意義深い活動である．2005年度参加の33組のオーナー代表者に同年9月郵送悉皆調査（回収率79％）を行ったが，「棚田オーナー制度に参加されてどうでしたか？」との質問に，全員から「良かった」との答えが返ってきた（① 大変良かった　21人　② 良かった　5人）．また図14-1はオーナーが感じている意義の一端を示している．指摘された意義はさまざまだが，「M地区の人びととのふれあい」や「農作業や収穫の喜びの体験」などが「最も良かった」点として多く示されている．

　また「Mいしがき棚田会」農家からの聞取り調査でも，オーナー制度によって，「皆がやる気が出てきた」，「理解者があるのは勇気とやる気がわく」や「今まで気づかなかった地域の良さを再確認できた」という声を多く聞いた．

しかし，ここでやはり指摘しておかねばならないのは，「Mいしがき棚田会」農家の多くの方から地元農業への明るい展望が語られなかったことである．「高齢化により崩壊する」「難しい．自分たちが若い方である」「耕作面積が半分以下になる．今年もすでに病気で耕作放棄があった」などの言葉がそれである．

「棚田オーナー」制度は有効な過疎農山村対策が見いだせないなか，非常に意味ある活動である．都市住民が自然環境や景観などを見直し，家族や地域とのつながりを深めるきっかけになり，また農山村住民には地域（地元）の良さを再確認する契機になるからである．これらの意義は充分，強調すべきである．しかし，それによっても過疎農山村の現状に明確な展望を切り開くに至っていない．ここに現代農山村と「棚田オーナー」制度の大きな困難がある．

7 都市農山村交流への期待と現実

「棚田オーナー」制度も含めて都市農山村交流は，今日の過疎農山村対策で期待の大きい施策である．農水省ではこの施策を「都市と農村の共生・対流の促進」とよび，農村活性化策の中核（のひとつ）にすえている．「都市と農村の共生・対流」とはややわかりにくい言葉だが，その中心は，「農産物を通じた楽しみ」「農作業を楽しむ」「農業体験を通じて学ぶ」「農作業を応援する」「農業技術を学ぶ」などの活動をとおして，都市住民が農村に一時滞在（日帰り，短期，長期）することである（農水省，2007）．

都市農山村交流への期待は農山村住民の間でも大きい．われわれが実施した山村調査（2007年中津江村調査）によれば，「都市農山村交流が地域の活性化につながる」と答えた住民は4分の3（74.7％）にもおよぶ（表14-3）．しかし同時に，「地域（中津江村）がこれから生活の場としてよくなる」と答えた住民は7.0％にすぎず（後掲，表14-5，2007年調査），「子や孫が出て行くのももっともだ」と感じている住民は8割（81.9％）におよぶ（表14-3）．ここに見られるのは，「Mいしがき棚田会」農家からの聞取り調査からと同型の知見で

表14-3 都市農山村交流への期待，地域の将来展望（2007年中津江村調査）

	そう思う	まあそう思う	あまりそう思わない	そう思わない	合　計
都市農山村交流は村の活性化につながる	30.1%	44.6%	19.6%	5.6%	100.0% (376人)
村から子や孫が出てゆくのももっともだ	36.7%	45.2%	9.6%	8.5%	100.0% (381人)

注）2007年中津江村調査は，大分県日田市中津江村（2005年3月合併）にて郵送調査（2007年10月30日から11月，選挙人名簿から20歳以上609人を無作為抽出，回収率67.3%）．

ある．

つまり，交流に期待し，また，そこからある程度，意義ある結果も得ているが，かといって，それで地域の展望が開けるとはやはりいえない．棚田オーナー制度によって耕作されている田は，A・B集落全体の田の6％にすぎない（A・B集落の田は7.4ha，オーナー田は44.7a）．同様の指摘は徳野（2007：112）にもあるが，棚田オーナー制度がカバーできる面積はけっして大きくない．棚田は全国で22万haあり，そのうち4割程度が耕作されていない（NPO法人「棚田ネットワーク」の数字，朝日新聞記事（2008年5月31日，西部本社朝刊）による）のが現状である．

8　社会的排除(包摂)研究と農山村問題研究の交差をめぐって──

さて前節までにて，過疎農山村の社会的包摂の困難を山口県T町の「棚田オーナー」制度（都市農山村交流）の事例を元に提示した．過疎農山村研究の課題は図14-2，14-3のように整理できる（山本，1996，1998，2000）．これらの課題は社会的排除（包摂）研究と論理的には容易に結びつくだろう．しかし，それが意味あることか否かは，社会的排除論による農山村研究の今後の蓄積をふまえて，（期待をもちつつも）じっくりと判断すべきものと思う．

図14-2　過疎農山村研究の課題（その1）

研究領域	具体的問題
① 生活問題論的研究	生活問題，社会福祉，社会計画など
②「正常人口（生活）」論的研究	家族，職場，学校などの生活基盤
③ 生活選択論的研究	定住選択，定住経歴，定住意識など

出所）山本（1996：212）．用語は多少変えている．

図14-3　過疎農山村研究の課題（その2）

研究領域	具体的問題
① 定住人口論的研究	「過疎地域で人びとはいかに暮らして（残って）いるのか？」
② 流入人口論的研究	「過疎地域に人びとは何故，入ってくるのか？」
③ 流出人口論的研究	「過疎地域から人びとは何故，出てゆくのか？」

出所）山本（2000，1998：7）．用語は多少変えている．

　たとえば，ギデンズ（2006：408）の有名な社会学テキストには，農村の社会的排除が取り上げられているが，農村が「排除された」条件不利な地域としてのみ描かれている．農村はギデンズのいうごとく，公共交通が不便で，商品やサービスや施設（たとえば，医師や郵便局や学校，図書館，行政事務など）を入手，利用するのが困難な，「排除された」地域ではあるだろう．さらには，権力や威信にも遠く，経済的チャンスにも恵まれないと付け加えてもいい．しかしだからといって，農山村が都市にくらべ，劣った地域とはわれわれは思わない（山本，2003，2008）．むしろ農村でこその優位な生活領域は確かにある（徳野，2007：134-136）．にもかかわらず，農山村が社会的排除研究に取り上げられることで，「排除される」農村としての負の側面のみが一方的にクローズアップされないか？　一抹の不安を感じるのである．

　ただし，社会的排除の概念の利点は，「排除される」側にのみ着目するのでなく，「排除する」側に着目する点にある．社会的排除は「排除の主体を織り込んだ排除のプロセスを問題」にし，「社会そのものを問う」のである（岩田，2008：48-52）．このように考える時，社会的排除（包摂）が農山村（問題）研究に有益な問題提起をもたらす可能性は大いにある．

　たとえば，「平成の市町村合併」は近年のもっとも大きな地域変化のひとつ

表14-4 合併によって生活や地域がどうなったと思うか？（2007年中津江村調査）

良くなった	変わらない	厳しくなった	どちらとも言えない	合計
1.0%	10.1%	79.9%	9.0%	100.0%（398人）

表14-5 中津江村は生活の場としてだんだん良くなると思うか？（将来展望）（2007年，1996年中津江村調査）

	そう思う	まあそう思う	あまりそう思わない	そう思わない
2007年調査	1.0	6.0	51.4	41.5
1996年調査	2.8	15.9	54.7	26.6

注）1996年中津江村調査は，村内55集落のうち27集落で留置法にて実施（1996年8月17日から10月，住民基本台帳登録の18歳以上681人を悉皆調査，回収率74.7%）．

だが，本来は（少なくとも建前的には）農山村包摂の政策的な試みでもあったはずである．しかし，包摂（合併）された過疎地域では「合併によって地域が厳しくなっている」と感じる住民が圧倒的に多い（表14-4）．また地域の将来展望は合併を挟んだ約10年（1996年調査から2007年調査）で相当，暗くなっている（注：われわれの行った山村調査によれば，「地域がこれからだんだん良くなる」と感じる住民が大きく減った（表14-5））．つまり，今回の「平成の大合併」は「域内の地域選別による新たな過疎」（辻，2006：112）を生み出しつつある．これらの問題は，「福祉国家の隠されてきた『対処』の仕組みの限界を，主要な制度の限界とともに浮かび上がらせることを可能にする」（岩田，2008：52）という社会的排除論の課題と通底するものように思われるのである．

9 むすびにかえて

最新の『食料・農業・農村白書』によれば，1960年，1965年の食料自給率（カロリーベース）が79%，73%，この当時，日本人は1日ごはん5杯弱を食

表14-6 食料自給率（2006年）と合計特殊出生率（2004年）

	カロリーベース（%）	合計特殊出生率
全 国	39	1.29
北海道	195	1.19
青 森	118	1.35
岩 手	105	1.43
宮 城	79	1.24
秋 田	174	1.30
山 形	132	1.47
福 島	83	1.51
茨 城	70	1.33
栃 木	72	1.37
群 馬	34	1.35
埼 玉	11	1.20
千 葉	28	1.22
東 京	1	1.01
神奈川	3	1.20
山 梨	20	1.36
長 野	53	1.42
静 岡	18	1.37
新 潟	99	1.34
富 山	76	1.37
石 川	49	1.35
福 井	65	1.45
岐 阜	25	1.31
愛 知	13	1.34
三 重	44	1.34
滋 賀	51	1.41
京 都	13	1.14
大 阪	2	1.20
兵 庫	16	1.24
奈 良	15	1.16
和歌山	29	1.28
鳥 取	60	1.50
島 根	63	1.48
岡 山	39	1.38
広 島	23	1.33
山 口	31	1.36
徳 島	45	1.31
香 川	36	1.43
愛 媛	37	1.33
高 知	45	1.30
福 岡	19	1.25
佐 賀	67	1.49
長 崎	38	1.46
熊 本	56	1.47
大 分	44	1.40
宮 崎	65	1.52
鹿児島	85	1.47
沖 縄	28	1.72

出所）都道府県別自給率は，「食料需給表」，「作物統計」，「生産農業所得統計」等を基に農林水産省で試算，合計特殊出生率は厚生労働省より．

べていた．この時期は米不足が解消して，日本人がもっとも多く米を食べていた（山下，2009：129）．これが2006年で39％，2008年で41％，1日ごはん3杯弱に落ち込んでいる．ここに見られるのは，「飽食」化（食生活の多様化，豊富化）とグローバリズムの端的な表現だが，ここから米余り，農業・農村排除（疲弊）が帰結しているのはいうまでもない．グローバリズムの中枢，東京の食料自給率（2006年）は1％，合計特殊出生率は1.01（2004年）にすぎない．ともに全国最下位の数字である（表14-6）．「出生率の減少は一般に西欧の都市化のもっとも重要な徴候のひとつ」であり，「都市は人間の生産者というより消費者である」（ワース，1978）といわれるが，東京はこの言葉にピッタリ適合する．

東京のように農業・農村を排除しつくして，将来の日本社会が安定的に存続するとは思えない．かつてロストウ（1961：49, 12）は「成長が社会の正常な状態となる」「離陸（takeoff）」を語ったが，今日われわれは，「着陸＝着土（landing）」を課題にする時代に生きている．「着土」とは農学者祖田（1999）の造語だが，「自然のままの土着の生活を失ってしまった私たち（文明世界）が，自覚的に土につくこと」というほどの意味である．今日「過疎農山村の（排除・包摂の）社会学」が期待されるのは，このような環境社会学的な理由による．とはいえ，社会的排除概念を用いた過疎農山村研究は，現時点の日本ではほぼ皆無に等しい．農山村問題における社会的排除論の有効性は，少なくとも日本社会においては，今後の経験的研究のなかで考察される段階というべきなのであろう．

（山本　努）

【文　献】
ギデンズ，A., 2006, 松尾精文ほか訳『社会学（第4版）』而立書房
岩田正美，2006,『社会的排除』有斐閣
前田真子・西村一朗，2001a,「交流活動の生活環境認識への効果と課題」『日本家政学会誌』52（5）：439-449
前田真子・西村一朗，2001b,「都市住民・地域住民の都市・農村交流活動への意

識」『農村計画学会誌』20（3）：191-196

前田真子・西村一朗，2002，「棚田管理事業における参加者の実態と都市住民・地域住民の生活環境に対する意識の変化」『日本建築学会計画系論文集』552：185-190

真島俊一・吉田謙太郎・あん＝まくどなるど・千賀裕太郎，2002，「価値あるもの・棚田（棚田学会第三回シンポジウム）」『日本の原風景・棚田』3：4-37

中島峰広，2000，「オーナー制度による棚田の保全」『日本の原風景・棚田』1：29-43

農林水産省，2007，『食料・農業・農村白書（平成19年版）』財団法人農林統計協会

農林水産省統計部，2007，『解説2005年農林業センサス』農林水産省大臣官房統計部

ロストウ，W. W.，1961，木村健康ほか訳『経済成長の諸段階』ダイヤモンド社

祖田　修，1999，『着土の時代』家の光協会

土地改良事業体連合会，2006，「全国水土里ネット全国棚田オーナー制度一覧」http://www.inakajin.or.jp/tanada/tanada.html（2006年6月1日更新）

徳野貞雄，2005，『少子・高齢化時代の農山村における環境維持の担い手に関する研究』2001年度～2004年度科学研究費助成金基盤Ｂ２研究成果報告書

徳野貞雄，2007，『農村の幸せ、都市の幸せ』NHK出版

辻　正二，2006，「農山村―過疎化と高齢化の波―」山本努・辻正二・稲月正『現代の社会学的解読』学文社：97-128

ワース，L.，1978，高橋勇悦訳「生活様式としてのアーバニズム」鈴木広編『都市化の社会学（増補）』誠信書房：127-147

山本　茂，2006，『桃源郷　徳地三谷　重源上人足跡の地』著者発行

山本　努，1996，『現代過疎問題の研究』恒星社厚生閣

山本　努，1998，「過疎農山村研究の新しい課題と生活構造分析」山本努・徳野貞雄・加来和典・高野和良『現代農山村の社会分析』学文社：2-28

山本　努，2000，「過疎農山村問題の変容と地域生活構造論の課題」『日本都市社会学会年報』18：3-17

山本　努，2003，「都市化社会」井上眞理子・佐々木嬉代三・田島博実・時井聡・山本努編『社会病理学講座第２巻　欲望社会』学文社：139-154

山本　努，2008，「『地方からの社会学』の必要性」堤マサエ・徳野貞雄・山本努編『地方からの社会学』学文社：1-11

山村哲史，2003，「都市―農村関係の変容―京都府大江町の棚田交流」鳥越皓之企画編集『シリーズ環境社会学４　観光と環境の社会学』新曜社：31-52

山下惣一，2009，『惣一じいちゃんの知ってるかい？　農業のこと』家の光協会

柳沢幸也，2002，「棚田オーナー制事業の全国展開―全国調査表結果より―」『日本

第 14 章　山村集落の過疎化と山村環境保全の試み

の原風景・棚田』3：62-70

＊本章は，科学研究費補助金（2005〜2007年度）基盤研究C（研究代表：高野和良山口県立大学教授，課題番号：17530427），および，科学研究費補助金（2007年度〜）基盤研究C（研究代表：山本努県立広島大学教授，課題番号：19530458）による．

索　引

【あ　行】

新たな公共性の構築……………………………18
新たな貧困……………………………………3, 5
新たな分断構造…………………………………4
新たなる民………………………………7, 240
新たなる排除…………………………………15
アンダークラス……………………………25, 37
異性愛…………………………………………147
異性愛社会……………………………………148
イタリア社会的協同組合
　……………………205-209, 210-211, 212
逸脱論への有効性……………………………16
医療化…………………………………………42
医療費適正化計画…………169-170, 174-175
インクルーシブ教育………………186-190, 193
インテグレーション…………………184-185
インフォーマル・エコノミー………………253
NPO法人伊勢志摩バリアフリーツアー
　センター……………………………………245
FTMTG………………………………………147
MTFTG………………………………………147
応急の救護……………………………………219
大阪市ひとり親家庭調査………………126, 133

【か　行】

格差社会…………………………………42-43, 54
格差の拡大………………………………3-4, 12, 73
覚せい剤事犯者処遇プログラム……………221
過剰人口…………………………………105, 116
寡占体制………………………………103, 115, 119
過疎化…………………………………………259
（集落の）家族規模…………………………264
家族構成
　別居子も含めての──………………………264
家族主義………………………………………138
過疎……………………………………………261
過疎農山村研究の課題………………………269
過疎農山村対策………………………………268
価値のユニバーサル化作用…………………248
カミングアウト………………………………154
観光
　──と経済振興………………………242-243
　──の権利化…………………………………239
　──の大衆化…………………………………238
　──のバリアフリー化………………………238
観光資源へのアクセス………………………243
観光立国………………………………………237
観光立国推進基本法…………………………237
歓待の倫理……………………………………56
規制緩和………………………………………3
拮抗の論理……………………………………17
教育の職業的レリバンス……………97, 98-99
共感……………………………………184, 189-190
共同体意識……………………………………249
協力雇用主……………………………………222
クイア…………………………………………161
グローバリズム………………………………272
グローバリゼーション（グローバル化）
　……………………3, 22-23, 36, 37, 73, 114, 138
グローバル経済競争……………37, 42, 62, 92
経済自由主義…………………………………8
健康格差論……………………………………165
講………………………………………………248
後期高齢者医療制度………………………167-170
公共性……………………………………………44-47
公共善…………………………………………240
耕作放棄地……………………………………263
公事化………………………………………8, 19
更生緊急保護…………………………………220
更生保護………………………………………218
　──のあり方を考える有識者会議
　………………………………………………220
更生保護ケアマネージメント………………227
更生保護法……………………………………218
構造改革…………………………………3, 113

公的領域／私的領域…………………48, 51
高度経済成長………………………………113
合理的配慮…………………186, 187, 194
高齢・極小世帯化した家族構成………263
高齢者像……………………………166-167
高齢者の医療の確保に関する法律
　………………………………………167-168
国連障害者権利条約………………184, 193
個人化……………………6, 10, 19, 42, 46-47
個人主義化…………………………………138
国家財政の逼迫………………………………3
孤独……………………………………47, 52-55
個別支援の原則……………………………245
コミュニタス…………………………255-256
コミュニティ・ビジネス…………………244
雇用のフレキシブル化……………………138

【さ　行】

山村環境保全………………………………259
CAN…………………………………………247
CSR…………………………………………244
ジェンダー家族……………………………138
ジェンダー秩序……………………………138
資源の分配構造……………………………15
私事化……………………………6, 8-11, 19, 240
　　──のパラドックス…………………10
シティズンシップ……5, 7, 25, 163, 173, 240
　　──の権利……………………………141
指導監督と補導監督………………………218
児童扶養手当制度…………………………126
市民活動……………………………241, 252
社会参画…………………………………7, 15-19
社会的企業…………………………207, 211, 244
社会的共同組合……………………………244
社会的経済……………………5, 198, 242-244, 249
社会的な分配構造…………………………15
社会的排除………………………21, 24-27, 30-33
　　──の内包……………………………13
　　──のモデル…………………………136
　　──を固定化する構造………………15
　　医療における──………………164-166
　　家族の──……………………………134
　　若者の──………………………………72

──と高齢者……………………166-167, 177
──と貧困……………………27-30, 35, 62
──としての失業・不就労………68-69
──の概念………………………………270
社会的包摂→ソーシャル・インクルージョン
社会統合戦略…………………………………24
社会内処遇…………………………………225
若年失業者……………………………64, 65, 68
若年失業率…………………………………199
若年無業者……………………………71, 73, 76, 87
若年労働市場…………………………85, 93, 96-99
周縁化の過程……………………………15, 16
集落…………………………………………259
集落過疎化…………………………………261
就労支援事業………………………………222
障害者の活動参加…………………………245
食料自給率…………………………………271
自立更生促進センター……………………224
新規学卒一括採用……………………93, 97
人生前半の社会保障………………………97
人民倫理銀行…………………………………4
心理（主義）化……………………………42, 95
生活困難…………………………………135
聖化作用……………………………………249
性指向………………………………………148
性嗜好………………………………………148
性自認………………………………………146
性同一性障害………………………………147
性犯罪者処遇プログラム…………………222
世界疎外…………………………………51-54
セクシュアリティ……………………149-152
セクシュアル・アイデンティティ………149
セグリゲーション……………………183-184
（集落の）世帯構成…………………………264
全国母子世帯調査……124, 126-127, 129, 134
潜在的経済…………………………………244
全体化…………………………………………10
相対化の論理………………………………253
ソーシャル・インクルージョン（社会的
　包摂）・7, 16-19, 21, 24-27, 72-73, 190-191
　　──という戦略………………………72-73
　　対抗的戦略概念としての──……16, 18

索　引

ソーシャル・エクスクルージョン
　　→社会的排除
　　――と貧困→社会的排除
ソーシャル・キャピタル（社会資本）
　　………………………… 5, 165, 249, 251
ソーシャル・ファーム ……………… 244
ソーシャル・ボンド
　　………………… 11, 13, 14, 16, 225, 257

【た　行】

第三の道 ……………………………………7
第2回全国家族調査 ………………… 127
脱工業化社会 ……………………………23
棚田オーナーの属性 ……………… 265
「棚田オーナー」制度 ……………… 260
棚田面積（全国）…………………… 269
地域活性化 …………………… 241-244
地域間格差 …………………… 199-203
地域経済 ……………………… 237, 241-242
地域（社会）
　　――の主体性 ………… 19, 247, 253
　　――の将来展望 ………………… 271
　　――の生活の論理
　　………………… 241, 242, 244, 254-255
　　――の分断 ……………………… 240
地域生活定着支援センター ……… 231
「小さな政府」への転換 …………………9
着土 ……………………………………… 272
中間集団の解体 ……………………… 11
当事者参加 ………………………… 250
同性愛 ……………………………… 148
　　――コミュニティのなかの排除 … 156
同性愛者 …………………………… 151
動態的分析 …………………………… 15
都市下層 ……………… 104, 108, 114, 117-118
都市農山村交流 …………………… 268
トランスジェンダー ……………… 146

【な　行】

ナショナル・アクション・プラン
　　………………………… 198, 203-204
二極化社会 ……………………… 22-24, 36
ニート／NEET …… 25, 34, 66, 69, 89-90, 94

人間力 ……………………………………90
沼田町就業支援センター ………… 224
ネットワーク ………… 215, 217, 230-234
農業
　　――の担い手 ………………… 264
農村
　　――の社会的排除 …………… 270

【は　行】

排除 ………………………………… 156
　　――と包摂の境界線 … 106, 114, 115, 118
　　家族の―― …………………… 134
　　――を固定化する構造 …………15
排除型社会 ………………………………83
排除システム ……………………… 136
バブル経済 ………………………… 85, 93
バリアフリー新法 ………… 239, 250
バリアフリー・ツーリズム … 241-243, 256
犯罪被害者等の方々のための制度 … 224
PFI刑務所 …………………………… 231
非正規雇用 ……………………… 42-43
非典型労働 …… 84-85, 87-88, 92-93, 97-98
ひとり親家族が被る排除 ………… 138
ひとり親家族の子どもの排除 …… 139
日雇い労働者 ……………………… 104
開いた社会 ………………………… 256
貧困の再生産 ……………………… 140
貧困率 ……………………… 200-201
不安定居住者 ……………………… 117
不安定就労者 ……………………… 117
フォーディズム …………………… 115, 119
複眼的アプローチ ………………………15
福祉国家の失敗・破綻 ……… 6, 116, 138
福祉の医療化 ……………………… 166
福祉との連携 ……………………… 231
privatization …………………………8
フリーター ……………………… 86, 88-89, 94
平成の市町村合併 ………………… 270
ベーシック・インカム ………… 74-75, 99
ペルソナ …………………………… 49, 51, 56
変態 ………………………………… 161
包括的支援 …………………… 66-67
暴力防止プログラム ……………… 223

279

母子世帯生活保護費 ················· 125
ホームレス
　················ 34, 37, 42-43, 47, 71, 73, 76, 105
　──と亡霊（的存在）············· 108, 117
　若年── ··································· 91
　ネットカフェ・── ····················· 71

【ま　行】

マイナー・サブシステンス ············ 253-254
民営化 ··· 8
無性欲 ······································ 147
メインストリーミング ············ 184-185, 187
最も制約の少ない環境 ············ 187, 192-193

【や　行】

ユニバーサル・デザイン ················ 243
ヨコのガバナンス ···················· 8, 240

寄せ場 ···························· 104, 108, 109
　──の衰退と解体 ······················ 112

【ら　行】

リーガル・ソーシャルワーク研究委員会
　··· 231
リスク構造 ···························· 70-71
リスクヘッジの個人化 ····················· 8
両性愛 ····································· 148
離陸 ······································· 272
労働市場 ·································· 110

【わ　行】

ワークフェア ···················· 73-75, 77, 212
若者の貧困 ························ 62, 68-69
若者政策 ································ 65, 67

シリーズ社会問題研究の最前線 II
新たなる排除にどう立ち向かうか――ソーシャル・インクルージョンの可能性と課題――

2009年9月30日　第一版第一刷発行

監　修　森　田　洋　司

編　者　森　田　洋　司
　　　　矢　島　正　見
　　　　進　藤　雄　三
　　　　神　原　文　子

発行所　㈱学文社

発行者　田　中　千津子

〒153-0064　東京都目黒区下目黒3-6-1
電話(03)3715-1501　(代表)　振替 00130-9-98842
http://www.gakubunsha.com

乱丁・落丁本は，本社にてお取替えします。
定価は，売上カード，カバーに表示してあります。

印刷／株式会社亨有堂印刷所
＜検印省略＞

ISBN 978-4-7620-1603-5
©2009 MORITA Yohji Printed in Japan